大学生职业指导与创业教程

◆ 主 编 吴 舸 段美芬
◆ 副主编 雷嘹亮 杨 莉 刘 毅

华东师范大学出版社
上海

图书在版编目(CIP)数据

大学生职业指导与创业教程/吴舸,段美芬主编. —上海:华东师范大学出版社,2016
ISBN 978 - 7 - 5675 - 5624 - 9

Ⅰ.①大… Ⅱ.①吴…②段… Ⅲ.①大学生-职业选择-高等学校-教材 Ⅳ.①G647.38

中国版本图书馆 CIP 数据核字(2016)第 198754 号

大学生职业指导与创业教程

主　　编　吴　舸　段美芬
项目编辑　皮瑞光
审读编辑　李恒平
责任校对　张多多　陈　易
装帧设计　俞　越

出版发行　华东师范大学出版社
社　　址　上海市中山北路 3663 号　邮编 200062
网　　址　www.ecnupress.com.cn
电　　话　021 - 60821666　行政传真 021 - 62572105
客服电话　021 - 62865537　门市(邮购)电话 021 - 62869887
地　　址　上海市中山北路 3663 号华东师范大学校内先锋路口
网　　店　http://hdsdcbs.tmall.com

印 刷 者　句容市排印厂
开　　本　787×1092　16 开
印　　张　16.75
字　　数　307 千字
版　　次　2016 年 8 月第 1 版
印　　次　2024 年 3 月第 8 次
书　　号　ISBN 978 - 7 - 5675 - 5624 - 9/G·9772
定　　价　45.00 元

出版人　王　焰

目录

第一编　职业生涯规划编

第一单元　为什么要进行职业生涯规划 …………………… 3
模块一　什么是职业生涯规划 …………………… 4
模块二　好的前途是精心准备出来的 …………………… 7
模块三　别虚度大学时光 …………………… 11

第二单元　了解自己 …………………… 16
模块一　兴趣探索 …………………… 18
模块二　性格探索 …………………… 23

第三单元　职业生涯规划的制订和实施 …………………… 28
模块一　分析部分 …………………… 30
模块二　制订计划与实施 …………………… 33
模块三　计划的评估与反馈 …………………… 36

第二编　就业编

第一单元　就业能力培养 …………………… 45
模块一　就业能力概述 …………………… 46
模块二　就业能力的自我分析和培养 …………………… 52

第二单元　大学生就业心理调适 …………………… 58
模块一　大学生就业心理概述 …………………… 59
模块二　求职应具备的心理素质 …………………… 61
模块三　大学生就业常见心理误区 …………………… 66

第三单元　大学生就业政策与法规 …………………… 72
模块一　大学生就业政策 …………………… 73
模块二　就业制度 …………………… 77
模块三　就业协议 …………………… 87

模块四　择业陷阱防范及就业权利保护 …………………… 92

第四单元　大学生就业信息获取途径和就业信息处理 ………… 97

模块一　大学生的就业信息获取途径 …………………… 98

模块二　大学生就业信息处理 …………………… 102

第五单元　大学生就业前求职材料准备与求职技巧 ……… 118

模块一　求职信的撰写 …………………… 119

模块二　个人简历的制作 …………………… 124

模块三　面试技巧 …………………… 127

模块四　笔试技巧 …………………… 138

第三编　创新创业编

第一单元　创业，年轻人的新选择 …………………… 145

模块一　创业是什么 …………………… 147

模块二　个人创业评估 …………………… 152

模块三　创业风险识别 …………………… 156

第二单元　创业机会识别与创业资源 …………………… 161

模块一　创业机会识别 …………………… 162

模块二　创业资源 …………………… 166

第三单元　资金来源与成本、利润估算 …………………… 171

模块一　资金来源 …………………… 172

模块二　创业所需资金及成本预算 …………………… 179

第四单元　创业计划与创业计划书 …………………… 192

模块一　创业计划 …………………… 194

模块二　制作创业计划书 …………………… 199

第五单元　成立新企业和企业可行性评估 …………………… 206

　模块一　成立新企业 ……………………………………………… 207

　模块二　企业投资可行性分析与评估 …………………………… 215

附录一 ……………………………………………………………… 225

附录二 ……………………………………………………………… 239

附录三 ……………………………………………………………… 242

附录四 ……………………………………………………………… 245

附录五 ……………………………………………………………… 249

附录六 ……………………………………………………………… 254

第一编
职业生涯规划编

第一单元　为什么要进行职业生涯规划

学习目标

1. 了解什么是职业生涯规划。
2. 了解职业生涯规划的意义。
3. 掌握职业生涯规划的内容。

【导入案例】

职业生涯规划的由来

19世纪末的美国,由于经济快速发展,大量移民涌入城市,就业压力增大,失业问题日益严重,美国的职业指导就在这样一种复杂的环境中产生,当时的目的是让人们找到工作并消除贫困。1908年,弗兰克·帕森斯通过职业咨询等一列活动,首次提出了"职业指导"这一概念并形成了系统的指导思想,指导人们按照职业规律和个体特点选择职业和规划人生,因此弗兰克·帕森斯被称为"职业指导之父"。

1909年,弗兰克·帕森斯等人出版了《选择一份职业》一书,此书汇集了他们的多篇论文和指导理论,阐述的三个选择职业的基本原则,至今仍有指导意义:(1)对人本身的能力、兴趣、志向、智能和自身局限有清楚的认识,理解自身特点形成的原因。(2)对成功的要求、条件、不同行业的优劣势、机会和前景有详细的了解。(3)对前两个原则之间的关系进行深入分析,做入职匹配。[①]

弗兰克·帕森斯的三原则至今被人们认为是高质量的职业生涯发展过程中职业生

---

① 袁焕伟,张元.帕森斯职业指导思想对我国的借鉴[J].职业技术,2010,02.

涯评估、规划和信息系统的基本原则。比如库德职业生涯规划系统,把这些原则合理地安排,在系统内科学地处理,应用到职业指导实践中。

为了巩固和发展职业指导事业,帕森斯在波士顿开设职业局,这是世界上第一个职业咨询机构。作为该局的主任和咨询师,帕森斯帮助来访者做出正确的职业选择和科学的人生规划。

模块一 什么是职业生涯规划

职业生涯是人的一生中所有与职业相联系的行为和活动,以及个人价值观的经历过程,简单的可以理解为人一生当中就业、职位变迁及理想的实现过程。

一、职业是什么

要理解职业生涯的概念,我们必须先明白职业是什么。职业就是参与社会分工,利用专门的知识和技能,为社会创造物质财富和精神财富,获取合理报酬作为物质生活来源,并满足精神需求的工作。

参照国际标准和方法,1986 年,我国国家统计局和国家标准局首次颁布了中华人民共和国国家标准《职业分类与代码》(GB 6565—86),并启动了编制国家统一职业分类标准的宏大工程。这次颁布的《职业分类与代码》将全国职业分为 8 个大类、63 个中类、303 个小类。

根据社会经济发展的需要,1995 年 2 月,劳动和社会保障部、国家统计局和国家质量技术监督局联合中央各部委共同成立了国家职业分类大典和职业资格工作委员会,组织社会各界上千名专家,经过四年的艰苦努力,于 1998 年 12 月编制完成了《中华人民共和国职业分类大典》,并于 1999 年 5 月正式颁布实施。

《中华人民共和国职业分类大典》是我国第一部对职业进行科学分类的权威性文献。由于它的编制与国家标准《职业分类与代码》(GB 6565—86)的修订同步进行,相互完全兼容,因此,它本身也就代表了国家标准。

《中华人民共和国职业分类大典》把我国职业划分为由大到小、由粗到细的四个层次:大类(8 个)、中类(66 个)、小类(413 个)、细类(1838 个)。细类为最小类别,亦即职业。8 个大类分别是:第一大类:国家机关、党群组织、企业、事业单位负责人,其中包括 5 个中类,16 个小类,25 个细类;第二大类:专业技术人员,其中包括 14 个中类,115 个小类,379 个细类;第三大类:办事人员和有关人员,其中包括 4 个中类,12 个小类,45 个细类;第四大类:商业、服务业人员,其中包括 8 个中类,43 个小类,147 个细类;第五大类:农、林、牧、渔、水利业生产人员,其中包括 6 个中类,30 个小类,121 个细类;第六大类:生产、运输设备操作人员及有关人员,其中包括 27 个中类,195 个小类,1119 个细类;第七大类:军人,其中包括 1 个中类,1 个小类,1 个细类;第八大类:不便分类的其他从业人员,其中包括 1 个中类,1 个小类,1 个细类。

职业与工作是有区别的。职业是在不同的专业领域中一系列相似的服务,如教师职业、医生职业,而工作是专业领域的具体分工,如大学教师或者中学教师、内科医生或者外科医生。又如一个人开了一家快餐店,自己做老板,他所从事的就是餐饮这一职业,他的工作是管理他所开的快餐店。

二、职业生涯规划

"生涯"一词,当然与人的生命有关,是指在人的生命周期里的人生经历、生活道路。职业生涯就是指在人的一生中学习、事业的道路,与个人的生活、学习和工作相关的方方面面。

职业生涯规划是指一个人对自己的兴趣、爱好、能力、特点进行综合分析和权衡,根据自己的职业倾向,编制相应的工作、教育和培训的行动计划,确定其最佳的职业奋斗目标,并为实现这一目标做出行之有效的安排。

三、职业生涯发展的五个阶段

美国人舒伯经过大量研究,在 1957 年出版的《职业生涯心理学》中指出,职业生涯是一个人终生经历所有与职业相关的活动的整个过程,并定义了职业生涯发展的五个阶段。

从出生到 14 岁是成长阶段。这个阶段儿童开始发展自我概念,他们幻想着扮演角色,以各种不同的方式来表达自己的需要,修饰自己的角色。

从 15 岁到 24 岁是探索阶段。在这个阶段中,他们通过学校的活动、社团的活动、兼职等机会对自我能力及角色做出探索,这个阶段职业选择的弹性较大。

从 25 岁到 44 岁是确立阶段。经过前一阶段的尝试过程,他们会发现职业是否合适自己并谋求稳固和发展。

从 45 岁到 65 岁是维持阶段。面对新人的挑战,他们希望继续维持属于他们的职业地位。

65 岁以后是退出阶段。由于生理和心理机能的日渐衰退,他们不得不面对面实,把自己的职业让给更年轻的人,从现实当中隐退出来。

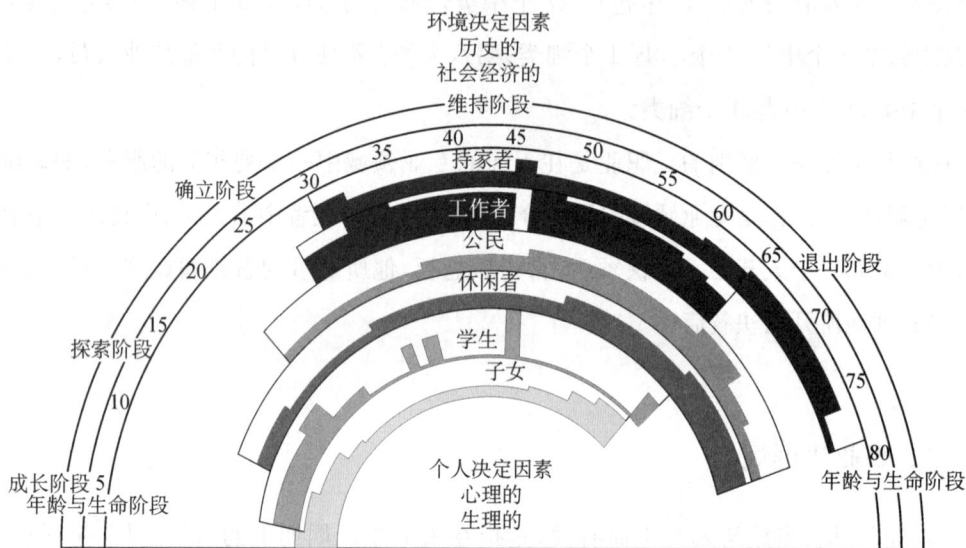

图 1-1-1　生涯彩虹图

【导入案例】

三个建筑工人的小故事

有三个泥瓦匠同时在砌一面墙,有人问他们在做什么。第一个工人悻悻地说:"没看到吗?我在砌墙。"第二个人认真地回答:"我在建大楼。"第三个人快乐地回应:"我在建一座美丽的城市。"

十年以后,第一个工人还在砌墙,第二个工人成了建筑工地的管理者,第三个工人则成了这个城市的领导者。

思想有多远,我们就能走多远。在同一条起跑线上,态度决定一切。用美好的心情感触生活吧!你手头的小工作其实正是大事业的开始,能否意识到这一点意味着你能否做成一项大事业。

如果都像第一个人,愁苦地面对自己的工作,再好的工作也不会有什么成效;而同样平凡的工作,同样看似简单重复,枯燥乏味,有人却能以快乐的心情面对,在平凡中感知不平凡,在简单中构筑自己的梦想,他们又有什么样的困难不可以克服呢?

模块二　好的前途是精心准备出来的

　　规划不等于空想,也不是父母为自己的子女计划的将来,在职业指导出现以前甚至是现在,还有些父母在为自己的孩子设计着未来的工作。因此,有很多大学生至今都没搞清楚自己的特长是什么、将来想做什么,只等着父母为自己安排出路,更不知道以后的路需要自己怎么走。对于年轻人而言,选择一条适当的道路,将影响未来一生的幸福。

一、我们能从职业生涯规划中获得什么

　　职业生涯规划发展到今天,已经建立了一套完善而又科学的理论体系,并建立了多套测试系统,例如霍兰德 SDS 职业兴趣测试(适合人群:高中生、大一大二学生)、MBTI 职业性格测试(适合人群:大学毕业生、在职员工)、贝尔宾团队角色测试(适合人群:团队工作的在职员工,尤其是创业团队)等等,同时对目前社会的就业状况进行数据分析,能够预测行业发展趋势,因此,职业生涯规划不仅适用于每个职前职后人,也得到了政府及教育单位的重视。

　　(1) 通过分析自己,了解自己的性格、爱好、气质、价值观、知识结构、情商以及自己未发现的潜能等等。认识自己是在职业生涯中一个很重要的因素,俗话说"江山易改,本性难移",有人喜欢交往、有人喜欢安静,有人性格内敛、有人热情张扬。除了性格以外,个人的知识结构及水平的高低都与是否能胜任职位有着密切的关系,通过分析能充分认清自己,为求职之路做好准备。据不完全统计,大学毕业刚踏入工作岗位跳槽的频率远高于其他任何时期,这也是目前大学生未做好职业规划的主要表现。在没入职的时候到处投简历,刚入职就发现自己与应聘的岗位格格不入,很快就不能适应工作岗位,只有选择放弃。如果能找到一个工作养活自己,是件好事,如果能找到一个既能养活自己又是自己喜欢的工作,那是美好的事。

　　(2) 了解自身条件与职业的匹配程度,能判断自己所关注的职业是否符合自身需要。无论是求职或者创业,都要认清自身条件是否匹配。社会上出现了很多求职者高不成、低不就的现状,原因还是在于求职者没有分析与所应聘职位的匹配程度。从"双向选择、自主择业"到"大众创业、万众创新",这些就业创业形式促使人才流动到最需要、最

能发挥作用、最能创造价值的岗位上去,问题在于怎么才算是最优的人才配置,所以需要个人除了对自身了解外还要根据自身情况对是否胜任应聘的工作或者是否有能力创业做出判断。

(3)节省自己的成本投入。求职之路是曲折的,在找到工作或者创业成功之前的花费都是成本投入,成本不光是金钱,更重要的是不能浪费时间。举个例子,现在有很多同学在大学的时候会计划考很多的资格证书,当然证书越多以后越容易找工作,但如果之前没有做过职业生涯规划,很可能会没有目标地瞎考证,不仅会造成金钱成本的浪费,时间成本的浪费更可惜。现代职业的水平要求越来越向专业化发展,虽然同时拥有更多资格证是多才多能的表现,但实践中,用人单位越来越看中专业人才,同时拥有多个初级资格的应聘人员和一个拥有高级证书的应聘人员比,后者明显占优。关联的专业证书远比无关联的专业证书来得有效。很多同学既想考教师资格证,又想考心理咨询师,还想考英语专四专八,这些同学给出的答案非常一致,那就是如果这个证我找不到工作,我还能用另一个证去找工作,很明显这些同学自己都不知道目标在何方,每天忙着应付各种专业证书的复习,根本无暇顾及提高本专业的技能。

二、职业生涯规划的基本步骤

通过前面的学习,我们知道每个人都有必要进行职业生涯规划。对于如何科学地完成职业生涯规划,帕森斯的职业原理给出了指导方向,按照这个方向的指引,我们进行职业生涯规划可以从以下五个步骤进行:

第一,自我认识。了解完职业生涯规划的概念后,我们明白自我认识是职业生涯规划最基础的首要工作,不对自己的职业兴趣、性格、气质、知识、能力、职业价值观、行为风格、自己的优势与劣势作出全面分析,就不能作出正确的职业选择。

第二,分析就业环境。每个人的人生目标必须符合社会大环境才能适者生存,简单地说就是"我能做什么"。

第三,确定志向。没有志向,人的一生会变得盲目,一个合理的目标才能激起人的斗志。通过客观的分析,规划者能很清晰地给自己制定一个短、中、长期目标。

第四,制订计划。计划是有可实现性的,是指落实目标的具体措施,主要包括学习、训练、实践、再提升等方面的措施,能使人为达到自己的目标提前做准备。

第五,实施行动和修正计划。一切事物都处在变化之中,由于影响职业生涯规划与发展的因素很多,有的因素是可以预测的,而有的因素难以预测。当理想和现实脱节的时候，不可急于求成，正确的做法是及时对职业规划进行调整和修正，在稳定中求发展。

三、职业生涯规划的基本原则

人们在规划自己的职业生涯时，往往会在不经意间踩到地雷，因为你不知道什么时候会犯错。不过规划自己的职业生涯是有原则可以遵守的。掌握原则等于让人们尽可能地犯同类错误。

（1）个人擅长原则。自我认识就是为了发现自己的优点，做个人擅长的事，这样才有能力做好，才能做得比别人好，才能在竞争中脱颖而出。

（2）与社会需求相结合原则。脱离社会大环境的需求会使自己的选择变得狭窄，更不利于个人发展，有足够大的空间才会有奔头。

（3）可实现原则。规划是根据实际情况做出的，不是脱离实际的幻想，在计划的制订过程中，可以拟定挑战性目标，但绝不能超越自己的能力范围。主要要考虑目标的现实性、计划的可行性和效果的可检查性三个方面。

（4）持续性原则。职业生涯规划应分短、中、长期，在不同年龄阶段有不同的目标，按一定的逻辑顺序进行。规划的最终意义就是使个人一生的工作生活过得更理想，只有持续的实施和跟踪才能做到个人职业空间的未来发展。

【导入案例】

英国游学 15 天心得

时光匆匆，四周的英国游学生活转瞬即逝，在 Summer School 里每天发生的每一件事都历历在目，难以忘怀。

还记得出发那天，在飞机起飞的那一刻，心中有一种落空的感觉，的确盼望了几个月的愿望终于实现了。

还记得刚来英国的那天，从下午 5 点飞机抵达希思罗机场开始，我们一直沉浸在一种祥和宁静的氛围中。目之所及的到处是干净的马路，到处是简洁古朴的像童话世界中的积木似的房舍、古建筑。马路两旁行人稀少，道路并不宽阔，但却十分干净。耳之所闻，没有喧闹，没有繁杂，一切都显得那么自然和谐，是那么地温馨，那么地惬意。英国的日落来得很晚，晚上 9 点的时候还能看见落日的余晖。

而如今，带着学到的知识、见到的世面和那一张张珍贵的照片回到了祖国，心中总有一股离别的伤感与回来的喜悦。

到英国的第一天，大家都经过了11个小时的飞行，5个小时的长途大巴，到达了普利茅斯大学，很多人都略显疲劳，大家各自冲回宿舍，搞定各自的事，各自睡下了。

随后几天，上午我们上课，下午有时由学校的教授开展专题讲座，例如，海洋污染、海洋安全，让我们受益匪浅，有时组织游览德文郡的胜地，例如，达特穆尔国家公园，德文郡首府埃克斯特，港口城市达特茅斯，这让我了解了德文郡当地的一些民俗文化，并在照片中留下了美好的回忆。

之后的几天，我们了解了英国的教育机制和英国大学的学业制度，他们一年有接近一半的时间在放假，但是他们的假期里会有很多自主学习的任务，必须要花时间去找资料，自己分析总结，得出结论。这为我们出国求学打下了基础，最重要的是它让我们有了开口和当地人对话的机会，这锻炼了我们的口语，还增长了我们开口说英语的自信，这大大提高了我对英语学习的兴趣和热情。

在最后一个周末，我们去参观了英国的经济、文化、政治中心——伦敦。在伦敦的街头，果然不出我们所料，人满为患。但一眼望去，正宗的伦敦人没有几个，满街都是全世界各地的游客：有一眼就能辨认出来的阿拉伯人，穿着披纱大袍；有黑黝黝的非洲人；有相当多的印度人，他们进英国无需签证；有欧洲周边国家的游客；时不时地还可以看到中国人。在伦敦我们去了大英博物馆、塔桥、伦敦眼、大本钟、白金汉宫、格林公园、海德公园等著名景点。

在英国的30天里，我学到了许多，与其说这四周是旅游，还不如说是学习。我们遇到了很多英国人，无论是苏格兰人、英格兰人还是威尔士人，他们都很绅士，很有礼貌，很爱助人。我们锻炼了自己的口语。我们学会了自己独自生活，做饭洗衣。我们了解了一个不同于我们祖国的国家。我想文化、社会、文明的不同，造就了不同的人。比如在英国大多是平房别墅；吃饭排队，从来没有人违反规定插队；街道上基本看不到路人留下的垃圾；人们服务周到、仔细、细心，从不厌烦，面带微笑，慢慢讲解直到你懂为止；学校的老师总是以鼓励为主，从来都是笑着说："Yes it's good, lovely."这些为我以后的出国学习打下了基础。

我觉得我永远不会忘记这次英国游学。感谢学校和父母给我这次机会。①

---

① http://www.sxnet.com.cn/post/201505/20-18963.html.

模块三　别虚度大学时光

一、大学的环境

大学的环境可分为：学习环境、思想环境、生活环境、人际环境、活动环境。大学是人生中人生观、价值观的形成时期，是专业知识的建立时期，是交友和社会网络的发展时期。

（1）需要自主学习。与中学生活相比，大学老师不再是天天盯着同学上课、做作业的人了，大学的学习生活更强调自主性和自律性。自主性是指同学们需要大力发挥学习的主观能动性，更合理地安排学习计划。大学阶段，专业方向已经基本确定，学习安排上要注意专业知识的广度和深度。同时，大学主要采用的是学分制，除了公共科目、学科基础课和专业课属于必修课之外，各专业还开设选修课，同学们可以根据个人兴趣和能力选修相关课程开拓自己的知识面。大学的作业少，课余时间增多了不少，可以有更多的时间进行社会实践活动，同学们可以参加社团活动、可以兼职、可以结交新朋友等，但不能因为没有父母在身边就放纵自己，而提高学习效率更需要强调自律性。只有这样才能为真正踏入职场做好准备。

（2）社会活动增多。在大学里，各种社团、学生会、党团组织、俱乐部活动增多，兴趣、爱好相同的同学们能够汇聚在一起，参加各种社会活动的机会也大大增加。因此，大学生活是走向社会前锻炼组织能力和社交能力最好的地方，同时也能通过社交活动结识全国各地的朋友。

（3）生活上更独立。远离家乡、远离父母，生活上再也没有父母的无微不至的照顾，因此，同学们要尽快适应新的环境，既要学会过集体生活，又要学会独立处理学习生活中遇到的各种实际问题。

二、职业生涯规划越早做越好

职业生涯规划首先要求制订者对自己进行分析，认识自己的特长、喜好、优缺点，其目的就是在大学阶段尽量弥补自己的不足，把自己的长处发挥得更好。

西方发达国家的职业生涯教育贯穿整个人生，以日本为例，从幼儿园到成人的学校教育中都引入职业生涯教育,培养学生的劳动观、职业观,并高度重视每个人的创造性,目的在于使学生在具有相应的职业知识和技能的同时,了解自己,积极主动地选择人生道路,这就要求知识传授与学生将来的生存方式相结合。

中国的职业教育课程绝大部分在 2004 年后进入高校的课堂,近三五年来,国家逐步重视职业生涯教育,把它当作是推进素质教育的一项工作来抓。但中学的职业教育课程开展得比较晚,直至近两年,职业生涯的教材才出现在高中教材中,如华东师范大学出版社出版的《高中生职业生涯规划》,把高中职业生涯规划的价值、意义,职业生涯规划的方法、技巧,高中学习目标和计划的制订与实施,高中生拓展能力、素质的途径,高考志愿填报和自主招生等与高中生学习、生活密切相关的内容引入课堂中。不过就目前而言,中学教育还是偏向于应试教育,职业生涯教育并不被绝大部分中学教育所重视。

从舒伯理论定义的"15 岁到 24 岁是职业生涯的探索阶段"来看,大学时期正是人生职业生涯选择的关键时期,在这个阶段应使职业偏好具体化。18 岁到 21 岁在大学进行专业化学习,将职业选择转变为特定选择,为大学毕业后的职业方向做准备,22 岁到 24 岁则初步迈向特定的职业岗位,如果尝试失败则有可能再次经历上述阶段,所以说职业生涯规划越早做越好。

【拓展阅读】

普林斯顿大学的"本科教育战略计划委员会"对普林斯顿大学本科毕业生提出的标准包含十二项内容:

1. The ability to think, speak, and write clearly(具有清楚地思维、谈吐、写作的能力);

2. The ability to reason critically and systematically(具有以批评的方式系统地推理的能力);

3. The ability to conceptualize and solve problems(具有形成概念和解决问题的能力);

4. The ability to think independently(具有独立思考的能力);

5. The ability to take initiative and work independently(具有敢于创新及独立工作的能力);

6. The ability to work in cooperation with others and learn collaboratively(具有与他人合作的能力);

7. The ability to judge what means to understand something thoroughly(具有判断什么意味着彻底理解某种事物的能力);

8. The ability to distinguish the important from the trivial, the enduring from the ephemeral（具有辨识重要的东西与琐碎的东西、持久的东西与短暂的东西的能力）；

9. Familiarity with different modes for thought（熟悉不同的思维方式）；

10. Depth of knowledge in a particular field（具有某一领域知识的深度）；

11. The ability to see connection among disciplines, ideas and cultures（具有观察不同学科、文化、理念相关之处的能力）；

12. The ability to pursue lifelong learning（具有一生求学不止的能力）。

三、大学生活应该这样度过

大学不是高中的延伸，跨进大学校门也不等于前途和事业从此有了保障，痛痛快快地玩耍四年只是浪费自己的时光。大学是人生的另一个起点，大学是一张空白的画纸，等着你用智慧和双手描绘属于自己的青春画卷。大学生在大学里应该这样做：

（1）认真为自己做一份职业生涯规划，让自己真正地了解自己。了解自己可以使自己制订学习和生活的计划，使学习变得有目标。

（2）身体是革命的本钱。在踏入职场以后我们会发现锻炼的时间变得越来越少，所以要尽可能地积攒下本钱，为迎接挑战做准备。

（3）过硬的专业知识是战胜对手最好的武器。在大学里主要任务还是学习，千万别颠倒了主次。图书馆能丰富人们的知识文化，多去图书馆对自己有好处，了解天文地理对以后的工作肯定会有帮助。

（4）多参加社会活动。社会活动既能锻炼自己的社交能力，还能结交一些朋友，成功＝70％的人脉＋30％的知识（卡耐基），在大学里你和一群精英生活在一起，那份真挚的感情会在心里藏一辈子。

（5）如果遇到真爱，请你好好珍惜。谈场恋爱并不是什么坏事，失败了至少也能让你有段美好的回忆。爱情使人变得甜美，是生命的动力，如果你想让另一半过得更美好，自己也就会更加努力。

【拓展阅读】

他买下了半个中国的互联网产业

《欢乐颂》的完美"男神"谭宗明的原型人物是谁，可能很少有人会知道，但是说到携程网、如家酒店，我想如果你没点击过它们的网页那就"out"了，对互联网产业稍有了解的人更是没有人不知道红杉资本的。红杉资本到底投资了多少中国的互联网公司，可能连它自己一时之间也数不完全，几乎目前中国最成功的互联网公司背后都有红杉资本的身影。甚至有人说它才是中国新兴产业的隐形霸主。红杉资本中国基金的创始人就是沈南鹏，一个堪称完美的"男神"。

翻开沈南鹏的人生履历，你会发现他从一个成功走向另一个成功，从学霸到创办携程网再到如家酒店和红杉资本，没有一个不是成功的案例。可大家知道吗，这位学霸报读的是数学专业，后来才改读MBA，当时在美国找工作连遭十几家公司拒绝。

沈南鹏1967年出生在浙江海宁，他的数学天赋从小超群，全国数学竞赛一等奖、美国中学生数学竞赛海外赛区的榜首都被他获得，而后成为上海交通大学首届免费直升试点班的学生。1989年他进入了哥伦比亚大学数学系，但他发现数学不是他真正想要的，他有更大的理想，一年后他毅然退学，报读了耶鲁大学的MBA。两年后23岁的沈南鹏拿着耶鲁大学MBA的毕业证来到了他梦想的华尔街找工作，这个没有炒过股，没有任何经济经验的小伙子应聘了十几家公司都失败了，只有花旗银行给了他一个投资银行的工作，沈南鹏过着梦想与现实相距甚远的生活。

1993年，深圳交易所一个代表团访问华尔街，沈南鹏去参加了聚会，他听着当时深交所的总经理夏斌讲述中国的证券市场时，认为自己的机会在中国，于是他谋划着回国。这次他转投了雷曼兄弟。在回国后的几年间，他成功地帮助中国财政部发行5亿马克债券并参与多家中国企业的海外上市，直至1999年，沈南鹏遇见了梁建章。沈南鹏回忆说："那时在上海，一顿非常普通的午餐，我和建章、季崎三人聊天。当时正是互联网第一波浪潮的时候，我们自然谈到了能否在互联网上做些文章。大家谈到了新浪、网易、搜狐，想着还有什么产业能和互联网擦出火花，建章首先提出传统旅游产业的想法，就这样携程网随后诞生了。"在携程网2003年到纳斯达克上市时，沈南鹏自己都没想到最后的市值变成了40亿。2002年他们又开始创办经济型的连锁酒店——如家，之后再次成功上市。

与此同时，红杉资本一直都在窥视中国的发展，最终其选择与沈南鹏、张帆这对组合合作，共同开创中国的事业，红杉资本选择这对组合并不是因为他们有过多么辉煌的投资经历，而是在价值观上一拍即合。莫瑞茨在回答记者提问时说："红杉合伙人们的不遗余力让我明白：我在红杉里真正的成功不是在最初的几年找到多少数额的投资项目，而是我对我的伙伴们提供了多少帮助。"而他自称早期的贡献就是"别犯太多错误，并认识到什么是我不懂的"。在公司管理上，红杉中国每周的固定会议都有莫瑞茨等人电话参与。不过，让每个与会者印象深刻的是，即使莫瑞茨等美国合伙人总能犀利地提出问题，但他们并不去妨碍沈南鹏、张帆全权负责中国的投资决定。这使得沈南鹏、张帆这对组合在投资决策上有了很大的发挥空间，造就了他所带领的红杉中国成为中国新兴产业的隐形推手。在短短的几年间红杉中国几乎投遍了我们熟知的所有新兴产业公司，在红杉中国的投资组合中，你可以看到新浪网、阿里巴巴集团、酒仙网、万学教育、京东商城、文思创新、唯品会、聚美优品、豆瓣网、高德软件、乐蜂网、奇虎360、大众点评网、饿了么等。

第二单元　了解自己

学习目标

1. 了解兴趣探索。
2. 了解性格探索。

【导入案例】

当兴趣被职业扼杀时

都说"兴趣是最好的老师",但对于已经步入职场的年轻人来说,却有可能在兴趣中迷失。因为职业发展除了兴趣之外,还必须具备很多职业素质,诸如坚忍、细心、责任感等。

高婷只有23岁,打扮时髦、充满活力,然而坐下之后却止不住地叹气。

没等我开口,她就开始了一连串充满焦虑的诉说。

高婷在校读的是文秘大专,刚刚毕业两年多,已经换过四家公司,她说,自己的每份工作都不如意,都不是自己的兴趣所在。

"我在高考选专业时犯了个错误。我父母认为,女孩子就应该干点轻松的工作。我那时成绩平平,对学什么根本没多考虑。但现在我挺后悔的,对这个专业没兴趣。"

她对文秘专业的失落来自她的前两份工作。毕业时进入了一家事业单位,做行政秘书,每天就是接电话,管理办公用品,订会议室等。"在别的同事眼里,我是个打杂伺候人的,这种感觉真没法忍受。"因此干了不到三个月,她就辞职了。

她又来到一家商贸公司做办公室秘书。高婷以为这回的工作更商业化一些,也许更有意思。没想到做了几个月，和头一份工作感觉差不多，让她对文秘工作彻底失去了兴趣。

"我的理想是干一份能体现个人价值，并且值得努力奋斗的工作。只有符合自己兴趣的工作才能带来这些，才能证明自己存在的价值，充满激情地不断创造和发展。"

高婷特别羡慕影视作品中的那些整天身着职业装，带着笔记本电脑"飞来飞去"的商业女性，渴望成为那样的人。"我想，也许我适合干销售？我性格外向，喜欢和人打交道。而且销售很锻炼人，如果做好了，就等于迈出了成功的第一步。"

经过努力，高婷终于在一家营销企业做起了销售代表。而这家公司的销售业务中，有相当多的内容也需要通过电话销售来积累客户，尤其对于新手来说更是如此。开始一两周，高婷觉得挺有意思，但时间稍长，她感到了日复一日的枯燥和巨大的压力：

"我每天又陷入大量的电话之中，说着同样的话，重复同样的内容。而且，推销就可能面临着客户的拒绝，每打一个电话之前都要鼓起相当大的勇气……真让人难受。"

那一阵，每天早上，高婷一睁眼就会想到被拒绝的沮丧感和堆积如山的销售任务，这让她根本没勇气起床。在连续迟到几天后，高婷再次提出辞职。她的理由是：一份让人连起床都不能按时的工作一定不适合自己，不是自己的兴趣所在。

高婷后来琢磨，还是先掌握一门技术，然后再向商业领域发展。她用四个月的时间考了 MCSE 认证（微软认证系统工程师），然后通过亲戚介绍，进入当地移动公司做计算机维护人员。机房的工作不忙，可以学到很多计算机专业知识。但高婷依然不满意，因为在机房维护机器，平时接触的就是四五个人，再加上倒班制，通常每天只有她一个人上班，跟别人沟通的机会很少，几个月下来，高婷觉得很压抑。

"我本来挺外向的，可现在都快不会和别人说话了。如果再这样下去，我担心自己在沟通上会出问题。眼看着我毕业都两年多了，一点发展也没有。我不想平平淡淡地过一辈子，尝试了这么多工作，都没有我感兴趣的。希望你能告诉我，我的兴趣究竟是什么？"

从高婷的倾诉中可以看出，她两年多换了四份工作，每份工作之间的衔接毫无逻辑，这缘于当工作中出现不满时，高婷总是将问题归因于对某一个工作没有兴趣。她用变换工作来解决遇到的压力，结果是压力无法解除，反而在同一个层面上不断重复遇到的麻烦。

高婷的"麻烦"诸如文秘工作的琐碎，销售人员的压力，技术工作的枯燥，都使她在工作之初就丧失了"兴趣"。殊不知，以上"烦恼"正是各项工作的特点决定的，她接受工作的同时，也就必须准备迎接相应的挑战。

"兴趣确实能在工作中给人带来幸福感和强大的驱动力，但是除了兴趣之外，我们还要考虑个人是否具备基本职业素质，比如性格是否匹配，是否培养了相应能力。"我看到高婷躺在兴趣的温床上，很想将她唤醒。

高婷思索片刻："我仍然认为兴趣是最重要的，只有我感兴趣的，才值得我全力以赴地付出。"

"但是如果你不全力付出，怎么能找到你的兴趣？"

高婷一阵沉默。

"一份工作只有在你真正了解并能胜任的前提下，才谈得上兴趣。但每一项工作在开始时，都需要付出相当多的努力，去战胜困难。在这个过程中，我们才能了解它有哪些方面真正吸引我们。没有一种工作是十全十美的，其实，琐碎的工作可以通过高效的管理来熨平，绩效的压力可以增加签单后的喜悦，技术的平淡却可孕育出艺术创造的美感。我们有时候过于强调兴趣，却忘了培养作为一个职业人最基本的素质，比如忍耐、细心、勤奋……每个人在工作中都会遇到问题，如果你不为解决问题全力以赴，兴趣永远只停留在你的想象中。"

当高婷扔掉了兴趣这根拐杖后，我们很快就对她的职业选择做了讨论和建议。根据高婷的《职业发展测评报告》和专业背景，她决定放弃在技术上的追求，先在销售或市场方向寻找机会，并深入了解这一行业，锻炼自己的能力。①

模块一　兴　趣　探　索

美国约翰·霍普金斯大学心理学教授约翰·霍兰德（John Holland）于1959年提出了职业兴趣理论，这一理论直至目前还被人们普遍使用。他认为人的人格类型、兴趣与职业密切相关，兴趣是人们活动的巨大动力，凡是让人具有职业兴趣的职业，都可以提高人们的积极性，促使人们积极地、愉快地从事该职业，且职业兴趣与人格之间存在很高的相关性。霍兰德认为人格可分为社会型、企业型、常规型、实际型、调研型和艺术型六种类型。

---

① http://www.cnwnews.com/html/yule/cn_dssh/dsnd/20150420/711148.html.

一、六种人格类型的内容

1. 社会型（S）

乐于从事人际交流工作，不断结交新的朋友，善于言谈，乐于教导别人。关心社会问题、渴望发挥自己的社会作用，具有人道主义倾向和责任心。对于以机械和物品为对象的工作没有兴趣。喜欢要求与人打交道的工作，喜欢不断结交新的朋友，从事提供信息、启迪、帮助、培训、开发或治疗等事务，并具备相应能力。典型职业：教育工作者（教师、教育行政人员），社会工作者（咨询人员、公关人员）。

2. 企业型（E）

具有进取倾向，喜欢竞争，敢冒风险，有野心、抱负。喜欢制订计划、建立组织并积极发挥作用。为人务实，习惯以利益得失、权利、地位、金钱等来衡量做事的价值，做事有较强的目的性。不喜欢具体精细或者需要长时间集中心智的工作。喜欢要求具备经营、管理、劝服、监督和领导才能，实现机构、政治、社会及经济目标的工作，并具备相应的能力。典型职业：项目经理、销售人员、营销管理人员、政府官员、企业领导、法官、律师。

3. 常规型（C）

具有传统倾向，喜欢按计划办事，细心、有条理，习惯被动服从，自己不谋求领导职务。一般较为忠诚，在工作中会与别人保持一定距离，比较在意社会对他们的评价，不喜欢冒险和竞争。喜欢要求注意细节、精确度，有系统有条理，具有记录、归档、据特定要求或程序组织数据和文字信息的职业，并具备相应能力。典型职业：秘书、办公室人员、记事员、会计、行政助理、图书馆管理员、出纳员、打字员、投资分析员。

4. 实际型（R）

具有现实倾向，愿意使用工具从事操作性工作，对于机械和物体显示出强烈的关注，动手能力强。偏好于具体任务，不善言辞，做事保守，较为谦虚。对人事管理和监督工作不太感兴趣，通常喜欢独立做事。喜欢使用工具、机器，需要基本操作技能的工作。对要求具备机械方面才能、体力或与物件、机器、工具、运动器材、植物、动物相关的职业有兴趣，并具备相应能力。典型职业：技术性职业（计算机硬件人员、摄影师、制图员、机械装配工），技能性职业（木匠、厨师、技工、修理工、农民、一般工人）。

5. 调研型(I)

具有研究倾向，是思想家而非实干家，对于理论思维和数理统计非常感兴趣，对于解决抽象性的问题具有极大的热情。喜欢独立的和富有创造性的工作，倾向于通过思维分析解决复杂的问题。倾向于独立工作，不善于领导他人。喜欢智力的、抽象的、分析的、独立的定向任务，喜欢要求具备智力或分析才能，并将其用于观察、估测、衡量、形成理论、最终解决问题的工作，并具备相应的能力。典型职业：科学研究人员、教师、工程师、电脑编程人员、医生、系统分析员。

6. 艺术型(A)

具有艺术倾向，有创造力，有想象力，具有自我表现的工作偏好。做事理想化，追求完美，不重实际。对于结构化程度较高的职业不太喜欢，对于机械性和程式化的工作环境非常反感。喜欢的工作要求具备艺术修养、创造力、表达能力和直觉，并将其用于语言、行为、声音、颜色等形式的审美、思索和感受。不善于事务性工作。典型职业：艺术方面的（演员、导演、艺术设计师、雕刻家、建筑师、摄影家、广告制作人），音乐方面的（歌唱家、作曲家、乐队指挥），文学方面的（小说家、诗人、剧作家）。

然而，霍兰德所划分的六大类不是并列的关系，大多数人很可能同时包含着多种类型。人们通常选择与自己兴趣类型匹配或者相近类型的职业，这些性格倾向与工作要求越相似，相容性越强，人们在从事工作时面临的内在冲突和犹豫就会越少。

二、六种类型的内在关系

霍兰德所划分的六大类型，并非是并列的关系。为了有助于描述这种情况，霍兰德建议将这六种类型分别放在一个正六边形的每一角。

(1) 相邻关系，如 RI、IR、IA、AI、AS、SA、SE、ES、EC、CE、RC 及 CR。属于这种关系的两种类型的个体之间共同点较多，实际型、调研型的人就都不太偏好人际交往，这两种类型的相关职业环境中也都较少有机会与人接触。

(2) 相隔关系，如 RA、RE、IC、IS、AR、AE、SI、SC、EA、ER、CI 及 CS，属于这种关系的两种类型，个体之间共同点较相邻关系少。

(3) 相对关系，在六边形上处于对角位置的类型之间即为相对关系，如 RS、IE、AC、SR、EI 及 CA。相对关系的人格类型共同点少，因此，一个人同时对处于相对关系的两种类型的相关职业环境都兴趣很浓的情况较为少见。

人们通常希望选择与自己兴趣类型较匹配的职业,如具有艺术型兴趣的人希望从事与艺术有关的工作,可以最大地发挥个人的潜能。在职业选择中,人们往往很难如愿以偿。一是因为个体本身并非单一类型,在评价个体的兴趣类型时应以其在六大类型中得分居前三位的类型组合而成,组合时根据分数的高低依次排列字母,构成其兴趣组型,如RCA、AIS等;二是因为影响职业选择的因素是多方面的,职位的供需关系占有很大的影响因素。因此,职业选择时会不断妥协,寻找与自己类型相邻或者相隔的职业环境,在这种环境中,人们可以逐步适应。但如果人们寻找的是相对的职业环境,人们在工作时很难产生快乐,甚至可能会每天工作得很痛苦。

三、霍兰德职业兴趣理论的价值分析

霍兰德的职业兴趣理论主要从兴趣的角度出发来探索职业指导的问题。职业兴趣是职业选择中最重要的因素,能给予人们最大能力投入工作。霍兰德提出的职业兴趣的人格观,使人们对职业兴趣的认识有了全新的认识。霍兰德的职业兴趣理论把对职业环境的研究与对职业兴趣个体差异的研究有机地结合了起来。霍兰德以职业兴趣理论为基础,先后编制了职业偏好量表(vocational preference inventory)和自我导向搜寻表(self-directed search inventory)两种职业兴趣量表,作为职业兴趣的测查工具。霍兰德力求为每种职业兴趣找出两种相匹配的职业能力。兴趣测试和能力测试的结合在职业指导和职业咨询的实际操作中起到了促进作用。

霍兰德的职业兴趣理论还提出,兴趣是描述人格的另一种方法,这是职业选择中一个更为普遍的观念。在霍兰德的理论中,人格被看作是兴趣、价值、需求、技巧、信仰、态度和学习个性的综合体。就职业选择而言,兴趣是个体和职业匹配的过程中最重要的因素,直至目前,霍兰德职业兴趣理论是最具影响力的职业发展理论和职业分类体系。

霍兰德的职业兴趣理论不仅对个体具有指导意义,对于企业招聘同样具有指导意义。不同职业的社会责任、满意度、工作特点、工作风格、考评机制各不相同,这种差异决定着不同职业对于员工的职业兴趣有着特殊的要求。现代人力资源管理的基本原则是将合适的人放在合适的岗位上。在招聘时进行测试,企业可以得知它所能提供的职业环境是否与申请者的职业兴趣类型相匹配。不仅如此,企业还可以给予新员工最适合的工作环境,以期最大限度地在工作中发挥他们的聪明才干。

同一份工作,他们俩的感受为什么如此不同?

F和W是一个科室的同事,二人都是政府机场的普通科员。他们的工作主要是负责协助辖区科技事业的发展,接受上级检查和监督,完成上级管理部门布置的产学研指标;督促企业开展科技研发,分摊产学研任务,同时指导企业申报科技项目,争取资金和政策扶持。两个人刚开始合作的时候,总是一同去上级单位汇报工作,一同到企业交流调研。可是过了没多久,F便不再和W搭档。理由是,F发现和W一起出去工作的经历并不是很愉快。每次外出实际与工作相关的内容几乎寥寥,其余都是一些东家长西家短的无关痛痒的话题。W说这样做是在与上级和企业建立感情。可是如此建立感情的方式,让F感觉是在严重浪费时间和精力,他宁愿呆在办公室做让他厌烦的事务性工作。对他的拒绝,W不以为意,每天依旧乐此不疲地找借口往外跑,走的时候还像原来一样邀请F,即使被拒绝也还是乐呵呵地出门。

F是一个内向偏好的人,他不太喜欢跟很多人在一起闲聊。如果非要和一大群半生不熟的人坐在一起,他希望话题是与工作密切相关的。否则,他不愿意浪费一分一秒去和"陌生人"扯闲篇。而那些上级单位的大小领导和企业的老总经理,对他来说都是半生不熟的陌生人。除了工作,他和他们没话说。所以,他对搭档W不谈工作只聊闲话的做法相当不认同,也没办法接受。甚至有时候其他人的高谈阔论在他听来更像噪声。他很希望找个借口逃之天天,但是他知道无论如何不能那样做,那是多么幼稚、没礼貌的行为。他只好安静地坐在一边,任凭其他人谈笑风生,内心却在暗自焦灼。他感觉每一次和W外出都让他疲惫不堪,而待在办公室从事政策研究、指导企业填报资料等工作让他很舒适惬意。

W是个外向偏好的人,他喜欢和更多的人在一起,并且总是想尽办法主动和其他人接触。即使不外出办事的时候,他也会找机会到其他部门转上一圈。他总是表现得像个"包打听",没有他不认识的人,没有他不知道的消息。W爱开玩笑,而且对象不分男女老幼,甚至和同事家的7岁小孩也"掐"得不亦乐乎。他从来不是等到有工作了,才去沟通或者汇报,他也不在乎有没有实际工作要谈。跟别人闲聊是他那些"小道消息"能够源源不绝的保障。他就是喜欢以这样的方式"刷存在",这让他很振奋。

看出来了吧,正是性格的差异产生了感受的差异。因为性格不同,所以适合的工作方式、适应的工作环境、采用的工作方法和工作内容的侧重点也应不同。试想,如果派

F 去公关, W 做研究, 结果会如何？如此的错位安排, 分分钟在耗损他们的精力, 真真是"要命的节奏"!①

模块二　性格探索

　　1913 年, 瑞士心理学家荣格在慕尼黑国际精神分析会议上提出了个性的两种态度类型, 即内倾向型和外倾向型, 而后他在 1921 年出版的《心理类型学》中阐述了这两种心理类型, 并提出了四种心理功能——思维、情感、感觉和直觉——的历史演变。由此, 荣格将两种态度类型和四种功能类型组合起来, 形成了八种个性类型: 外倾思维型、外倾情感型、外倾知觉型、外倾感觉型、内倾思维型、内倾情感型、内倾知觉型、内倾感觉型。在荣格的性格理论上, 美国心理学家凯恩琳·布里格斯和她的女儿伊莎贝尔·布里格斯·迈尔斯又增加了判断和知觉两种类型, 由此组成了个性的四维八极特征, 它们彼此结合就构成了 16 种个性类型。经过 20 多年的研究后, 编制成了《迈尔斯—布里格斯类型指标》(MBTI), 这个指标形成了四个维度, 这四个维度就是四把标尺, 每个人的性格都会落在标尺的某个点上, 这个点靠近哪个端点, 就意味着这个人有哪方面的偏好。

一、MBTI 性格理论的四个维度

MBTI 理论认为一个人的个性可以从四个角度进行分析, 用字母代表如下:

驱动力的来源: 外向 E—内向 I

接受信息的方式: 感觉 S—直觉 N

决策的方式: 思维 T—情感 F

对待不确定性的态度: 判断 J—知觉 P

二、对性格的理解

要特别注意的是在实际生活中, 纯粹的性格类型是不存在的, 比如绝大多数人都是兼

---

　　① http://www.xinli001.com/info/100030997.

有外倾向型和内倾向型的中间型，每个人也能同时运用四种心理机能，只不过各人的侧重点不一样。每种性格类型本身没有优劣之分。所以在性格测评上MBTI理论认为我们天生就有偏好，每个人都可以被分类到16种类型当中的其中一个，这并不影响人们在事业上的成败。

了解自己的性格类型，能让我们更好地扬长避短。了解他人的性格类型，能促使我们更好地沟通，达成一致意见。对于人们的性格类型，最终的判定者还是自己，重要的是在于理解和完善，而非去改变和对抗自己的性格。你可以通过性格类型来理解和原谅自己，但是不能以此为借口去逃避现实。

三、MBTI 的应用

很多人认为MBTI只是一个性格类型的测试，告诉你自己的类型，说明你有什么优缺点，分析你适合的职业岗位，可是MBTI不仅仅是如此，它应该是读懂人性的一种工具。

1. 让自己成为一个更完善的人

如果我是一个典型的INTJ类型的人，通过MBTI的测试，我会正视自己性格的缺点和不足，激励自己去学习人际交往，抵制自己好辩驳的本性，学着去赞美他人，学着去善解人意地、努力的融入集体。即便我不能脱胎换骨，至少我日后也会让别人更能接受我，我也会更多地理解和宽容他人。

2. 让我们明白人与人之间是有差异的

MBTI告诉我们，人和人之间存在差异，没有任何强迫性的手段可以改变。这不意味着我有什么问题，也不意味着他人有什么问题。我们每个人都可以有自己看待这个世界和与这个世界相处的方式，而没有必要苛责自己或他人。正相反，世界因为有了差异性而更有趣。

3. 让我们拥有美好的人际关系

得知自己和另一个人的性格类型之后，你甚至可以在关系开始之前就预测到你们之间会有什么火花以及问题，你们彼此擅长的沟通方式和表达感情的方法是什么。当然，MBTI不是塔罗牌，也不是水晶球，它不能预测的是你们未来会遇到怎样的人生磨难和生活考验。它也不可能预测你们之间是否会对彼此的外貌和经历满意,感情是否会随着时间消逝而改变。最重要的是,MBTI让两个人承认并接受彼此的不完美,尊重彼此,珍爱彼此。

经过长达50年的研究和发展,MBTI已经成为全球最著名和权威的性格测试。无论是婚恋关系、职业选择,还是组织建设、团队沟通,这个工具都有其建设性的意义。世界五百强的企业有80%都应用MBTI。在美国最顶尖的学校,只要是和团队合作以及创业创新相关的课程,都一定会让所有学生做MBTI测试。

四、确定自己的类型也许不是一劳永逸的

很多人做完测试只看结果的四个字母。其实更重要的是看每个维度的柱状图,你可以得知你是比较极端地偏向一种精神活动倾向,还是你的偏向不那么明显。如果你的性格标签中有一个维度不确定,比较偏中间,比如你是 ES＊J,你可以参照 ESTJ 和 ESFJ 两种类型的性格分析报告,确定更适合你的那种。但是如果你有两个或多个维度不明显,或者你多次测试结果都不一样,你不要急着确定自己是16种中的哪一种。你可以先判断你是 NT(理性主义者)、NF(理想主义者)、SJ(护卫者)、SP(艺术创造者)这四个基本人格类型中的哪一个。这四个基本类型的人会有一些不同。最后,你需要认真看一看你的报告书,确定你的性格类型。同时,你也可以看看完全相对的那种类型的报告书,你会发现,它描述的和你的性格差了十万八千里。

五、怎么解读报告

一种性格的人的确会比较吸引某几种性格类型的人,但如果做了 MBTI 测试之后就斩钉截铁地认为自己不应该和某一种性格类型的人有所发展或者某一种性格类型的人就一定适合你,那就太武断了。每种性格类型都有其优点和缺点,你和任何一个人相处都有幸福和矛盾。关键是看你如何根据自己和对方的性格类型去应对和妥协。

同时,MBTI 报告也不是绝对的职业分析书,每个人过去的教育背景和职业背景不同,选择范围和机会也不同。而且,即便同一个行业内的职位也有很大差异。幼儿园的老师和大学老师这两种职位是适合不同人的;投行的高层和低层也有很大差异;即便都是称为市场专员的职位,每个公司每个部门需要做的具体事务也不同。这需要你对自己的 MBTI 有更多了解,具体问题具体分析。

梅雷迪思·贝尔宾——团队角色理论之父

个人简介

梅雷迪思·贝尔宾(Meredith R. Belbin)博士,毕业于英国剑桥大学卡莱尔学院,获文学与心理学学位,随后以论文《年长的产业工人》取得博士学位。后成为克兰菲尔德航天学院的研究员。在巴黎,他供职于经济合作组织(OECD)和一些从事制造业的公司。

凭《团队管理:他们为什么成功或失败》和之后的《工作中的角色》两书而被誉为"团队角色理论之父"。

1988年,他创立了贝尔宾协会,致力于组织互联空间(一种以计算机为基础的人力资源管理系统),今天这一系统已被广泛应用。

他曾就任剑桥大学产业培训研究组组长、就业发展所主任,是剑桥大学管理研究协会资深会员。在埃克赛特大学担任了三年领导力客座教授后,如今他是布里斯托尔大学工程管理系的校外审查员。

贝尔宾博士曾以咨询顾问的身份,向经合组织、美国劳工部、欧共体(欧盟前身)委员会以及多家大型企业与公共机构提供决策咨询。作为团队角色理论的创始人,他曾访问过欧美诸国,现在是贝尔宾协会全球合伙人之一。

主要贡献

1967年,在初步具备了理论雏形的基础上,贝尔宾博士开始着手与剑桥大学亨利管理学院(Henley Management College)合作,在面向企业领导层的MBA课程中引入了一种基于计算机的商业游戏。来自各个不同企业的管理者们被分成不同的团队,在开始游戏之前,他们都会接受一系列的心理测试。心理测试的目标是根据团队角色理论的假设,预测该团队在游戏结束后所能取得的成绩。在游戏的进程中,各团队的每一个成员都将接受来自专家的观察,专家们的观察既包括团队成员对游戏成绩的贡献的类型,也包括他们各自不同类型的贡献的程度大小。

经过多次管理游戏的实验数据积累,贝尔宾博士以及他的同事们发现:在游戏中团队成员对所在团队的最终成绩的贡献,基本包括了协调团队的努力、明确前进方向、开创新思想、开发资源、评估选择、组织工作、细化工作、支持他人以及提供专业服务等方面。

这一关于团队管理的理论诞生后,它接受了来自同行们的挑战和检验,并且被证明在管理实践中具有独特的价值。随着团队角色理论得到更为广泛的接受和认同,相关的理论和方法得到了进一步的发展和完善。目前,团队角色理论已经成为管理教育中的一个基本组成部分,并且能够很好地指导企业的管理实践。特别在研发团队的组建、项目团队的管理和企业管理者团队的甄选等方面,取得了令人鼓舞的显著效果。

贝尔宾博士没有在自己发现和创造的理论上停滞不前,他一直在精炼着他的管理发现和研究方法,并且与同事一起设计了一套专门用于分析团队角色的计算机测评系统 Interplace 测评系统。

与传统心理学、管理学领域中广泛使用的测量分析显著不同的是,它不给被评估对象贴上标签,而是指出被评估对象在特定群体内的行为倾向,包括多种角色的动态组合,以及被评估对象与某个岗位的匹配程度,由此得出的分析结果能随着环境的变化而有所调整。这套测评系统只需要将自我评估、他人观察评估、岗位要求和岗位观察评估四份调查问卷的数据,即可得出最多可达 23 种的相关分析报告,以供企业管理层决策。该测评工具自 1988 年面世以来,积累了数以万计的使用者数据。经过大量实验证明,系统的信度和效度指标达到了很高的标准,从而也证明了该系统的全面性及多功能,可广泛适用于不同的文化背景。

主要著作

作为全球领导力与管理发展领域的重要思想家之一和团队建设的先驱倡导者,贝尔宾博士撰写了大量的学术著作,其中最具代表性的包括:

《管理团队——成败启示录》(1981&2003)

《工作促进者——迈向新专业的旅程》(1990)

《工作场合中的团队角色》(1993)

《未来的组织形式》(1996)

《改变我们的工作方式》(1997)

《超越团队》(2000)

《非权力管理》(2002)

《人类行为的演化》(2006)①

---

① 吕国荣.影响世界的 100 位管理大师[M].北京:电子工业出版社,2011.

第三单元　职业生涯规划的制订和实施

学习目标

1. 掌握职业生涯规划的制订方法。
2. 制订一份职业生涯规划书。

【导入案例】

职业生涯规划的常用方法

一、PPDF 法

PPDF 的英文全称是：personal performance development file，指个人职业表现发展档案，或译为个人职业生涯发展道路。

个人职业生涯发展计划基本上有三个方向：(1)纵向发展——由低级向高级提升；(2)横向发展——同一层次不同职务之间的调动；(3)向核心方向发展——职务虽未晋升，却担负了更多的责任。

PPDF 法的主要内容：

(1) 个人情况：个人简历、文化教育、学历情况、曾经接受的培训、工作经历、有成果的工作经历、以前的行为管理论述、评估小结。

(2) 现在的行为：现时的工作情况、行为管理文档、现时目标行为计划、现在目标、为每一个目标设定的具体期限。

(3) 未来的发展：职业目标，所需的能力、知识，发展行动计划，发展行动日志。

二、五"W"法

职业生涯规划并不是如某些书上所说的那样玄，只要你对自己有一个基本认识，同时掌握一定的方法，每个人都能对自己进行职业规划，为自己的职业生涯发展画一个蓝图。

Who are you? 你是怎样的人？这是认识自我、分析自我和评估自我的过程，将个人的兴趣爱好、性格气质专长以及优点和缺点一一列出。只有对自己有了全面的了解，才能很好地进行职业生涯规划。

What do you want? 你想要什么？这是对自己职业发展的一个心理趋向的检查。这是目标展望过程，包括职业目标、收入目标、学习目标和成就感等。每个人在不同阶段的兴趣和目标并不完全一致，有时甚至是完全对立的，它们随着年龄的增长和经历的增多而逐渐固定，并让人最终锁定自己的终生理想。

What can you do? 你能干什么？这是对自己能力与潜力的全面总结。一个人职业的定位从根本来说还是归结于他的能力，职业发展空间的大小则取决于自己的潜力。对个人潜力的了解应从几个方面着手去认识，如对事的兴趣、做事的韧性、临时的判断力以及知识结构是否全面、是否及时更新等。

What can support you? 环境支持或允许你干什么？这包括客观和主观两方面。客观主要包括本地各种状态，如经济发展、人事政策、企业制度、职业空间等；主观方面包括同事关系、领导态度、亲戚关系等。两方面的因素应该综合起来看。

What is the plan of your career? 你的职业规划是什么？明晰了前面四个问题，就会从各个问题中找到对实现有关职业目标有利的和不利的条件，列出不利条件最少的、自己想做而且又能够做的职业目标，那么对"自己最终的职业目标是什么？"的问题自然就有了一个清楚明了的框架。

三、SWOT 法

SWOT 是一种功能强大的分析工具，是检查个人技能、能力、职业、喜好和职业机会的有用工具。通过它，当事人很容易地就能知道自己的个人优点和弱点在哪里，并且会仔细地评估出自己所感兴趣的不同职业道路的机会和威胁所在。S 代表 strength，优势；W 代表 weakness，弱势；O 代表 opportunity，机会；T 代表 threat，威胁。

进行 SWOT 分析时，应遵循以下五个步骤：

（1）评估自己的长处和短处；

（2）找出你的职业机会和威胁；

（3）提纲式地列出今后 3—5 年内你的职业目标；

（4）提纲式地列出一份今后 3—5 年的职业行动计划；

（5）寻求专业帮助。

SWOT 矩阵框架图如下：

组合战略 机会与威胁 优势与劣势	机会(O)	威胁(T)
优势(S)	SO 战略	ST 战略
劣势(W)	WO 战略	WT 战略

资料来源：黄坚.职业发展与素质训练教程[M].北京：清华大学出版社,2009.

WT 战略：考虑弱势和威胁因素，努力使这些因素都趋于最小。

WO 战略：考虑弱势和机会因素，努力使弱势趋于最小，机会趋于最大。

ST 战略：考虑优势与威胁因素，努力使威胁趋于最小，优势趋于最大。

SO 战略：考虑优势与机会因素，努力使这些因素都趋于最大。[1]

模块一　分　析　部　分

通过前面介绍的三种常用的于制定职业生涯规划的方法，我们发现，无论采用哪一种方法做职业生涯规划，首先必须做自我分析。可利用个人分析的结论来判断所适合从事的行业，从而进行入行分析，最终做出求职前的准备工作。

一、自我分析

自我分析的内容包括职业兴趣、性格倾向、家庭背景、个人技能、别人对自己的评价等。

1. 需要规划者进行全面的评价

自我分析的方法有很多，本书中只介绍了两种比较常用的分析方法，就是采用霍兰德职业兴趣测试确定自己的兴趣爱好，从而确定自身的职业倾向；采用 MBTI 个人性格倾向测评确定适合自身的职业类型或者岗位。这两种方法虽然能够精准地反映一个人的兴趣爱好和性格，但利用这两种方法来做个人分析是无法全面地了解个人的就业能力的，所以

---

① 陈建民.大学生职业生涯规划与就业创业指导[M].上海：华东师范大学出版社,2015.

个人能力分析需要请你的指导老师给予更多的帮助。全面的个人分析使得职业定位更精准,更能做出精细的计划。

我们说兴趣测评和性格测评是非常重要的基础,这两个测评基本能确定人们的职业倾向。但是求职道路是个复杂而又曲折的过程,仅凭个人的喜好去做事会遇到很多困难,家庭因素、社会因素、个人背景等等都会影响求职。如果一个家庭里的父母比较强势或者已经为求职者准备了一份收入更好的工作,又或者家庭经济困难,无力负担求职者在求职道路上的经济支出等,这些都有可能发生;社会因素有可能产生职位的供求关系紧张,生活成本和收入的不对称等,求职道路本就是一条互相妥协、迂回曲折之路。所以个人分析应该要把种种情况考虑周全,这样得出的分析报告就会具有很高的指导意义。

2. 需要对报告进行评价

在做自我分析的过程中需要人们进行自我评价并寻求他人对自己的评价,这样评价会更加准确。在个人分析的过程中,有一个邀请他人对自己进行评价的环节,如邀请朋友、家人、老师、同学等等对自己进行评价,这样得出的结论更接近真实。

二、职业分析

职业分析包括目标职业、职业发展前景、社会环境等。

1. 分析目标职业

经过前面的分析,人们对于自身基本有了一个大概的了解,所以此时,你可以根据自己的性格特点参考各种环境因素,选定目标职业,然后对目标职业进行分析,主要了解和分析以下方面:职业工作环境与自身职业性格是否匹配,匹配程度如何,自己面对这样的工作环境是否会感到压抑,能否发挥工作的热情。同时,也要根据自身的性格特点,对目标职业的岗位内容进行匹配,判断以后自己将要从事的目标岗位是否适合自己。

目标职业与岗位并不是单一的,根据心理理论我们可以认识到,选择与自身兴趣和性格一致或者相邻近的职业与岗位更能发挥自身的工作热情。在目标职业与岗位的选择中,可以存在多种选项,这样以后的机会则更多。

2. 分析职业发展前景

这项分析对今后的职业选择具有重大的意义。职业发展前景好,预示着在获得工作经验后能向更高的职位或者更大的公司发展。这项内容必须进行综合分析,结合选择的目标职业和岗位,在多个目标项中进行取舍,挑选出最有发展前景的目标。

3. 分析社会环境

这项分析虽然对选择职业影响不大,不过对个人发展有举足轻重的作用。例如是否能接受外地工作,发达地区的生活成本考虑,婚姻生活的考虑等等,这些因素对职场的稳定有决定作用。近年来,中国房价的因素、大城市生活成本的因素、工作节奏的因素对人口的流动性产生了很大的影响。2008 年世界金融危机直接导致了大城市的生活成本直线上涨,原来一直是就业者向往的城市越来越不被接受。

【导入案例】

常用能力定义表

能力分类	能力要求
伦理能力	有自觉地按照正确伦理观念处理工作中各方利益关系的能力
预测能力	有远见,并有能力控制战略性计划,组织先行工作
学习能力	有根据工作要求主动向书本学习、向他人学习、向自己学习的能力
综合能力	有能力将不同的组成部分综合在一起,并对其优势成分进行论证说明
决策能力	有根据不全面的信息分析、评价、选择并作出最终的决策和承担风险的能力
规划能力	有能力对所有目标进行论证说明、确定重点,制订最终达到目的的行动计划
领导能力	有能力确定目标,激发别人的热情,让人接受一种观点、一个方案或一项行动计划。进行组织落实,确定检验标准及范围,并有能力对工作进行追踪
组织能力	有能力设计一个组织机构,制订目标、工作方法和相关制度,并组织实施
落实能力	具有正确传达上级指示,核定行动计划,制订出具体的落实方案的能力
先行活动能力	有能力明确制订工作目标,并有能力创造实现工作目标的各种条件
授权能力	有能力将一项具体的任务授权给其他人完成
参与能力	有能力主动参与到相关工作中去
沟通能力	有能力说明自己的意见,观察别人的反应,倾听别人的意见并对其意见进行处理,接受别人的更好建议,做好协调统一工作
适应能力	在变化的形势中,面对不同的对手,仍能把握住方向,创造巨大的效益
判断能力	身处冲突的形式之中,有能力论证自己的主张,倾听和分析对方的观点,并找到协调方法
坚持能力	尽管存在着困难和障碍,仍然有能力落实一项长期的计划
激励能力	有在挫折或平凡中使自己和他人保持积极性的能力

能力分类	能力要求
责任能力	全身心地投入落实所定目标的工作中,以独立的意识面对形势,具有行使权力、独立管理自己工作区域并对工作结果负责任的能力
创新能力	有能力对工作结果进行评价,检验其是否与预期的要求相符,并具有传达评价、更正或弥补工作结果与目标之间差距的能力
分析能力	有能力对一种形势的组成因素进行论证,并能分析出其中内在关系
情绪控制能力	了解自己和他人的情绪,有能力接受和管理自己的情绪,理解他人的情绪,有能力接纳和陪伴及影响别人的情绪的能力
发现能力	发现机遇、发现问题、发现人才的能力
赏析能力	欣赏他人的优点和成功,分析问题和原因的能力
开创能力	开创新局面的能力
时间管理能力	在预定时间内实现既定目标的能力
表达能力	用文字和口头语言表达自己的主张、判断感受的能力
判断能力	根据已掌握的信息对事情的发展、结果做出正确判断的能力
总结能力	总结经验教训,改进工作流程的能力

资料来源:程社明.你的船你的海:职业生涯规划[M].北京:新华出版社,2007.

模块二　制订计划与实施

经过前面的分析,人们已经对自己的就业能力有了全面的了解,选定了目标职业,根据自身确定的目标职业做了匹配的判断,现在已经很清楚自身的优缺点及特长。所以可以对实现目标制订计划了。

一、寻找与目标的差距

确立职业目标后,接下来就是分析目前状况与目标之间存在的差距,为了实现那些目标,需要具备什么素质? 职业岗位的要求可以通过目前阶段相应的招聘单位对职位的描述拟定。例如,不同的行业对从业人员能力要求的侧重点不同。

二、制订职业生涯发展路线

根据舒伯理论的"15 岁到 24 岁是职业生涯的探索阶段"、"25 岁到 44 岁是确立阶段",

在 15—44 岁制订计划路线是一个合理的时间周期。在这一周期内，可以分为准备期、探索期、确立期、发展期。以目前国内大学毕业的周期划分，15 到 22 岁是准备期，22 岁到 24 岁是探索期，24 岁到 30 岁是确立期，30 到 44 岁是发展期。

在不同的时期都有不同的任务。准备期中，人们为目标职业学习知识、掌握技能、完善就业能力；探索期中，人们对从事的职业还有不确定性，在这一时期可能调整职业或者工作岗位；确立期中，人们已经决定个人的发展方向，所从事的职业基本稳定，并在这一时期完成结婚生子等家庭任务；30 岁后，人们对从事的职业有了全新的了解，家庭、生活基本稳定，在这一时期有人会考虑向更高的层次去发展。

三、制订计划的周期

制订计划的周期可以分解，根据不同时期可按短、中、长期内容和目标，结合实际情况确定职业生涯发展路线。制订计划时可以使用滚动计划法，对目标的实施进行评估、反馈、改善。

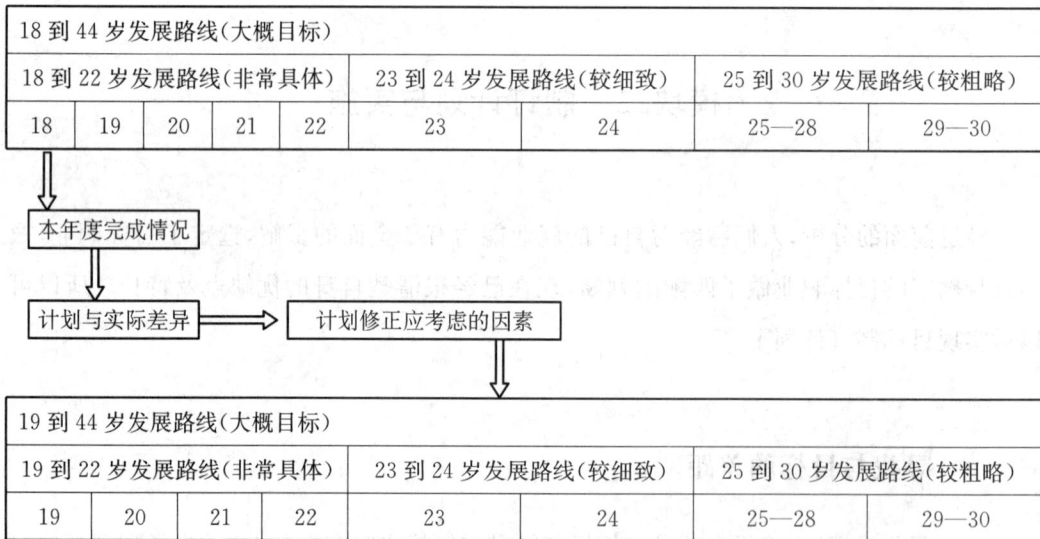

18 到 44 岁发展路线（大概目标）								
18 到 22 岁发展路线（非常具体）					23 到 24 岁发展路线（较细致）		25 到 30 岁发展路线（较粗略）	
18	19	20	21	22	23	24	25—28	29—30

本年度完成情况

计划与实际差异 → 计划修正应考虑的因素

19 到 44 岁发展路线（大概目标）							
19 到 22 岁发展路线（非常具体）				23 到 24 岁发展路线（较细致）		25 到 30 岁发展路线（较粗略）	
19	20	21	22	23	24	25—28	29—30

【导入案例】

职业生涯规划之评估

职业生涯规划的目的是实现个人发展，提升个人价值，所以除了制订个人职业生涯目标，按照计划实现目标外，还需要定期对职业生涯进行评估，并适情调整。

对职业生涯的评估包括三个方面：一是对目标的评估，二是对实施过程的评估，三是对结果的评估。

一、职业目标的评估

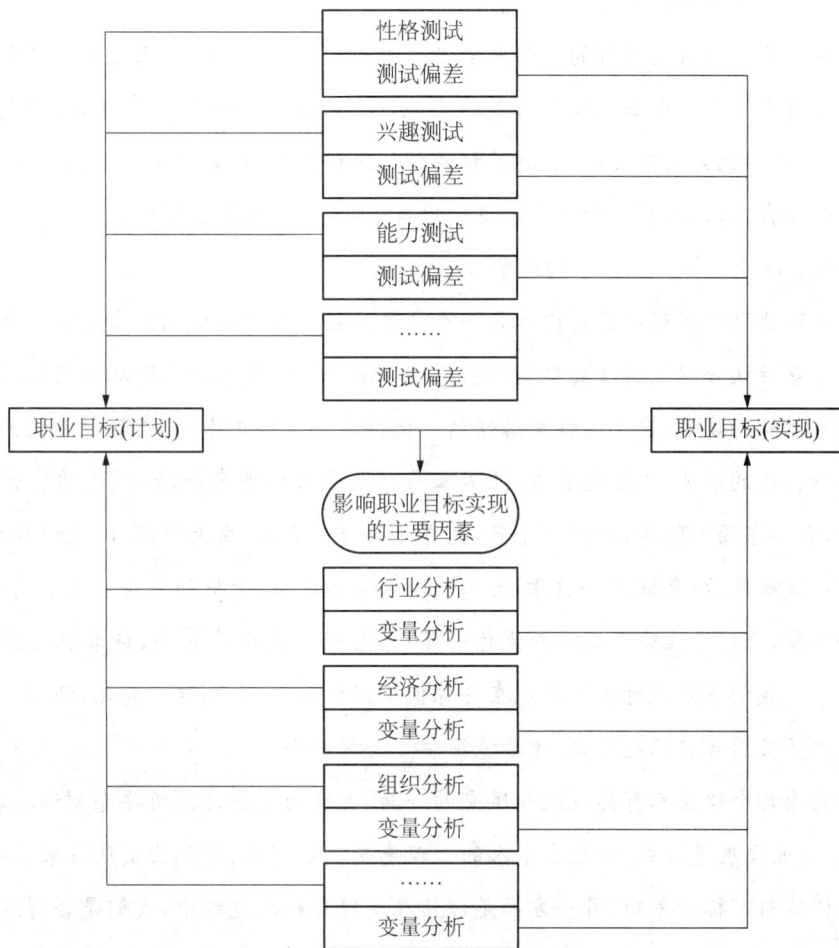

曾经发生过这样的事情，员工根据内外部分析结果为自己制订了职业发展目标，然而在后来的评估过程中，竟然发现了自己在分析方法上的错误，也就是说，该员工用正确的数据，按照错误的方法制订了错误的职业目标。从这点上来看，定期重复职业目标的推导过程以检验目标还是很有必要的。

对职业目标的检验还包括对目标达成条件的差异分析。职业生涯目标一般是一个中长期目标，在制订职业生涯计划书时，应尽可能地将中长期目标落实到每一个分阶段目标上。对职业生涯目标的评估，首先是评估期间取得的成绩与目标要求差距的分析。目标差距是分析的表象，而分析的主体则应是影响因素。如是什么外在因素影响了目标的达成，或促进了目标的达成；个人的哪些要素对目标实现起到了积极作用，哪些要素起到了消极作用。一般情况下,职业目标与实际达成状态之间是存在一定差距的,但如果某项因素变化过大,个人就有必要重新审视各项影响因素,并重新测试,以调整自己的职业生涯短、中、长期目标。

二、职业目标实施过程的评估

对职业目标实施过程的评估与职业目标评估类似,但要注意几点:对实施过程的评估前提是存在一个正式或非正式的实施计划,应该明确到时间、任务、完成标准等环节,否则评估的意义不大;对实施过程的评估应该先评估,后分析原因,由于是一个自我批评的过程,所以要有勇于接受不足的准备,不要总为自己找客观原因。

三、职业目标实现结果的评估

对职业目标实现结果的评估是一个主观过程。由于目标制订者对目标的理解一般仅限于感性认知以及通过典型案例获得的了解,所以,个人在达到职业目标时很容易因为之前理解的误差,产生某种失落情绪。记得在一次培训中,曾听到过某位清华教授如此评价自己的职业:"做教授的,很不容易。做出来讲课的教授,就更难。讲课说话要注意,有些东西不能讲;一站一整天,也算是个重体力活;白天讲课,晚上还要研究课题,否则很快就落后;交朋友要注意,太高的人人家不理你,太低的人自己又不愿意;教授不能去唱歌,否则没准哪个媒体就黑你一下;不管研究成果有多牛,评职称还得低头哈腰地求人。我们风光的时候就是现在给你们讲课的时候,也就这一会儿,还不是所有学生都喜欢。"虽然此言不乏夸大,但毕竟反映了一种状态。

无论哪个职业都有其成就和风光的一面,也有为达成目标所要克制和牺牲的一面。所以,职业发展是否成功,重在个人的心理感受。说到底,对职业发展结果的评估,一方面是评估与目标的差距,另一方面是评估在实现目标的过程中,我们是否得到了心理的满足。[①]

模块三　计划的评估与反馈

制定评估反馈措施,可以让自己随时可以评估职业发展阶段并作出相应的调整,保证职业发展路线的正常运转并最终实现目标。

[①] http://bbs. chinahrd. net/article-20159-1. html.

一、评估方法

1.综合测评法

综合测评法是众多高校普遍实施的一种对学生德、智、体多方面发展状况进行评价的方法,一般包括多个指标体系,每个指标体系均以量化的方式呈现,便于排名或统计。而且每个指标的最终得分包括多个评价来源,如自我、班级、教师等。正因为这样,综合测评有较高的外部效度。

2.360 度反馈评价法

360 度反馈评价法原本是企业管理员工绩效时经常要用到的一种评价方法,又可称为多源评价法,是上级主管、同事、下属、客户等对你的评价与个人评价的综合,其结果会反馈给被评价者,对个人职业生涯发展也是非常有意义的。

360 度反馈评价法也可以用于大学生的职业生涯发展评价,个人在进行 360 度评价时,应尽可能打开窗户,广泛地向他人征求意见,这些人可以是自己的老师、同学、亲人、朋友、室友、校友、实习单位领导、社会工作中的同事,等等。其中,来自辅导员、班主任和与自己有直接交往的同学的评价信息最为重要。

二、职业生涯规划的调整

对个人职业生涯规划进行评估后,从评估反馈情况结合自身的实际对个人职业生涯目标进行调整。俗话说:"计划赶不上变化。"影响职业生涯规划的因素众多,有的变化因素可以预测,而有些变化因素难以预测。要使职业生涯规划行之有效,就需要不断地对职业生涯规划进行调整。

应根据外部因素的变化和个人的实际需要,结合前阶段评估反馈的情况,总结和分析自己的行动计划和计划的可行性,动态调整职业阶段目标和实施的计划、措施,使之更适应外部因素的变化,并作为下一阶段目标和实施计划的重要依据。调整的内容包括职业的重新选择、职业规划路线的调整、阶段目标的修正、实施计划的调整等等。

【拓展阅读】

翻译专业大学生职业生涯规划书正文

引言:未来掌握在自己手中,看清脚下的路,我的未来不是梦!古人云:凡事预则立,不预则废。任何成功人士都有完整系统的人生规划,明确的人生目标。早在初中我就立志成为一名翻译,可高考的失利让我对自己失去了信心,我曾一度认为自己以后只能待在家乡当一名乡村教师。我一直对自己的英语口语没什么信心,直到有一次在学校办的英语角碰到一位外国老师,在我鼓起勇气跟她交谈之后,她说,你的英语口语很棒。也许她是刚到中国没几天,没遇到几个会说英语的中国人。但这却像一支强心剂一样激励着我,催发着我的斗志。现在我可以宣布我的目标就是成为一名翻译。下面我从自我分析、职业环境分析、职业定位、实施方案和评估调整这五个方面进行概述。

一、自我分析

根据人才测评报告以及自评分析方法,我对自己进行了全方位、多角度分析。

1. 职业兴趣——喜欢干什么

我的人才素质测评报告中,职业兴趣前三项是管理型(7分)、社会型(6分)和常规型(5分)。我的具体情况是:乐观主动,好发表意见,有管理才能,为人热情,擅长与人沟通、发表意见,人际关系佳,忠实可靠,情绪稳定,缺乏创造力,遵守秩序。我从小就是特别喜欢当干部,进入大学也先后在社团及团组织担任职务,时刻都比别人奉献的多是我学到的东西,希望我以后从事的也是尽自己的努力为别人创造好的生活条件的职业。

2. 职业能力——能够干什么

我的人才素质测评报告结果显示,信息分析能力得分较高(8分),人文素质得分较低(5分)。在上小学的时候我就喜欢看一些侦探类的小说,很重视逻辑思维能力的培养。

3. 个人特质——适合干什么

我的人才素质测评报告结果显示,我属于支配稳健服从型,语言、分析能力不错,思维能力也不错,思路清晰,文字功底和英语口语也还不错。通常善于辞令,尤其适合做推销工作和领导工作。通常精力充沛、热情洋溢、富于冒险精神、自信、支配欲强。喜欢与人争辩,总是力求使别人接受自己的观点。缺乏从事精细工作的耐心,不喜欢那些需要长期智力劳动的工作。通常追求权力、财富、地位。我的具体情况是:我一直是个很随和的人,喜欢听父母的话、老师的话,但我并不是没有主见的人。

4. 职业价值观——看重什么

我的人才素质测评报告结果显示前三项是支配取向(7分)、经营取向(6分)和志愿取向(6分)。我的具体情况是:控制欲强,喜欢支配他人;善于决断;工作雷厉风行;做事有担当;独立性强;主动行动;有强烈的成就动机;富有同情心;喜欢帮助他人;不计较个人利益得失。

5. 自我分析小结

根据我的人才素质测评报告,以及家人、老师和同学的建议,我对自己进行了综合分析。我在性格上乐观好动,独立性强,但不够自信,有时情绪化,在作风上比较保守、被动。在特长上擅长英语口语和演讲;专业知识扎实,勤学好问。智商和情商属中等偏上水平,活动能力强,有一个健康的身心。

二、职业环境分析

通过参考人才素质测评报告建议以及家人、老师和同学的意见等,我对影响职业选择的相关外部环境进行了较为系统的分析。

1. 家庭环境分析(经济状况、家人期望、家族文化等对我的影响)

我出生于一个并不是很富裕的家庭,但是也度过了一个丰富充实的童年。从小妈妈对我影响很大,哪怕是经济上不那么宽裕的日子她也始终保持微笑,她对生活积极的态度感染了我,使我渐渐地也成为一个敢于坚强面对困难的人。家人对我的期望值很高,又因为我是三个子女中的老大,所以时刻承受着成为榜样的压力,从小就是学习上的佼佼者。

2. 学校环境分析(学校特色、专业学习、实践经验等)

南昌大学外国语学院源于1975年创办的江西大学外语系,是江西创办早、外语语种全的教学和科研基地,培养能在外事、经贸、文化、新闻出版、教育、科研、旅游、大众传媒等行业的机关、企(事)业单位从事翻译、研究、教学和管理等工作的高级专门人才。学院重视提高科研水平,建有英美文学研究中心、外国语言研究所、翻译研究中心,江西省翻译产业基地依托本学院。近年来,学院教师发表的学术论文、出版的学术专著、开展的科研课题研究的数量大幅增加,承担了国际纵向研究课题、国家社科基金、教育部人文社会科学研究课题等。

3. 社会环境分析(就业形势、就业政策、竞争对手等)

英语专业三大就业岗位:①英语老师——老师这一行待遇稳定,保障性高,压力也不大,在以教育为重的今天,越来越多的各类学校、培训班等都需要英语老师。②翻译——英语技能必须扎实,中文功底也必须深厚。这一行待遇也比较高,也要掌握相当的综合知识,很多外企单位都缺此类翻译。③进外企——要有很强的交流与沟通能力,以及应变能力,不仅要与国外客户交流,还要处理好一些内部的工作问题,有时还要做书面英语的工作,这就需要语法的熟练掌握。

行业现状:在当今中国的社会环境下,就业形势十分严峻,每年大学毕业生数量成倍增长,工作岗位却是僧多粥少。然而,现在市场上对于英语人才的需求量还是蛮大的。

中国加入 WTO，与世界各国的交流与交往也日益增多，大量的外商和外企都陆续进入中国市场，那么会英语的人才及工作人员就显得十分重要。因此，把英语学得又精又好就不怕找不到就业岗位。

就业目的地分析：北京、上海、深圳等国内的一些大城市，对英语专业的人才要求还是比较高，而且竞争压力也比较大，没有过硬的文凭，很难有立足之地。所以选择一个就业竞争压力不大，又有不错的发展前景的中小城市，才比较适合自己一步步发展。

4. 职业环境分析

2008 年北京奥运会和 2010 年上海世博会为中国翻译业带来前所未有的机遇。有数据显示，中国现有在岗聘任的翻译专业人员约 6 万人，而翻译从业人员保守估计需 50 万人。来自中国翻译协会的数字则显示，目前全球翻译产业年产值已经超过 130 亿美元，其中亚太地区占 30％，中国市场约为 127 亿元。

三、职业定位和实施方案

起止时间：2013—2021 年；规划年限：8 年；年龄跨度：20—28 岁；目标行业：世界五百强外企翻译等相关工作；职业定位：一名外企的翻译或秘书。

该职业所需的一些技能：①基本技能(basic skills)：一个英文翻译员基本的要求是能牢固地掌握和运用自己的专业知识。这些技能包括听力理解能力(listening)，只有能够听懂外国人在说些什么才有可能跟他们沟通和交流；表达自己观点的技能(speaking)，一个有思想的人必须具备正确表达自己思想的能力；写作能力(writing)；阅读并理解文章的技能(reading)。②提升技能(skills for promotion)：各种证书(certifications)，虽然有时候证书只是一中形式，但却起着极大的作用，各种等级证书是必需的，尤其是翻译证书，当然还有专业八级等证书；责任心(responsibilities)，对于每个行业来说都是必需的，作为翻译员尤其要热爱翻译行业，责任心强，性格稳重细致；交流沟通能力(communication)，翻译员被誉为"沟通的桥梁"，所以积极和人进行沟通，并参与相关活动等都是必需的；团队合作精神(teamwork)，人际交往能力强，和自己团队搞好关系；母语(mother language)中文书写能力强，翻译员终究还是为了帮助中英双方的沟通，所以较好的中文是必需的；礼节，礼貌(manners)，举止要得体，毕竟英文翻译员有时代表的不止是自己，有时还代表着一定的团体甚至是一个国家的形象；谦虚(be modesty or appreciate other's perspectives)，谦虚并能容纳别人观点；态度(attitude)，做事认真负责，为人正直；逻辑(logic)，条理清晰，明白易懂、一目了然，所以要善于交流;创新意识(innovation)。③个人特长(personal advantages):特殊的证书(special certifications),这类证书比如其他语言类的证书、比赛证书等等;丰富的经验(experience),尤其是国际版权贸易经验;特殊技能(peculiar skills),熟悉 Office 等办公软件,熟悉商业信函的写作,具备计算机应用的基础能力;各方面综合能力(comprehensive skills),有时翻译员不止是翻译的工作,甚至还要做好翻译员、参事员、协调员、管理员和安全员;掌握与自己工作有关的新消息(up to date information about your job),了解和熟悉行业知识、专业常识、政策方针、存在问题以及相应的外文术语;幽默感(sense of humor),在英国人看来,幽默感是必须具备的,他们认为每人都得要有 a sense of humor。"He has no sense of humor"是人们可以常常听到的一句话。

实施方案:有可能的情况下,继续深造,出国留学等。与此同时进行各项社会技能训练,尽快适应职场生活,进行知脉、人脉、钱脉三脉积累,做好应对各种变化的准备,直到事业进入一个发展相对稳定的时期。

四、评估调整

职业生涯规划是一个动态的过程,必须根据实施结果的情况以及形势变化进行及时的评估与修正。

1. 评估的内容

职业目标评估(是否需要重新选择职业):假如本科毕业我没有进入外企,那么我将先做一名教师和兼职的英语导游,待生活稳定后继续向外企奋斗。

职业路径评估(是否需要调整发展方向):当自己的理想与现实存在太大差异的时候,我会根据自己的真正实力做适合的工作。

实施策略评估(是否需要改变行动策略):如果自己不适合翻译行业,我就选择当一名教师。

其他因素评估(身体、家庭、经济状况以及机遇、意外情况的及时评估):如果中间家庭出现什么变故,不排除我放弃学业找工作的情况。但成为翻译是我终生的追求。

2. 评估的时间

一般情况下,我定期(半年或一年)评估规划;当出现特殊情况时,我会随时评估并进行相应的调整。

3. 规划调整的原则

以自己的最终目标为航向,努力向自己的理想航行。狂风暴雨我不怕,烈日暴晒难不倒我,目标只有一个——幸福的彼岸。

结束语：以上就是我对自己以后人生道路的一个规划，也许有很多人会质疑它，认为我想象得太简单。确实，英语是一个漫长的积累过程，不能期待一朝一夕就能取得什么辉煌的成绩。我相信，总有一天我会达到我的目标，拥有属于自己的一片天空和幸福。不管怎样，我都会向着自己的理想进发的。BE GOOD, DO RIGHT![1]

---

① http://www.myzhidao.com/zczx/4938.html.

大学生职业指导与创业教程

第二编

就业编

第一单元　就业能力培养

学习目标

1. 了解就业能力的概念。
2. 掌握就业能力的自我分析和培养。

【导入案例】

实践能力不足成大学生求职瓶颈

北京理工大学计算机专业小张最近为了找工作忙得焦头烂额。眼看着自己同学马上要去单位报到,而自己还没收到用人单位的 offer,十分着急。他说:"原本以为学了热门专业应该好找工作,但真正找工作了才知道,没有实践经验根本求职无门。"

事实上,与小张存在同样困惑的大学生不在少数。人人网的《2013 大学生实习反馈调研报告》显示,仅四成大学生在校期间有实习经历,59.5%的大学生未参与过实习。大学生职前实习实践明显不足。

而在硬币的另一面,招聘方并未因为"无经验学生人数众多"就放宽了企业招聘要求。

仍然以 IT 行业为例,数据显示,在企业招聘 IT 人才的标准中,排在第一位的是项目经验,比重占到了 42%,排在第二位的就是对技术技能的要求,比重为 24%,然后是理论知识占 18%,职业规划占 9%,面试素质占 7%。

事实上,企业的要求与大学生现状的差异,一定程度上显示了学校教育与市场需求的差异。大学生应学会努力发挥自身力量,去弥补这种差异。无论是项目经验还是技术能力,都需要在真实的项目开发中领悟和学习。是否有真实的项目经验和与之匹配的技术水平,将成为能否成功应聘的关键。

模块一　就业能力概述

　　2015年全国高校毕业生达到749万人，加上大量往年没有实现就业的大学生，需要就业的大学毕业生人数再创历史新高。而当前我国经济结构还是以劳动密集型产业为主体，其吸纳高层次人才就业的能力和空间有限，特别是全球经济的疲软对我国经济发展也产生一定影响，导致近年来适合大学生的就业岗位增长不足，甚至还有减少之势，难以满足人数大幅增长的高校毕业生就业需要。大学生就业问题面临前所未有的挑战。大学生就业问题日益突出，已经成为各级政府、教育部门和社会各界高度关注的热点问题。

　　对高校毕业生就业问题研究的关键，是要把握住问题形成的原因。目前国内研究主要是从总量失业、摩擦性失业、结构性失业三个方面来解释我国近年来出现的大学生就业难现象。在三种成因中，由大学生就业能力缺口所导致的结构性失业，是一直以来长期困扰我国高校毕业生就业的核心问题，也是研究中的薄弱环节和现实中较难解决的深层次问题，如果不能有效解决将会长期影响我国高校毕业生就业。一般学者认为，大学生就业难问题的实质是经济社会大量需要的是具有一定的理论知识、熟悉某项操作与技能的实务型人才，但现实的人力资本供给却与这样的需求结构不相吻合，这是大学生就业难问题存在的唯一合理的解释。简单地说，市场对大学毕业生的就业能力有比较高的期待，但实际上大学生还做不到。

一、就业能力的概念

　　就业能力这一概念包含两个方面。首先，就业能力是一种适应能力，是对工作任务和环境变化的预料和反应的能力。这种适应能力让个人有能力去发现职业机会，能够调整个人因素以有效地适应环境需求，可以应对就业环境和工作模式的突然变化。简单地说，就业能力是个体获得和保持工作，在工作中进步，以及应对工作变动的能力。其次，就业能力也是个体在劳动力市场上成功从事某种工作的潜力。它强调个人能成功完成工作的潜能，是雇主们所期望的、在将来的岗位中有效工作的能力。更广泛地说，就业能力不是一种特定的工作能力，而是在横向上与所有行业相关，在纵向上与所有职位相关的能力。

　　西方国家把大学生就业纳入整个社会的就业体系，并不会单独划分出来研究。因此，他们的研究中涉及大学生就业能力的较少。而在我国，随着大学的逐年扩招，"大学生毕业意味着失业"已不再只是一句笑话,而是反映了现实的严峻。为了解决大学生的就业问题,我国学者开始学习西方的先进理论,并提出了大学生就业能力的概念。我们认为大学生就业能力是随着环境变化而相应提高的综合能力,毕业初期表现为获得工作并保持工作的能力,随着职业生涯的发展,逐渐发展为不断适应环境并改进自身的能力。

综上所述,就业能力可以解释为某种特定的、积极的,并能使雇员识别和实现职业生涯机会的适应力。

二、就业能力的构成

就业能力包括知识、技能和个人态度等,由四个维度构成。

(1) 智力能力,即诊断、分析、创新和学习的能力。

(2) 社会和人际交往能力,包括沟通、决策、团队工作和适应力、积极态度与行为。

(3) 规划和创业能力,即在工作中的冒险精神、创造力和创新性,辨识和创造机会,应对危机的能力,也包括对于生产力和规划的理解,以及对于自我就业的认识。

(4) 多元技术能力,即一系列与岗位相关的能力,涉及职业生涯识别、个人适应性、社会资本和人力资本等。

也有学者将其分为三个方面:

(1) 个人适应性。高水平的职业自尊和自控,对职业风险的高容忍度,高水平的学习动机。

(2) 个体与市场的交互能力。个体呈现就业能力,实现与环境的有效交互作用,包括主动的职业导向,以及人力资本,比如教育背景、相关工作经验等。

(3) 职业身份。个人对职业身份的自我认知,包括职业目标、个性特质、价值观和时间观念等。

以上两种分类,都包含了就业能力的个人因素和环境因素。就业能力实际上是个人在某一社会经济条件下的劳动力市场上的行为结果,是个人与环境互动的反映。就业能力不仅取决于个人拥有的某些特质,而且还与个人环境、个人应对劳动力市场的策略以及外部的结构因素有关。

三、就业能力的影响因素

就业能力的影响因素主要有社会因素、用人单位因素、高校因素、政府因素和个人因素。

1. 社会因素

社会因素指社会对毕业生就业能力的导向作用。我国古代有延续千年的科举考试制度,这是历代选拔人才的途径。受此影响,中国社会进入新时期,一般家庭对学生的要求仍以知书达理、苦学文化知识、通过考试为主,并不强调实际操作能力和知识的灵活应用能力。这导致大学毕业生的就业能力与社会对人才的实际需求之间发生偏差。

2. 用人单位因素

随着我国当前经济社会的飞速发展,市场竞争的日益激烈,企业对职员的知识文化素质、专业技能水平以及个人的综合素养等方面的要求日益提高。在社会人才结构严重失衡的情况下,许多企业一方面需要掌握着实际技术、技能的毕业生,一方面又不愿意为毕业生提供实习机会,甚至盲目地以名牌学校为标准选聘大学生。如何提高学生的就业能力与岗位适应能力,让毕业生更好地满足用人单位的需求,让高等教育获得社会的认可,是办好高校教育的关键所在。

目前职业教育开始流行"产学结合、校企合作"模式,既能发挥学校和企业的各自优势,又能共同培养社会与市场需要的人才,是职业学校与企业(社会)双赢的模式之一。而普通高校也应该加强与企业的合作,教学与生产的结合,校企双方互相支持、互相渗透、双向介入、优势互补、资源互用、利益共享,是实现高等教育与企业管理现代化、促进生产力发展、加快企业自有人才的专业技能培训以及知识文化教育,实现教育与生产可持续发展的重要途径。

3. 高校因素

(1) 生涯规划与就业指导

生涯规划与就业指导对大学生就业能力培养具有积极的促进作用。高校应该加强终身学习、职业咨询以及与工作相关的社会技能的指导和培训。

通过职业生涯规划,大学生可以解决好职业生涯中的定向(确定职业方向)、定点(确定职业发展的地点)、定位(确立自己在职业人群中的位置)、定心(保持平衡的稳定心态),按照自己的目标和设定方案有条不紊、循序渐进地努力。

面对如此严峻的就业形势,各大高校应该时刻针对学生所学专业和如今用人单位招聘需求作调适,加强技能培养,使学生能力与招聘岗位相匹配。学校应该积极建立健全一支高素质、专业化的就业指导师资队伍,将过去作为选修课的职业指导课调整为大学必修课程,结合学生自身专业特点,有针对性地展开培训指导,使每个学生能有系统地接受就业指导和职业技能学习。高校将职业生涯规划课程列入必修课,一方面使学生从入学开始明白四年的奋斗方向,及时掌握需要掌握的技能和发现自己的差距,有针对性地提高自身素质,另一方面使学生明晰当前就业形势的严峻性,能清楚自己所处环境,对大学生树立正确的就业观念有导向作用。

(2) 高校课程设置

高校课程设置直接影响着毕业生的知识结构和能力体系。有学者认为,目前我国专业课程设置有很强的目标性,设置学术性、理论性课程过多,技术性、操作性的知识与技能严重不足,导致培养的学生知识结构单一,缺乏灵活性,导致高校的办学方式、课程设置以及培养模式与当前市场经济的发展不符,导致培养的毕业生在就业能力上表现为同质性,难以适应市场的需要。

为解决这一困境,我国应落实大学办学自主权,使课程设置符合市场对人才的需求,使办学方式灵活多样,使大学掌握在专业调整和课程设置方面的自主权,能够根据市场的变化,及时地改革调整专业和课程设置。

首先,在课程设置中增加实践课程的比重,促进从学习到工作的转变。高等学校要转变目前教学中重理论轻实践、重知识轻能力的倾向,改革教学内容和教学方式,提高学生的实际工作能力。

其次,建立学校与企业的合作机制。见习或实习是整合理论教学和实践教学的重要载体,在理论教学中伴随实践教学,在实习中渗透理论研讨,才能真正实现理论与实践的有机结合。要建立社会实践基地,鼓励学生到企业单位实习,邀请企业人员到课堂与学生进行交流与指导,让企业人员积极参与课堂的课程设计,把企业真实的情境引入课堂,让学生根据社会现实进行课程和实验设计,提高学生在实践中解决实际问题的能力,同时开发学生的就业技能,提高其可雇用性。

4. 政府因素

政府政策在大学生就业能力培养过程中,起着纲领性的作用。只有当政府的价值导向行为、政策调控行为、监督管理行为以及指导服务行为到位,大学生的就业能力培养才能达到预期目标。近几年,我国相关行政职能部门出台了一些政策,包括就业指导、就业服务、职业技术培训等,帮助大学生顺利走进工作岗位。

5. 个人因素

学生个人作为就业的主体,是否积极发挥主动性,将影响毕业后的就业能力。然而,如果大学生没有形成提高自己就业能力的意识,在大学时期不注意构建完善的知识体系,或者只专注于课本上的知识,就容易出现就业能力缺陷,比如缺乏自主学习能力、接收和处理信息的能力,对自己将来的职业生涯缺乏规划及实践的能力。

【导入案例】

2015 年中国大学生就业压力调查报告(部分)

大学生就业最应该具备的素质

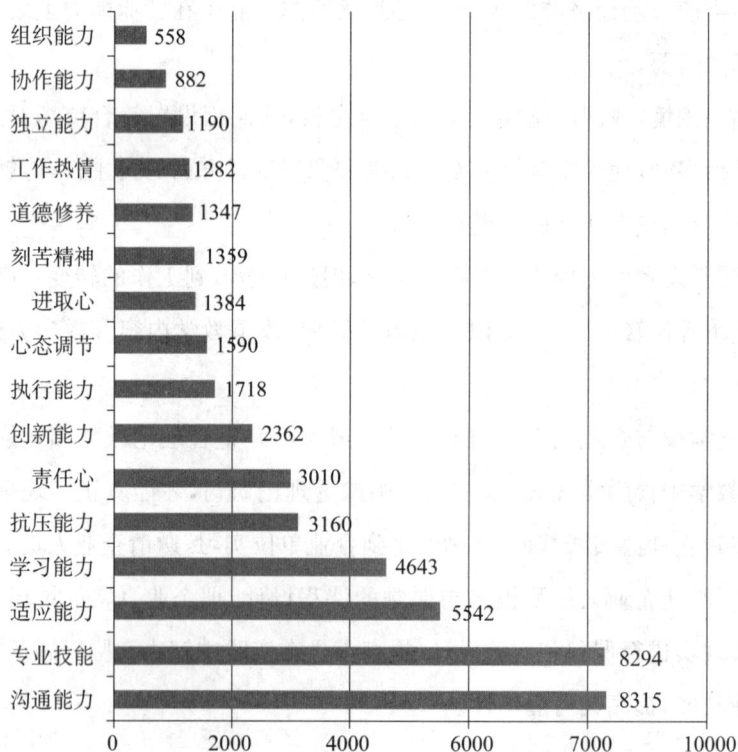

素质	数值
组织能力	558
协作能力	882
独立能力	1190
工作热情	1282
道德修养	1347
刻苦精神	1359
进取心	1384
心态调节	1590
执行能力	1718
创新能力	2362
责任心	3010
抗压能力	3160
学习能力	4643
适应能力	5542
专业技能	8294
沟通能力	8315

在本次调查中,我们进一步对大学生就业时最应具备的基本素质进行了调查,其中沟通能力和专业技能依然最受求职者关注,其次是适应能力、学习能力;相反,道德修养、组织能力、独立能力、协作能力、进取心、刻苦精神与工作热情等,这些被用人单位与社会所看重的基本素质,却被求职大学生相对忽略。这一结果与去年的结果基本一致。

比较不同类别高校大学生所看重的基本素质发现:无论重点院校还是普通院校,最看重的前五位均是沟通能力、专业技能、适应能力、学习能力、抗压能力。仅在前两位的顺序上有一定区别,重点院校更看重专业技能,普通院校更看重沟通能力。重点院校

最看重的五类基本素质排序依次是：专业技能、沟通能力、适应能力、学习能力、抗压能力；普通院校最看重的五类基本素质排序依次是：沟通能力、专业技能、适应能力、学习能力、抗压能力。

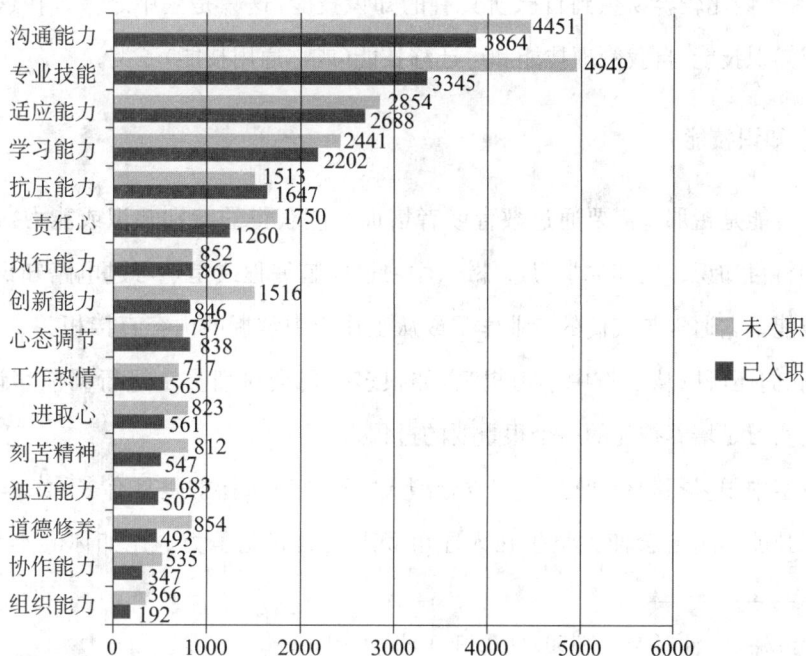

比较不同入职阶段所看重的基本素质发现：已入职群体最看重"沟通能力"，并且对"抗压能力"的重视程度强于未入职群体；而未入职群体最看重的是"专业技能"。已入职群体最看重的五项能力依次为：沟通能力、专业技能、适应能力、学习能力、抗压能力。而未入职群体最看重的五项能力依次为：专业技能、沟通能力、适应能力、学习能力、责任心。①

模块二　就业能力的自我分析和培养

一、就业能力分析

当前大学生就业能力培养中存在的问题主要是综合素质不过硬。就业能力不单是某项技能，而是大学生多种能力的综合体现。要进行就业能力培养，需要我们了解自己的能力，并有针对性地培养。如果每个人都能将自己的天赋发挥出来，那么每个人都将是出色的，这正如古人所说的"天生我材必有用"。

无论是写简历还是参加面试，最重要的目的是想向别人展示自己的技能，要展示自己就需要清楚地认识自己拥有什么样的技能。对个人技能的认识建立在对技能分类的基础之上，通常人们比较容易想到自己所具有的知识技能，这只是其中之一。在这里，我们把技能分成知识技能、自我管理技能和可迁移技能（或称通用技能）三类。

（一）知识技能

知识技能是指那些需要通过教育或者培训才能获得的特别知识或能力，也就是个人所学习的科目知识。比如你学习过外语、学习过电脑编程或是学习过电路知识，这就是你的知识技能。它通常与我们的专业学习或从工作当中掌握的内容直接相关。所以除了学校学习，我们还可以从工作中学习提高，如很多公司会对新员工进行岗前培训和在岗培训。因此实习是培养技能的一个很重要的过程。

在现实中很多招聘企业更看重"复合型人才"，这里所指的是具有多种知识技能的人，所以知识技能的组合会使大学生在人才市场上更具有竞争力。比如你的本专业是金融

---

① http://edu.qq.com/a/20150529/032180_all.htm#page1.

大学生职业指导与创业教程

学,除了精通自己本专业的知识外,你还精通一门外语,又懂得消费心理学,外资银行就很需要这种能与外国客户进行良好沟通的专业人才。大学生就业难从某种程度上也与大学生的知识技能单一,在现实当中不能满足用人单位的复合型需要有关。

(二) 自我管理技能

自我管理技能经常被看作个性品质而非技能,因为它是指个体在不同环境下如何管理自己,即勇于创新还是循规蹈矩,是谨慎认真还是敷衍了事,能否在压力下保持镇定,是否对工作有热情等。良好的自我管理技能能够帮助我们更好地适应周围的环境、应对工作中出现的问题,因此它也被称作"适应性技能"。

对 2010 年的大学毕业生进行的就业调查显示,一年内的离职率竟然高达 30％。事实上被解雇或离职的原因,更多是他们在工作中缺乏自我管理技能而不是缺乏专业知识技能。用人单位在招录过程中第一项评估的是知识技能,只有知识技能达到要求才会录用,而自我管理技能是在使用过程中才能观察到的。很多用人单位在对刚毕业的大学生给出的评价是缺少敬业精神、没有服务意识、眼高手低等,这都与自我管理技能有关。很多大学生因为从小受到父母的宠爱、老师的呵护,缺乏人际关系的经验,在处理事情上往往以自我为中心,这是用人单位最为忌讳的方面。用人单位要求员工是一个有责任感、能独立解决问题并讲求团队合作的成熟型人才,所以自我管理技能无论是先天具有还是后天培养,都是一项能帮我们适应工作的非常重要的技能。自我管理技能可以从非工作领域转移到工作领域,它是一种性格养成,比如我们可以从大学生活或是实习工作中总结自己的技能程度并作有针对性的培养。

(三) 可迁移技能

可迁移技能是指生活当中所有可以迁移到工作当中的技能,比如学习、考察、分析、搜索、组织、表演、维修等。它不属于工作中的专业技能,却对工作帮助很大。例如我们常会组织旅游,每到一处的新鲜事和所见所闻都会记忆在我们的脑海里,这就是日常的信息收集技能。在今后的工作当中有可能会招待客户或者与同事旧地重游,那时就可以给客户或者同事介绍你当时的经历和见闻。可迁移技能事实上是一种工作的经验和生活的阅历,与知识技能相比更为重要。随着时代的发展,我们需要终身学习提高自我。举个例子,在 20 年前家里有部固定电话机已经是很了不起的事了,10 年前人们根本不知道智能手机是什么样子的,而现在我们已经能够不用计算机而用智能手机上网、聊天、搜索、编辑文章等,我们不是计算机或者通讯专业学生,但是无论我们从事什么工作都可以运用智能手机随时与客户收发邮件、搜索信息等。

可迁移技能不光能提高我们工作的适应性，还可以扩大我们的就业范围。学习文学、历史、哲学的学生常因为他们所学的专业不如计算机、建筑、机械等理工科的就业容易而感到苦恼。事实上，如果我们有从事过教学的经历，可以去考取教师资格证担任教师，如果你的语言技能突出可以从事讲解工作，沟通技能突出可以从事调研工作，写作技能突出可以从事编辑工作等。从这个意义上说，在求职的时候尽管你从未从事过某个职业，但只要你实际具备了这个职业所要求的技能，那么你就可以大胆地向招聘单位推荐自己，尤其是那些对专业知识技能要求不是很高而迁移技能占主要地位的职业，比如营销、服务、社会工作等。

二、就业能力培养

（一）就业能力培养的意义

对毕业生而言，高超的就业能力可以帮助他们在激烈的就业市场中脱颖而出，实现充分就业，实现人生理想与自我价值。对用人单位而言，就业能力高低关系到企业人力资源成本和效益，以及企业经济效益的获得。对社会而言，培养大学生就业能力有着重要的现实意义，具体表现在以下三个方面。

（1）培养大学生就业能力，是适应我国社会经济发展、人才市场对人才要求所必需的。从重学历到重能力、重技能、重职业道德，人才的规格内涵不断变化，就业岗位的主要职业能力成为现代人才市场选人、用人的重要标准。加强就业能力培养，是现实社会对职业教育改革、建设、发展提出的切实要求。

（2）培养大学生就业能力，已成为世界各国高等教育和人力资源开发的发展趋势。顺应发展趋势，借鉴先进经验，强化就业能力培养，是促进我国高等教育发展的必经之路。

（3）培养大学生就业能力，是提高教育素质和实现素质教育新突破的迫切需要。既要培养学生的社会适应性，又要教育学生树立终身学习理念，提高学习能力，学会交流沟通和团队协作，提高实践能力、创造能力、就业能力和创业能力。就业能力是学生综合素质的核心，是就业、创业、可持续发展的基础，是获取成功的关键。同时，学生素质是衡量培养质量的关键因素，实施素质教育是提高人才培养质量的主要平台，是准确定位人才培养规格、改革人才培养模式、提高人才培养质量的迫切需要。

(二) 就业能力培养的实践方案

1. 增强个人职业生涯规划意识

(1) 积极做好职业生涯准备，努力提升就业能力

就业能力的培养是一个动态的过程，并不单单是在工作中展现出能力素质，而应该是一个连续发展的过程。因此，大学生应该有一个职业生涯的合理规划，合理的职业生涯规划是学生迈向成功的第一步。从踏进大学校园的那一天开始，大学生就应该结合自身的性格、兴趣、特长、价值观等因素，根据外部环境，确立自己的职业生涯目标，从而利用社会环境中的多种有利因素，有目的、有计划、策略性地去实施这个目标。在实施这个目标的过程中，学生可以根据外部环境的变化和自己的其他兴趣与爱好，不断进行调整，最终获得一个满意的结果。

目前，我国大学生在这一方面意识还比较薄弱，对许多大学生而言，他们还没有强烈的发展规划意识。成功的职业生涯规划是保证学生获取就业能力的关键因素，对许多高校而言，目前还没有对大学生进行合理的职业生涯规划意识培养。

(2) 明确职业生涯目标，积极发展就业能力

职业生涯规划简而言之就是：知己、知彼，合理选择职业目标和路径，并用高效行动去实现职业目标。学生应依据自己的人才素质测评报告，结合自己的实际情况与社会需求，从专业、就业、职业等方面进行个人职业生涯规划。做任何事情，只有明确目标，才有助于规划过程和具体细节的实现。大学生个人应该"及早明确自己的职业生涯目标，并以此为中心展开学习"。大学生在接受学校的职业生涯指导的基础之上，了解自己的职业个性，认识专业的需要及发展，明确自己的职业生涯目标。

认真学习学校开设的就业指导课程。现在有很多学校已经完善了就业指导体系，不仅有专门的就业指导老师进行授课，并且开发了很多就业指导课程。大学生个人应该认真对待就业指导课程，在老师的帮助下，了解自己的职业特性，从而确定自己的职业生涯目标。认真了解各种职业测评量表的详细意义，诸如 MBTI 职业性格测试、霍兰德职业倾向测试等，认识自己的职业性格。在了解自己职业性格的基础之上，结合对专业学习的认识，建立自己的职业生涯规划。

2. 寻求个人实践能力培养途径

大学生的就业能力的培养，要求学生本人具有一定的主观能动性。作为 21 世纪的新一代，大学生必须积极主动地去获得实践能力，寻求各种可能的途径来加强自己的能力。

（1）积极参与学校社团活动，增强沟通能力以及适应能力

社团活动能够提高沟通能力。高校丰富的社团文化活动为大学生的能力培养提供了良好的平台。通过参与社团活动，学生可以锻炼自己的沟通能力。而沟通能力包括良好的口头交流技巧以及倾听技巧。在加入社团时要进行一系列的面试等活动，这其中包括当众自我简介、工作计划等。在这个过程中，能够锻炼学生表达的技巧以及与面试人员的沟通技巧。参与社团工作的过程中，要面临与领导及其他成员沟通的问题。组织社团工作，更是一个锻炼学生加强沟通技巧及倾听其他成员意见的过程。因此，参与学校社团工作，能够锻炼沟通技巧。

社团活动可以增强适应能力。学校的社团活动是一个有组织的过程，在这个过程中，参与者会遇到形形色色的问题，而作为参与的学生必须要去解决这些琐碎的甚至超越了学生已有能力的问题，这就锻炼了学生的问题解决能力。在参与活动或者解决问题的过程中，学生应该善于创造性地思考，这样才能及时有效地解决问题，保证活动正常顺利地进行。创造性的思考无论在个体解决问题的过程中，还是在组织团体解决问题的过程中，都具有重要的作用。因此学生要提高参与社团活动的积极性，增强自己解决问题、创造性思考的适应能力。

（2）积极寻找社会工作机会，培养人际沟通技巧

实践能力不是苦读书本读出来的，也不是毫不付出凭空而来的，大学生要走出教室，走出学校，深入到社会中，亲身接触工作，才能有增强实践能力的机会。

寻找社会兼职工作，加强团队合作技能。在社会的工作中，人们是需要不断地与他人沟通互动的。在兼职工作中，接触不同阶层的客户、不同经历的同事，学会人际沟通技巧，为将来的实际工作打下良好的基础。良好的人际沟通技能可以让你的工作事半功倍，可以轻易地化解工作中的困扰与难题。一个人只有亲身置于工作中，才能体会团队工作的精髓，才能获得团队工作的技巧及原则。职场中，团队的合作能力越来越影响着一个人的职场生涯。只有在团队中找准自己的位置，做好自己的工作，与同事和谐相处，才能获得工作的乐趣。

积极投入兼职工作，获得影响能力和技能。影响能力和技能主要表现在理解组织文化这一层面。组织文化是随着组织的发展壮大而不断沉淀发展的，员工只有深入地理解组织文化，才能获得组织归属感，在与组织目标利益一致的情况下，努力投入工作中。大学生在进行兼职工作时，也要积极地理解组织文化，及时地融入组织氛围中，形成一种机制，将来从事真正的工作时，才能够迅速进入角色。

【拓展阅读】

图解：2016 中国大学生就业报告(第 16 期)①

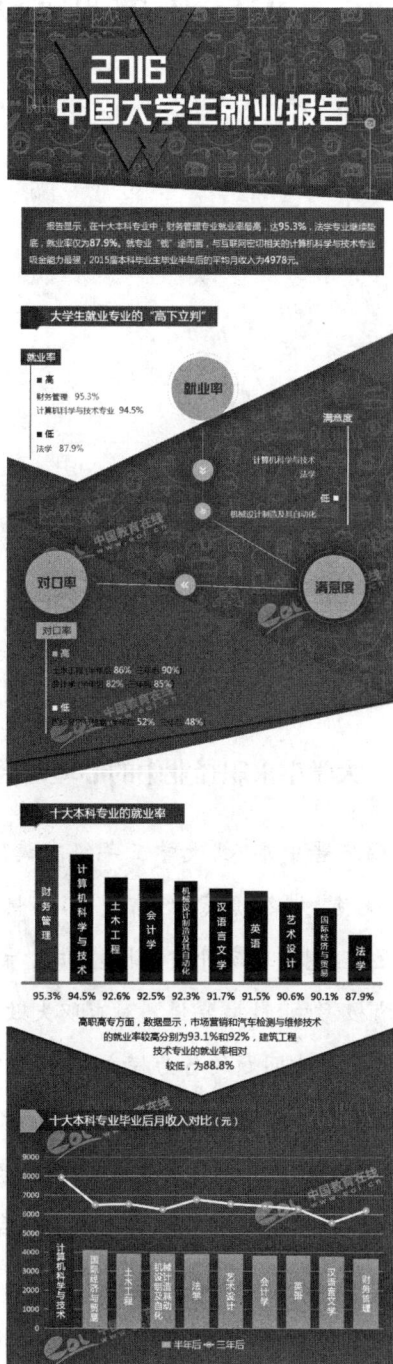

① http://www.eol.cn/html/c/2016jybg/index.shtml.

第二单元　大学生就业心理调适

【学习目标】

1. 了解大学生就业心理。

2. 了解求职应具备的心理素质。

3. 了解大学生就业常见心理误区。

【导入案例】

大学生求职择业中的心理误区

李某,22岁,汉族,山西省晋中市人,大学三年级在读。在经历过几次面试失败之后,顿时对前途失去信心,忧伤、失落、焦虑、经常失眠,不愿与人交流。原因分析:求职遇挫,由于对社会认知缺乏,理想与现实冲突,引起焦虑。社会支持系统缺乏,与父母相处时间短,对个性形成有消极影响,性格要强。对求职失败认知方式有问题,被烦恼、焦虑情绪所困扰,自身缺乏有效解决问题的行为模式,应对挫折能力较差。人际关系上采用回避方式,减少与人的交往,变得孤独,加速了消极情绪的恶性循环。经过心理调整后,该学生对原有的一些片面的、偏激的想法有了重新认识,目前情绪好转,睡眠恢复,重新振作走入人才市场,继续投简历,参加面试,清楚定位自己,相信自己和别的同学一样,定会找到适合自己的工作。

点评:求职是一个人职业生涯的开始,心理准备对求职择业有着重要的作用。良好的心理准备能发挥毕业生自身的长处,而本案例中的学生则因为心理准备不足而产生求职择业的不良影响,这就要求学生应积极做好求职择业的心理准备。

模块一　大学生就业心理概述

一、心理素质

1. 心理素质的含义

心理素质是指认知、情绪、情感、意志、自我意识、价值观,及社会交往与适应能力等方面的素养。它是在环境的熏陶下,个体经过长期的修养,逐步内化的一种心理结果。

2. 良好心理素质的标志

良好的心理素质表现为:智力正常、情绪稳定、意志健全、人格统一、人际关系和谐、行为适度等。

二、心理素质对大学生择业和职业的影响

1. 对确定择业目标的影响

求职择业是大学生完成学业,走向社会、服务社会的需要。求职择业中的首要问题是确定择业目标。心理素质对择业目标起着重要作用,它决定求职者能否客观正确地分析自我、认识自我,如所学专业、思想修养、能力特长、兴趣爱好等;能否客观正确地分析用人单位需要和社会需要;能否将个人利益与国家利益,个人理想与社会需要有机结合起来;能否在择业的坐标中找到自己准确的位置。

2. 对择业目标实现过程的影响

择业时选择与被选择的过程,是大学生施展才华、叩开职业大门的过程,也是用人单位评价、筛选大学生的过程。大学生在择业中,将会遇到自荐、面试、笔试、竞争等一系列的考验,也将会遇到专业与爱好、专业与效益、专业与地域、地域与家庭之间的一些矛盾,能否顺利地接受这些考验,能否果断地处理这些矛盾,心理素质起着重要作用。良好的心理素质,可以使人在面对考验和矛盾时做到镇静自如、乐观向上、不怕挫折、勇于创新、缜密考虑、果断决策。特别是在不成功时,更能有效地克制自己,调整自己的心境,尽快摆脱消极情绪的影响,避免情绪过度波动,以便及时总结经验,另辟蹊径。如果心理素质不良,

是很难面对这些考验和复杂矛盾的。

3. 对实现择业目标的影响

良好的心理素质对择业目标的实现,起着促进和保障作用。它可使求职者充分发挥自己的聪明才智,挖掘自己的潜力,综合自己的优势,扬长避短,不懈努力,从而找到最能施展自己才华、实现人生抱负的舞台。

4. 对大学生职业适应的影响

大学生求职择业完成后将走上新的工作岗位,角色的变化、人际关系的变化、环境的变化,都将会给大学生带来种种新的考验。心理素质好,就能适时调整心态,把握自我,与新环境很快融合,较快地适应新的职业角色,大大缩短适应期。

5. 对职业成就的影响

心理素质好的大学生,在新的工作岗位上能够很好地发挥个体优势,能以顽强的意志克服和解决工作中的种种难题,在工作岗位上努力做出贡献。反之,则很难做出成就。

【导入案例】

土木工程专业毕业生孙江的一次应聘经历很有传奇色彩。与他同时去应聘的有五人,彼此都不认识。主考官为他们每人准备了一台电脑,让他们在电脑上回答问题。当他们快要完成时,突然停电了。大部分应聘者当时只顾回答问题,没有保存。主考官抱歉地说:电路出了点问题,如果刚才没有保存,电路修好以后,重新做。应聘者有的生气,有的开始埋怨,有的无奈地坐着等。十分钟过去,仍没有来电,主考官着急地进进出出。孙江向主考官走去,问道:"需不需要我去看看?今天凑巧,我带着电笔"。原来他用的是多功能圆珠笔。他很快发现,保险闸被拉下了,线路没有问题。其实这才是真正的考试题:对待偶发事件的心态与问题解决能力。电通了,主考官宣布招聘活动结束,他表示欢迎孙江来这个建筑施工企业工作。

点评: "功夫在诗外",就业要比专业知识,比实践技能,还要比处世态度、生活常识。积极主动的背后,是全方位的修炼和积累,在惨烈的求职大战中,敢于竞争和善于竞争的你,终将成为胜出者!

模块二　求职应具备的心理素质

面对就业,大学生的心理是复杂多变的。通过几年大学生活,同学们在知识、能力与人格方面有了积极显著的发展,有着强烈的就业意愿和积极的就业动机,为能尽快实现自己的人生价值而感到由衷的欢欣;而就业岗位和就业方式的多样化也为大学生就业提供了更多的机遇和更大的自由度,许多大学生都踌躇满志,跃跃欲试,准备在所学专业领域一展身手。但是在就业过程中,又难免出现种种心理矛盾、心理误区和心理障碍。

一、正确认识自我

大学毕业生求职时,要做到知己知彼。知彼就是要了解择业的社会环境和工作单位,正确认识面临的就业形势,了解社会需要什么样的大学生。知己就是实事求是地评价自己,对自己有正确的认识,客观、正确地认识自己德智体诸方面的情况,自己的优点和长处,缺点和短处,自己的性格、兴趣、特长。要明确自己想要做什么和能做什么,社会又允许你做什么。只有这样,才能保持良好的择业心态。

毕业生正确认识自己的几个方面:

(一) 专业知识

专业知识是毕业生在择业中比其他非本专业人员更具有竞争力的一个主要因素。专业知识通常包括基础知识理论、专业技术技能、灵活运用理论知识的能力。毕业生可以通过自己的学习成绩来认识自己对基础理论知识掌握的程度,通过实验仪器的使用、机器的操作及其他生产实习来认识自己对专业技术技能掌握的程度,通过毕业设计或论文完成的情况来评价自己灵活运用本专业基础理论知识的能力。

(二) 其他知识技能

其他知识技能主要包括毕业生熟练操作和使用计算机的能力,毕业生的英语会话和阅读能力,毕业生在语言表达、文字、待人接物等方面的能力等。除此之外,社会还对毕业生的动手能力、实践能力、协调能力、创新意识、敬业精神、奉献精神、事业心、责任心等提出较高的要求。历年来,学生党员、学生干部、三好学生、各种奖励的获得者,都受社会青睐。毕业生可以通过参加社会活动,获得各种奖励的情况来评价自己的实力,也可以通过毕业鉴定,对自己的大学生活做一个全面、合理的总结,从而更加客观、公正地认识自己,指导自己的就业实践。

(三)兴趣爱好

兴趣爱好是一个人工作事业取得成功的重要条件。研究表明,对自己所从事的工作有兴趣,就能发挥才能的 80%—90%,并能长时间保持高效率而不感到疲劳。对自己未来所从事的工作必须要有兴趣,至少应该不是自己厌烦的事情。因此,毕业生对自己的兴趣爱好应有一个全面的、深入的了解。

(四)基本素质

基本素质包括毕业生在逻辑思维、抽象思维、记忆力、想象力、观察力、反应速度等方面的素质和能力。

(五)性格特征

性格特征也与职业选择具有很大的关系。一个性格内向、好静不好动的人,非要让他去做演员,做主持人,那是绝对行不通的。不同性格的人适合从事不同类型的职业,毕业生应该根据自己的性格特征来选择所适宜的工作。

毕业生只有在对自己有了全面、客观、公正评价的基础之上,才会克服不良心理的影响。例如,有了对自己的了解,就不再一味地依赖别人;可以不再自卑,面对选择时,也可以不再矛盾重重。

二、求职中应具备的心理素质

就业是大学生人生的重大转折,面对"自主择业,双向选择"就业,大学生的心理是复杂而多变的。调整好择业心态,做好充分的心理准备,积极参与竞争,勇敢地迎接挑战,在择业过程中是非常重要的。

(一)树立自信,敢于竞争

积极主动、敢于竞争、抓住机遇,在应聘过程中有着举足轻重的作用。积极主动、敢于竞争的态度的背后是一个人的自信心。"世上无难事，只要肯登攀"，自信产生勇气，勇气引发进取心，进取心产生积极主动的行为，积极主动的行为获取良好的效果。自信心是人格健全的人必须具备的心理素质。只有自信、坚强、勇往直前，才能发挥潜在的实力，激发智慧的火花，达到胜利彼岸。培养自信可以从两个方面着手。

1. 要相信自己的能力

每个人都有相当大的潜力。当一个人面临求职，忧心忡忡，担心失败的时候，多半不是真的不行，自己条件可能并不过硬，但别人也不见得一定比你强。每个人都有自己的优势，都有可能在求职竞争中占据主动地位。

2. 要积累自信的资本

自信要有扎实的基础、良好的素质作资本，以雄厚的实力作后盾。学好专业，发展特长，全面提高自己的综合素质，做到正确地认识自我及就业形势，确立恰当的就业目标，广泛地搜寻就业信息以及做好求职材料，自然会对求职充满信心。

当今时代，竞争机制已经渗入社会各个领域和人生的整个过程。而在求职阶段，迎接新的挑战，强化竞争意识已成为高校毕业生应具备的最基本的心理素质。这就要求：一是要在正确自我评价的基础上，充分相信自己的实力，敢于通过竞争去实现理想的就业目标；二是必须在心理上准备与"铁饭碗、大锅饭"的传统告别，必须从社会进步和深化改革的角度来加深对竞争机制的认识，强化自身的竞争意识，自觉地正视社会现实，转变观念，做好参加竞争的心理准备。

大学生要想在求职择业中取得成功，仅仅做到敢于竞争是不够的，还必须善于竞争。善于竞争体现在具备良好的心理素质、实力和竞技状态。在求职面试时一定要轻松自如，特别是要克服情绪上的紧张和焦虑；同时还要做到仪表端庄，举止得体，交流表述清晰，采用适当的方式推荐自己，给用人单位留下良好的第一印象。如果大学生能以稳定的情绪对待求职择业，就能在激烈的就业竞争中取胜。

(二)消除自卑心理，提高受挫能力

较强的心理承受能力在竞争激烈的社会中是不可缺少的，它能使人们在经受挫折的打击后，依旧保有进取的勇气。择业的挫折是大多数大学生需要面对的现实，提高在择业中的抗挫折能力，正确看待择业中的困难和失败，是培养健康择业心理的重要环节。

（1）要对可能遇到的困难和挫折有一定的预见性。在择业中，困难和挫折是很正常的事。有些同学一遇到挫折就感到脸上无光彩，心里蒙上一层阴影，甚至感到心灰意冷，产生自暴自弃的念头，这正是心理承受力差的表现。

（2）要正确认识择业竞争的激烈与就业形势的严峻，不断根据实际情况变化调整自己的择业目标和择业心态，增强对形势变化的适应性。

（3）遇到挫折，要认真分析原因，找出问题在哪里，总结经验教训。是对形势分析错误，还是自己定位不准确、要求过高；是用人单位要求过高，还是个人条件不具备；是在某个单位遇到的偶然情况，还是许多单位的共同态度。只有认真分析问题，才能对自己的择业战略和策略进行调整，争取新的机会。

（4）要用发展的观点来看待毕业生就业问题。新形势下的就业观念绝不是"一次定终身"，绝不能因为一时的失败而自暴自弃。即使第一次择业不太理想，也要用发展的眼光看待它。随着社会的发展，人才的流动将成为一大趋势，随时都有可能重新择业或存在创业的机会。

【导入案例】

2015 年中国大学生就业压力调查报告（部分）

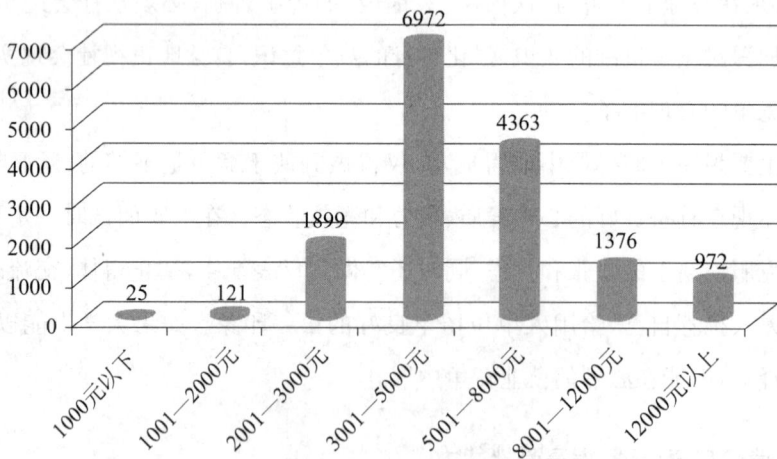

总体人群的期望月薪分布

参与调查的人群期望月薪主要集中分布在 3001—5000 元范围内，人数为 6972 人（44.3%）。

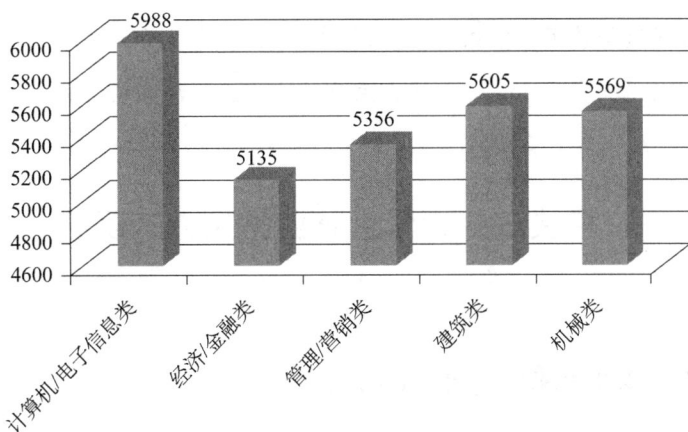

不同专业的期望月薪

在五类人数最多的专业中,期望月薪由低到高的顺序依次是:经济/金融类、管理/营销类、机械类、建筑类、计算机/电子信息类。

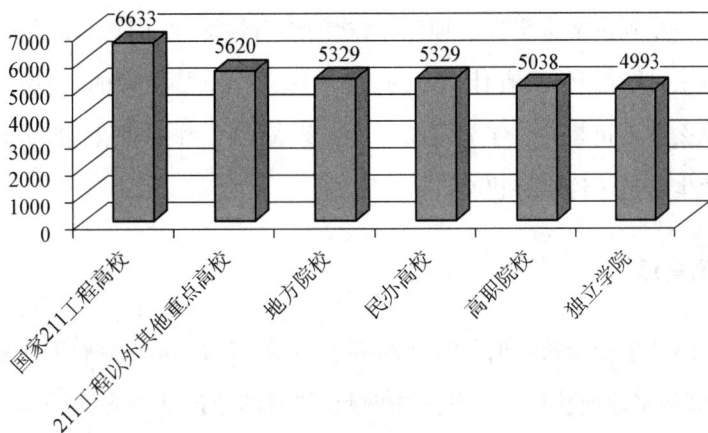

不同类别高校的期望月薪

求职者的期望月薪随着本人所属的高校类别而改变,重点高校求职者的期望月薪明显高于普通高校求职者的期望月薪,最大差值接近 2000 元(图中的 211 高校与独立学院相差 1640 元)。

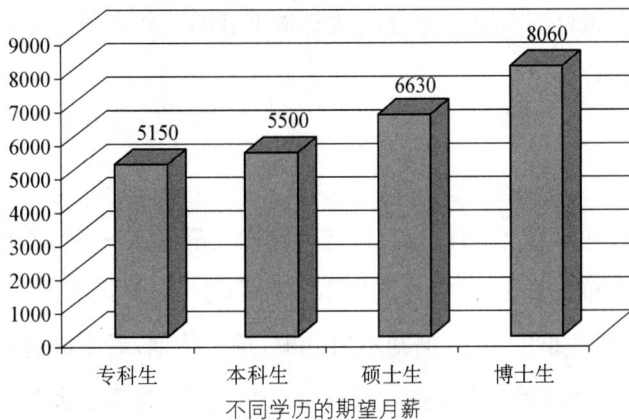

不同学历的期望月薪

期望月薪随着学历的增高而增高,其中,专科生期望月薪为 5150 元、本科生期望月薪为 5500 元、硕士生为 6630 元、博士生为 8060 元,平均期望月薪为 5510 元。

模块三　大学生就业常见心理误区

一、影响大学生择业的主要心理误区

(一)一蹴而就

当前"大学生就业难"的现状,与许多大学生在找工作时想"毕其功于一役"的心情有很大的关系。一步到位地选定自己理想、喜欢的终身性职业、岗位,以发挥专业所长、体现人生价值和追求,这种想法没有什么不对,但最优选择总是稀缺的,何况一些大学生的理想工作又是那么高不可攀——工资要高、单位要体面、工作不要太累、上班要方便——过多的考虑使学生错过了许多好机会。

(二)好高骛远

某些大学毕业生走出校门时往往踌躇满志、心比天高,认为参加工作就是要干一番大事业,而不愿脚踏实地地从日常平凡工作做起,如有的单位准备先让同学到基层锻炼两年再调回机关工作,之前跃跃欲试的同学立即就心灰意冷、犹豫不决了。一部分毕业生,特别是一部分从所学专业到自身条件都比较好的毕业生往往用一种错误的方式方法处理就业问题——他们从不急于与用人单位签订就业协议,而是一拖再拖,目的是落实一个自己认为各方面条件十分完美的单位,但结果常常是事与愿违。正所谓"不积跬步,无以至千里;不积小流,无以成江海",没有充分的从日常平凡的工作岗位干起的思想准备,很难在日后的工作中有所作为。

(三)才高气傲

有些大学生往往对自己估计过高,自认为超群拔萃、高人一等,因此傲慢自大,目空一切。他们在与用人单位洽谈时,往往表现出一种"舍我其谁"的态度。有的大学生被专业对口、工作条件不错的单位看中,但却不屑一顾,挑三拣四,看不起这个部门,瞧不起那个岗位。殊不知,用人单位对这种学生往往很是忌惮,大多"退避三舍"。

（四）实利主义

部分毕业生择业时片面追求实惠，过于看重工资收入、住房待遇，而对自己所学专业是否与所用对口，是否能发挥自己的特长则考虑得较少。他们图的是生活安逸，工作没有压力。须知，随着我国市场经济的发展，行业之间、人与人之间的竞争也已越来越激烈。那种存在不思进取、只图安乐享受的想法的人，注定要被社会淘汰。此外，直面现实需要理性的分析，工资收入、住房待遇等的高低并不是体现求职者自身价值大小的唯一衡量标准，大学生在择业中也没必要对其过分关注。有关调研结果表明，职业发展已成为驱动员工敬业度的首要因素，职工对自己的职业发展已经超过了对薪酬的关注度。因此大学生择业过程中应该顺势而为，调整"收入第一"的观念，转而关注单位的发展潜力，关注自己在单位的发展前途。

（五）作茧自缚

目前我国高等教育的人才培养与经济发展的客观现实不匹配、专业设置与市场需求不匹配的问题是明显存在的。有的同学在择业时坚持把专业对口视为头等大事，缺乏"与时俱进"精神。大学生自身应该调整心态，能够实现就业专业对口、发挥所学之长最好；若情况不允许，可以考虑在可以把握的范围内摒弃"专业对口、死守本行"的观念。一个大学生之所以优秀应该体现在综合能力上，即使专业不对口也要尽快进入角色，在工作岗位上保持足够的积极性，作出突出的贡献。

（六）盲从攀比

大学毕业生大多血气方刚，喜欢争强好胜，虚荣心较强，对前途怀有较高心理期望值，在就业选择上容易形成盲从攀比心理。有些毕业生虽然接受了高等教育，但在很多事情上还缺乏应有的客观、独立地分析问题和解决问题的能力。这种盲从攀比心理表现在求职择业时不按自身具体条件独自思考、分析，盲目效仿。部分毕业生因缺乏正确的自我认识和对社会的认识，无法适应新形势下就业市场和就业政策的挑战，始终处在被动和盲从的地位，稍遇挫折便畏缩不前，甚至心灰意冷，听天由命，自暴自弃。

二、大学生择业心理误区的消除与指导

（一）正确认识自己，避免盲目自负

大学生就业难的问题除了外部的社会因素外，不可忽视大学生自身原因。其中如何

客观评价自己,极为重要。常言道"知人为聪,知己为明","知人不易,知己更难",每个人都有自己的优点和长处,也有自己的缺点和短处,大学生应学会客观地评价自己,对自己的所学专业、工作能力、爱好特长、优势劣势应有较为全面的把握,有一个适当的自我定位,避免狂妄轻浮、盲目自负、"眼高手低",这样才能在就业中克服缺点,发扬优点,找到自己较满意的职业。

(二) 勇敢面对现实,增强挫折承受能力

首先要培养大学生的竞争意识。生活在市场经济中,竞争伴随着人的一生。作为新时代的大学生,要适应就业制度的深入改革,就要增强竞争意识。其次,要从实际出发,教育大学生勇敢面对现实。随着社会主义市场经济改革的推进,结构的调整,人才市场出现了不平衡的状况。大学生应勇敢面对现实,主动适应社会,不能把就业期望值定得过高,避免过分看重暂时的利益、实惠,要把眼光放远些;应从现实实际出发,处理好理想与实际的关系。最后,增强挫折承受能力。大学生择业时遇到挫折是很正常的事,一定不要消极退缩,应放下心理包袱,保持良好心态,认真总结经验,寻找失利的原因,发挥自己的长处,弥补自己的短处,调整好目标,争取新的机会。

(三) 转变观念,与时俱进

随着就业形势的变化,应指导大学生们更新自己的就业观念,革除那些身份、地域、门户、专业等陈旧的观念桎梏,使自己从条条框框中解脱出来:调整过分看重实利的短视心理,抛弃盲从攀比心理,树立长远的职业发展观念,放弃过去那种择业就是"一次到位",要求绝对安稳的观念。择业时要看长远一些,学会规划自己的整个人生的职业生涯;在就业培训中应教育学生做好"从基层做起"的思想准备。大学生虽然有了一定的文化知识和专业技能,但由于没有工作经验,离胜任某些岗位的工作还有很大距离。不管是做公务员或在企事业单位、公司工作,都要从最基层脚踏实地、扎扎实实地做起,只有从最初级的平凡工作做起,才能不断积累工作经验,掌握工作规律,提高自己的工作能力。

三、求职择业中心理问题的调适

(一) 提高大学生自我调适的自觉性

在求职择业中,社会能够为大学生提供的岗位是客观的,就业政策、机制、用人单位的

意愿也不以大学生个人的意志为转移。如何认识自己、调整自己的心理状态,则是可把握的因素。大学生只有自觉进行心理调适,才能使自己的主观意愿与客观现实相符合。

(二) 合理定位,正确面对心理困惑

面对激烈的择业竞争,大学生在求职择业过程中会产生挫折心理、虚荣心理、从众心理等等不良的心理状态。如何排除这些心理干扰,以良好的心理状况选择职业,同时接受社会的挑选,是大学毕业生普遍关心的问题。

1. 克服挫折心理

在就业问题上,大学生受到挫折是因为他们的去向和抱负不能为社会和亲友所理解和接受,从而产生的怀才不遇的感觉。这往往是大学生自我评价甚高造成的,而且通常是期望值越高,挫折感就越重。如果在挫折中不是认真反思,而是失去理智,盲目地一意孤行,就可能形成人格障碍,由此引起内心世界的严重扭曲,对健康人格的塑造构成严重威胁。

要正确对待挫折,战胜挫折,首先要进行自我分析。也就是通过自我认识,自觉地调整自己的需要、动机、目的、情绪。

2. 排除从众心理

从众心理是在社会或群体的压力下,个人放弃自己的意见,而采取顺从行为的心理倾向。

在大学毕业生择业问题上,从众心理表现在愿意到大城市、大机关去工作。其实,到大机关、大城市工作并不一定是你最佳的职业选择,只是从众心理影响的结果。作为大学生,应具有很强的独立思考能力,从而克服从众心理的影响。逐步培养自己独立分析问题、解决问题的能力,为今后走向社会培养良好的心理素质。

3. 摒弃虚荣心理

虚荣心理也是妨碍求职择业的一种不健康的心理状态。虚荣心过强者,在择业上往往把注意力集中在社会知名度高、经济上实惠的就业岗位,这些人不从发挥自身优势出发,不考虑自己的竞争能力,甚至不考虑自己的专长爱好。他们选择职业不是为自己寻找用武之地,结果可想而知。

所以,建议同学们在选择职业时首先自问:我需要什么样的工作? 我适合什么样的工作? 我能得到什么样的工作? 经过这样的冷静思考,得出结论,并付诸行动,才可能真正

丢掉虚荣心理的思想包袱,选择真正适合自己的职业。

4. 避免攀比心理

事事攀比者,在求职活动中往往显得缺乏主见,自信心不足,极易受他人干扰。他们把注意力过多地集中到别人的就业取向上。你进中专,我就要进高校;你去大城市,我就要进经济特区。这实在是一种扭曲心理。持这种心理谋职,无异于逼自己和别人同走独木桥,难免失足。而且这种心理往往会延续到就业后,让人成天抱怨"某人不如我,反而进了大城市、大单位",影响工作情绪,实不足取。

5. 超越自卑心理

如何超越自卑,走向成功之路呢?这里提些建议,供同学们参考。

(1) 在心中列出自己的成绩单。如:有关学习、工作等方面的成绩或进展,某次演出或比赛成功,甚至自己做的某件事曾受到老师、长辈或同学们的赞许。通过细细品味成绩来增强自己的信心。

(2) 尽量使自己坦诚、直爽。把自己确实取得的成绩、具备的才学尽量说出来,不必担心对方会因此认为你"自视甚高"。当然,自己的不足甚至缺点也坦率相告。对于坦诚直率承认自己年轻幼稚,缺乏锻炼,不见得尽如人意的大学生,用人单位会认真考虑的。即就自己看中的工作性质、环境、条件等,面试时也不必闪烁其词、不敢说。

(3) 正视现实,正视自己。每个人都有自己的优势和不足,不要一开始就把自己逼到"尽善尽美"的境地,要善于认识自己。凡事可取而不可夺,此次不成还有下次,此处不留人,自有留人处。要经常看到自身及现实生活中光明的一面,这样无论对求职择业还是对走好人生之路都有积极的作用。

【拓展阅读】

大学生求职:七步帮你克服面试恐惧心理

对每位大学生来说,求职面试是必须要面对的,而且,我们的职业生涯中,面试也是非常重要的,面试的好坏可能会决定你的人生成败。但是,我们都知道,在每次面试之前,大家都难免有些紧张担心,找不到头绪。下面七个步骤,帮你摆脱求职面试恐惧感。

第一步,活跃场面。面试开始时,注意用眼睛注视面试官,面露微笑,就像平时碰到一个很久不见的熟人一样。这个简短、有效的举动,能让人觉得你很容易相处,打破面试开始时的尴尬。

第二步，强调成就。进入谈话阶段后，马上说出自己曾如何解决问题，使自己站在有利的位置。多用"我能"、"我做到"这种肯定句式，别用"我只是"、"我不能"这种否定句。肯定而自信的话，可大大增加面试官对你的好印象。

第三步，展现能力。谈到应聘岗位的工作性质和目标后，可立刻指出"我过去也解决过类似问题"，然后详细举例说明。让对方知道，你是帮他们解决问题的最佳人选。

第四步，表露兴趣。事先通过网络等途径查阅应聘单位的相关信息。在谈到单位的情况后，马上说出自己对单位的了解和兴趣，说自己愿意学习有关单位的一切。越了解单位，面试官对你印象越好。

第五步，问点问题。当对方问了你几个问题后，可以适当反问一两个问题，表示对工作的强烈兴趣。一位专家建议，面试时最好想十个问题，随时准备发问。但注意不要花过多的时间提问。

第六步，说明贡献。面试全过程中，要时刻找机会展示自己的能力，不要复述简历。站在对方的立场上，想一想你的什么技能才是他们最需要的，将谈话引到这一点。

第七步，简洁有序。提前把你想要讲的事想清楚，尽可能主动地掌握面试，以保证有足够的时间让对方记住你想要告诉他们的信息。

第三单元 大学生就业政策与法规

学习目标

1. 了解大学生就业政策和制度。

2. 了解就业协议的内容。

3. 掌握如何防范择业陷阱及如何保护就业权利。

【导入案例】

骗 培 训 费

如今一些公司以录取作为诱饵骗取培训费已是屡见不鲜了,但仍有毕业生求职心切,掉入此类陷阱。

记者采访应届毕业生小刘同学时,他告诉记者,上个月他接到某公司的面试通知,一番面试后,该公司当时并没有向他收取培训费,只是说让他先试用一段时间,然后再考虑是否录取他。小刘十分高兴,于是起早贪黑地干了近一个月,结果却被告知:你干得不错,但专业知识不足,公司需要对你进行培训,请先交300元培训费。当小刘对此提出质疑时,该公司却说,不交培训费可以走人,但此前工作一个月的薪水免谈,这令小刘气愤不已。

毕业生需要注意,一般正规公司会向求职毕业生说明试用期,即使求职毕业生在试用期没有通过,也会得到相应报酬。至于培训费,一般由公司承担。

某高校长期从事就业指导工作的高老师说:"国家明确要求用人单位不得以任何名义向应聘者收取报名费、抵押金、保证金等费用,如用人单位违反规定收取各种费用,求职毕业生就要勇于说'不'。一个遵纪守法的单位才能有发展前途,如不遵守国家的规定,其对求职毕业生许下的承诺也应打个问号。如今毕业生找工作较难,就业压力较大。但毕业生在主观上还是要保持冷静,这样才能客观地审视对方的情况。"

点评:诸如此类的招聘陷阱数不胜数,广大应届毕业生一定要增强自我保护意识和辨别真假招聘的意识,通过正规渠道取得面试资格,切忌因求职心切而上当受骗,落入形形色色的招聘陷阱。

模块一　大学生就业政策

我国的大学生就业政策从过去计划经济时代到现在的社会主义市场经济时代,经历了不同的变化阶段,全面了解大学生就业政策在内容、目标等方面在不同时期的变化,有利于更好地把握它的发展规律并对它进行更全面、彻底的分析,有利于对目前大学生就业政策进行有效评价和完善。

近年来,为应对全球金融危机给高校毕业生带来的就业压力,国务院办公厅发出通知,要求各地区、各有关部门采取切实有效措施,拓宽就业门路,促进高校毕业生就业,并相继出台了一系列促进高校毕业生就业的政策措施。如鼓励高校毕业生到城乡基层、中西部地区和中小企业就业,鼓励骨干企业和科研单位吸纳高校毕业生就业等。

一、国家对高校毕业生就业的方针和原则

1993年国务院颁布的《中国教育改革和发展纲要》就是"自主择业"就业模式的政策依据。要实现大部分毕业生将按照个人的能力、条件到市场参与竞争,而不再依靠行政手段由国家保证就业;用人单位也只能用工作条件及优惠待遇吸引毕业生,不能等待国家用行政命令的办法为自己找到合适的员工;而高等学校作为就业工作的中介,主要为毕业生"自主择业"提供服务。

目前我国涉及大学生的或者与大学生相关的就业政策可以从以下两个方面进行分类,一是从就业政策的内容来分类,二是从就业政策对大学生就业促进效果来分类。

1. 从就业政策的内容来分类

(1)市场规制政策,主要是用来维护就业市场的稳定和繁荣,使劳动力或人才市场符合法律,能有序地运行,属于宏观性政策,具有方向性和指导性作用。如《合同法》、《普通

高等学校毕业就业工作的暂行规定》等。

（2）就业准入政策，大学生就业获准进入某地区、专业、职业等的相关政策。如地区准入政策和职业方面的准入政策也是宏观性政策，和大学生就业具有一定的相关性。

（3）招考录用政策，如国家及地区公务员招录政策，事业单位及国有企业的招录政策等。

（4）权利维护政策，就是指在就业过程中对于就业者本人和就业单位权利维护的一系列原则、规范。

（5）宏观调控政策，是指政府为了促进我国人才结构的平衡而出台的一系列关于大学生到基层，到中小城市，到西部等地区的鼓励性措施。另外还有创业扶持政策、社会保障政策、派遣接收政策、指导服务政策等。

2. 从对大学生就业的促进效果来分类

（1）直接促进就业的政策。如国家及地区公务员制度、农村教师特岗计划等。

（2）延缓大学生就业压力的政策。大学生志愿服务计划、"三支一扶"计划、大学生征兵计划、大学生村官计划等。

（3）创造良好大学生就业环境政策。如鼓励高校毕业生自主创业和灵活就业政策、各省的创业扶持政策及对接收大学生一定人数的企业优惠计划等。

（4）强化学生就业技能及提供指导服务政策。如"三年百万计划"，各省、高校的就业培训及指导的相关政策等。

二、现行就业政策下大学生的就业情况

影响大学生就业的因素有很多，包括大学生个人的就业能力、兴趣爱好以及价值取向等主观因素和社会经济形势、用人单位的劳动力需求状况以及劳动力市场的发育程度等客观因素。政府的就业政策涵盖了这些因素的各方面，为大学生就业提供了一个宏观的制度背景，同时还作用于其他因素对大学生就业的影响机制。可以说，政府关于大学生的就业政策从劳动力供给、劳动力需求和劳动力供求匹配角度来说作用于大学生从择业到就业的全部过程。

（一）现行就业政策下大学生的就业现状

大学生的就业现状可以从就业行为的选择、就业能力的现状和就业机会的现状进行

分析。影响大学生就业行为的选择主要包括：择业观和择业意识。对于大学生就业行为的选择，我们可以从其是否就业、就业地点、就业预期、就业地点环境等方面进行考察。

大部分同学毕业后选择就业，这个可能是基于人力资本投资收益率的理性考虑的结果。因为每个学生大学四年花费比较多，结合大学毕业后的年龄及对未来生活的预期考虑，就业都是一个较为理性的选择。

大部分学生就业去向还是大型城市、沿海发达地区这些经济条件较好的地方，虽然就业竞争非常激烈，但其能提供较好的工作条件和生活条件而成为大学生最向往的就业地。但也有一个较好的现象，现在的学生对中西部的大城市也越来越接纳，比例也比以往有很大的提高。这可能和国家出台的较多的优惠配套政策有关。

大学生最愿意去的工作机构的前三名是政府机关、外资或合资企业及事业单位。这说明工作的稳定性和福利待遇的规范性在大学生择业的考量中是比较重的，每年公务员考试的火热及事业单位招考人数的居高不下都能有效地说明问题。而外资企业或合资企业能提供良好的经济待遇、科学的用人机制和完备的培训制度，对于大学生来说也有较强的吸引力。私营企业，中小型国企及其他的单位对于大学生吸引力就少了很多，很多大学生在其他方面找不到工作时才会考虑私营企业等。这种现象加剧了劳动力市场上大学生就业压力，也延长了大学生择业时间，提高了就业成本。

大部分大学生对工资的预期在3 000—4 000元，这相比于以往的统计情况，大学生对于高月薪的预期在降低，对于自己的工作期望有了更加理性和清醒的认识，更愿意接受用人单位为大学生实际支付的工资水平。

随着我国大学生下基层各项优惠政策出台，大学生对下基层的接受程度明显提高，把下基层就业作为一个备用选择。总体来说，接受基层就业的比例是逐年提高的，但还有很多同学对下基层就业仍不能接受，这还需要国家进一步加大宣传，同时，对下基层的各项优惠政策应该落实到位，形成后续效应。

（二）现行就业政策下大学生的就业能力调查

对于大学生就业能力现状的调查，我们可以从学生对于本专业的认知和职业规划及接受的就业指导和培训情况等方面进行。对于各类就业指导的需求状况进行分析，我们对就业指导内容具体化为"职业需求信息"、"校内招聘活动"、"政策法规咨询"、"协议书指导"、"提高求职技能"、"针对就业困难的指导"、"职业生涯指导"、"就业心理辅导"等具体项目，并对大学生对其的需求程度进行频次统计。在本次调查中发现，关于大学生创业能力的培训，选择"从来没有"的占54.6%，接受过有限培训的占30%，其他情况为15.4%，说明没有接受培训的学生还是超过了一半。

（三）现行就业政策下大学生的就业机会的调查

（1）关于大学生就业协议和签订和遵守情况。通过相关调查，我们发现，2009届大学生的协议率不过50％，随着我国经济形势的好转，签了意向单位的占到大多数，说明大学生还在处于选择期，但也有20％多的学生还没有意向，说明我国大学生就业的形势依然严峻。

（2）对于大学生就业中是不是有歧视的问题，我们也作了调查。我们发现就业歧视是一个较为普遍的现象，关于社会上常说的女生的歧视现象我们也作了分析，结果发现，性别差异比较明显，女生存在的就业歧视明显偏高。

（四）现行就业政策对大学生的就业的影响

供给政策、需求政策和匹配政策对大学生就业机会都有影响，其中影响最大的是需求政策，然后是供给政策和匹配政策。国家的需求促进政策越到位、越完备，大学生就越倾向于就业，而且对其就业地域、就业单位的选择也会受到明显的影响。

1. 需求促进政策对大学生就业行为选择和大学生就业机会有显著影响

大学生在临近毕业时，面对"是继续深造，还是工作优先"的考虑，很大程度上是出自对劳动力市场需求量的影响的考虑。也就是说，劳动力在供求方面长期的"买方市场"的局势，给高校毕业生带来了巨大的心理压力，因此他们转而投向考研或其他选择，以提升自己的人力资本，以便以后寻找更好的工作。随着国家对西部地区、农村地区的工作岗位提供相配套的政策，减少大学生的后顾之忧，大学生投身基层的工作积极性也逐年提高。因此，从需求促进的角度来看，政府应制定旨在扩大劳动力市场需求的经济政策和宏观调控政策，主要包括与增加和创造就业岗位有关的产业政策和投资政策。

2. 供给促进政策对大学生就业能力和就业机会有显著影响

国内的大量研究都将大学生的失业归纳为两种类型：结构性失业和选择性失业。所谓结构性失业，是指由于经济结构的变化，劳动力的供给和需求在职业、技能、产业、地区分布等方面的不协调引起的失业。而所谓选择性失业，是指大学生就业难并不是供过于求，而是供不应求，现在毕业是相对的"供过于求"，真正的原因是"无业可就"和"有业不就"的现象在毕业生中同时存在。我国大学生就业难的主要原因还是结构性的失业。从供给的角度来说，造成这种局面的因素主要有办学过程的缺陷、教学过程的缺陷、人才培养的缺陷及高校毕业生自身因素等。如果在这些方面得到大力改善的话,对于大学就业能力和就业机会都有明显的改变。

3. 供求匹配促进政策对大学生就业能力和大学生就业机会有显著影响

大学生就业能力的提高既要高校发挥主导作用,改革教育体制,提高其实际就业力,还需要其他职业培训和中介机构的努力。另外,国家必须出台相关的供求匹配促进政策,制定发展、规范职业中介和培训机构、市场的相关规定,确保中介机构合法、有效地提供,从而实现大学生的劳动力市场的规范、高效运行。

【导入案例】

国资委要求央企国企增设毕业生就业岗位

记者从国务院国资委了解到,国资委办公厅近日发布通知,要求各级国资委和国有企业把高校毕业生就业作为就业工作重中之重,中央企业和地方国有企业要结合战略性新兴产业、现代服务业以及各类新业态、新模式的发展,开发更多适合高校毕业生的就业岗位。通知说,当前我国经济已进入发展新常态,2016 年高校毕业生就业总量压力持续加大,结构性矛盾依然突出,就业形势更加复杂,各级国资委和国有企业要统一思想,把高校毕业生就业作为就业工作的重中之重,在稳增长、调结构中努力创造更多就业岗位。要采取措施鼓励高校毕业生到基层企业去工作,完善工资待遇进一步向基层倾斜的办法,健全高校毕业生到基层工作的服务保障机制。①

模块二　就业制度

就业制度是指关于人们合法获取就业机会、维护社会就业行为的根本规定。

大学生就业制度是指国家为规范大学生行为,确保就业工作的有序进行,制定的一系列直接或间接约束大学生就业的规则和程序的总称。

我国现行的大学生就业制度由一系列的与大学生就业相关的劳动人事制度、就业管理制度组成,主要包括:劳动合同制度、就业准入制度、人事代理制度等。

---

① http://career.eol.cn.

一、劳动合同制度

（一）劳动合同制度的概念

根据《劳动法》第十六条的规定，劳动合同是指劳动者与用人单位确立劳动关系、明确双方权利和义务的协议。

劳动合同是确立劳动关系的法律凭证和法律形式。它的法律特征主要体现在以下几方面。

1. 劳动合同的主体是特定的

劳动合同一方当事人是企业、个体经济组织、国家机关、事业组织或社会团体等用人单位，另一方是劳动者本人。也就是说，劳动关系是在拥有生产条件的用人单位与具有劳动权利能力、劳动行为能力的劳动者之间形成的。

2. 劳动合同当事人法律地位是平等的

劳动合同是双方当事人在平等自愿、协商一致的基础上达成的协议，是双方意志一致的产物。劳动合同的订立，真正实现了企业的用工自主权和劳动者的择业自主权。

3. 劳动合同的目的，在于劳动过程的实现，而不仅仅是劳动成果的给付

劳动过程十分复杂，其成果也多种多样。有的劳动成果当时就可以衡量，有的则要过一段时间才能衡量；有的劳动有独立的成果，有的劳动物化在集体劳动成果中。无论劳动成果属于哪一种，只要劳动者按时按量完成了劳动合同规定的工作量，企业就应当按照劳动合同的约定支付其劳动报酬。总之，订立劳动合同的目的主要是使劳动者与用人单位构成具体的劳动关系。

（二）劳动合同的形式

劳动合同的形式常常根据劳动合同的期限来划分。《劳动法》第二十条第一款规定："劳动合同的期限分为有固定期限、无固定期限和以完成一定的工作为期限。"与此相适应，劳动合同分为以下三种形式：

1. 有固定期限的劳动合同

有固定期限的劳动合同是指双方当事人在订立的合同中，对劳动合同履行的起始时

间和终止时间有具体明确的规定。劳动合同期限届满,双方的劳动关系即告终止。但如果双方同意,劳动合同也可以续订。这类劳动合同在具体期限上,可以由双方当事人根据工作需要和实际情况来确定,时间可长可短,如半年、五年、十年或者更长,但它的根本特征是不变的,即劳动合同的起始时间和终止时间是固定的。

2. 无固定期限的劳动合同

无固定期限的劳动合同是指双方当事人订立的劳动合同没有规定具体明确的终止时间,在这类劳动合同中,双方当事人应当约定劳动合同终止的条件。只要订立的合同中不出现双方约定的终止条件或法律法规规定的其他情形,无固定期限的劳动合同一般就不能终止。这种合同一般适用于技术复杂、生产工作又长期需要保持人员稳定的工作岗位,用人单位可以与劳动者协商签订这类合同。此外,国家法规政策规定对部分符合条件的职工,只要本人提出订立无固定期限的劳动合同,用人单位就应当订立无固定期限的劳动合同。

3. 以完成一定的工作为期限的劳动合同

以完成一定的工作为期限的劳动合同,是指双方当事人把完成某一项工作或工程作为确定劳动合同起始和终止的期限。该项工作或工程开始的时间,就是劳动合同履行的起始时间;该项工作或工程一旦完成,也意味着劳动合同的终止。因此,这类合同与有固定期限的劳动合同有相同之处,但在表现形式上有所不同。

(三) 劳动合同的基本内容

劳动合同的内容,是指双方当事人在劳动合同中必须明确各自的权利义务及其他问题。

劳动合同的内容,可以分为法定条款和协商条款两部分:前者是指劳动合同必须具备的由法律、法规直接规定的内容;后者是指不需由法律、法规直接规定,而是由双方当事人自愿协商确定的合同内容。

根据《劳动法》第十九条的规定,劳动合同的法定条款包括以下七项:

1. 劳动合同期限

劳动合同期限是指劳动合同的有效时间,是双方当事人所订立的劳动合同起始和终止的时间,也是劳动关系具有法律效力的时间。劳动合同期限是订立劳动合同所必须明确的内容。

2. 工作内容

工作内容是针对劳动者而言的,是对劳动者设立的义务条款。工作内容包括劳动者从事劳动的工种、岗位以及在生产或工作上应当达到的数量和质量或应当完成的任务。

3. 劳动保护和劳动条件

这是针对用人单位而言的,是对用人单位设定的义务条款。劳动保护和劳动条件是为了保障劳动者在劳动过程中的安全和健康而采取的各项保护措施,如工作时间和休息休假、劳动安全和劳动卫生方面的措施和设备,以及对女职工和未成年工的特殊劳动保护等。

4. 劳动报酬

劳动报酬是劳动者劳动的成果返还和劳动者履行劳动义务后必须享受的劳动权得。从另一方面讲,则是用人单位依据法律、法规以及劳动合同的约定支付给劳动者的工资、奖金、津贴等。劳动关系双方在约定劳动报酬时,不得违反国家法律、法规的规定。如工资不得低于当地政府规定的最低工资标准,工资支付形式和期限也不得违反有关的法律、法规和政策。

5. 劳动纪律

劳动纪律也可称厂规厂纪(校规校纪),是指劳动者在生产(工作)过程中必须遵守的工作秩序和劳动规则。劳动纪律是用人单位组织生产经营活动、完成工作任务的保证条件,是规范劳动行为的一项重要内容,也是劳动者必须履行的义务。主要包括上下班纪律、保密纪律、防火及防止其他事故的日常纪律等。

6. 劳动合同终止的条件

劳动合同终止的条件是通过一定法律事实(包括行为和事件)中断劳动关系的条件,劳动合同终止的条件除劳动合同期限届满或者双方约定的工作任务完成以外,订立无固定期限的劳动合同还应当约定其他劳动合同终止条件,如职工退休、退职,职工应征入伍或出国定居,用人单位宣告破产,用人单位被政府管理机关明令撤销等,都可以在劳动合同中约定为终止条件。但不能把劳动法明确规定的法定解除劳动合同条件约定为终止条件。这是因为,按照劳动法的规定,用人单位在某些情形下依法解除劳动合同应当支付劳

大学生职业指导与创业教程

动者经济补偿金,如果将此类条件约定为终止条件则有可能使用人单位不支付劳动者经济补偿金,侵犯职工的合法权益。

7. 违反劳动合同的责任

违反劳动合同的责任,是指由于劳动合同当事人一方或双方的过错而造成劳动合同不能履行或不能完全履行,以及违反法律、法规规定的条件解除劳动合同,按照法律、法规的规定劳动合同的约定应当由过错方承担的行政、经济或司法责任。在劳动合同中规定这一内容是为了促使当事人双方切实履行劳动合同所规定的各项条款,维护当事人双方的合法权益。

合同的内容,除了以上七项法定条款外,双方当事人还可以协商约定其他内容,即约定条款。如用人单位是否为职工提供居住条件、居住的期限,职工是否享受单位托儿所、幼儿园和其他生活福利设施,发生劳动争议时解决的途径等。双方当事人在协商约定条款时,都应当符合国家的有关法律、法规的规定。

(四) 我国劳动合同制度的沿革

新中国成立以来,我国长期实行以固定工为主体的用工制度。在 20 世纪 50 年代中后期,在劳动用人制度方面实行了劳动力的统包统配。这种统包统配用人制度的基本特征是:国家对企业用工长期实行高度集中统一的指令性计划管理,以固定工为主兼以少量临时工为补充,形成了"铁饭碗"的模式。

中国共产党十一届三中全会以后,确立了"一个中心,两个基本点"的基本路线,经过几年的试点和探索后,国务院于 1986 年 7 月发布了《国营企业实行劳动合同制暂行规定》。规定企业在国家劳动工资计划指标内招用常年性工作岗位上的工人,除国家另有规定外,统一实行劳动合同制度;国家机关、事业单位和社会团体在常年性岗位上招用的工人,应当比照该规定执行。

1994 年 7 月,第八届全国人民代表大会常务委员会第八次会议审议通过了《中华人民共和国劳动法》(以下简称《劳动法》),并决定自 1995 年 1 月 1 日起实施。目前,中国已基本实现全员劳动合同制。全员劳动合同制度的主要内容是:第一,企业全体职工包括经营管理人员、技术人员和生产操作人员都要在平等、自愿、协商一致的基础上,与企业签订劳动合同,明确双方的责、权、利。第二,在企业内部取消不同身份界限,企业全体人员统称企业职工或企业员工。取消工人和干部的身份界限,对干部实行聘任制,能上能下。第三,实行双向选择,合同期满后,企业与职工可以续签合同,职工也可以离开企业,另谋职业。

二、就业准入制度

所谓就业准入制度,是指根据《劳动法》和《中华人民共和国职业教育法》的有关规定,对从事技术复杂、通用性广、涉及国家财产与人民生命安全和消费者利益的职业(工种)的劳动者,必须经过培训并取得职业资格证书后,方可就业上岗的制度。对技术工种(职业)从业人员实行就业准入制度,其根本目的是提高劳动者技能水平,增强其就业能力和适应职业变化的能力,实现高质量就业和稳定就业。

2000年3月16日,我国劳动和社会保障部以部令第6号形式发布了《招用技术工种从业人员规定》(下称《规定》),对90个工种实行就业准入。该制度自2000年7月1日开始在全国范围内施行,实行就业准入的职业范围,由劳动和社会保障部确定并向社会发布,其基础就是职业资格证书制度。

(一)实行就业准入制度的积极意义

制定《规定》的基本出发点和落脚点,就是加快提高劳动者素质,增强企业竞争力,同时也是为了适应促进企业安全生产、提高效益、保护消费者利益等方面的迫切需要。

(二)《规定》对用人单位及新生劳动力的要求

(1)对用人单位违反《规定》招用未取得相应职业资格证书的从业人员,有哪些处罚措施?

用人单位违反《规定》招用未取得相应职业资格证书的劳动者从事技术工种工作的,由县级以上劳动保障行政部门给予警告,并可处以1000元以下罚款,同时责令用人单位限期对有关人员进行相关培训,取得职业资格证书后再上岗。

(2)国家对新生劳动力就业有什么要求?

《规定》的规范对象主要是初次就业的劳动者。根据《规定》的要求,今后凡初次就业的劳动者,包括城镇初高中应届毕业生、待业人员以及农村从事非农产业或进城务工人员,只要从事国家规定的技术工种(职业)工作的,必须取得相应的职业资格证书,方可就业上岗。

(三)高校及毕业生对就业准入制度的应对

1. 职业资格证书的引进

大学校园引进职业资格证书的历史并不长。比如,上海高校也是在2001年底才首次进行大学生职业资格鉴定的。通过这第二张证书,学生在学校里就能达到知识与市场接轨。2003 年上半年,上海市劳动部门将 20 大类职业正式列入高校职业资格鉴定范围,此外还有 10 种职业认证即将推出。

开展职业资格鉴定的原因是目前不少高校毕业生动手能力较弱,专业技能与市场需求严重脱节,从而造成就业难问题。通过资格鉴定,可以培养高校学生的专业能力,让学生与市场需求"零距离"接轨。上海市推出的 20 大类职业以及随后推出的 10 种职业,都是目前市场上的热门职业,考核内容也充分体现了行业发展的最新动态。尽管高校职业资格证书还只是一个新事物,但随着"轻学历、重能力"用人观念的日益普及,以及市场对技能人才需求的持续上升,高校职业资格鉴定在高校将越来越普及。

2. 树立资格证的意识

随着人力资源市场的发展,"学历教育＋职业资格教育"成为发展趋势,职业资格证书就是就业市场的准入证,随着越来越多的行业要求从业者必须具备职业资格,各种各样的资格证书已经从原来可有可无的附属品变为随身必需品,成为大学毕业生的必备装备。在就业形势越来越严峻的今天,考取国家职业资格证是增加择业资本的重要途径和有力保证。但是,职业资格证书只是一种证明,能否为求职就业增加筹码,还要看毕业生在校期间系统学习的本专业的理论知识。理论联系实践,全面提高自己的综合素质,才能从根本上提升个人的就业竞争力。

三、人事代理制度

人事代理制度的建立是我国人事制度改革的一项重要内容。它的出现对于改革传统的毕业生就业方式,拓宽毕业生就业渠道,保障毕业生和用人单位的合法权益具有重要意义。

(一) 人事代理制度的基本内涵

人事代理,就是人事代理单位受用人单位或者个人委托代理有关人事业务。

人事代理制度有以下几方面的含义:

(1) 人事代理是人事管理社会化的一种服务方式,是受用人单位委托对用人单位内部人员进行管理。涉及的关系有三个方面:人事代理机构、用人单位、员工。人事代理机构代表的是用人单位的利益,把人员的进出放在代理机构,减轻了用人单位负担。

（2）人事代理是一种人事关系的代理。在社会主义市场经济体制下，人事工作应坚持为经济建设服务的方针。政府与企业的最终目标仍然是一致的，人事代理是政府指导企业、为企业服务的一种途径、一种形式。

（3）从大的概念来说，人事代理应该模糊一些，不能太受法律上"代理"一词含义的约束。但是，具体代理的业务可以按"代理业务"和"代理辅助业务"区分得清楚一些。个人人事关系的代理是委托行为，是服务，不是完全意义上的代理。人事行为是用人和被用的关系。人事是企业法人对雇员的管理行为，是人事管理行为，个人不存在这种行为。但是，为了管理上的方便，我们把个人人事关系的这种委托也纳入代理的范畴。

（二）实行人事代理制度的意义

为适应社会主义市场经济体制的转变，人事制度必须进行改革。企事业单位实行人事代理制度是内部管理制度的突破口，具有重要的意义。

（1）促进人事工作职能的转变，增强人才的流动性。人事代理制度的建立可以使人事工作实现从行政管理型向服务保障型的转变。人事代理制度是一种新的用人机制，它解决了企事业单位在用人方面"能上不能下"、"能进不能出"的问题。

（2）规范人事管理活动，提高工作效率。人事代理制度的建立规范了人事管理活动，大大提高了人事管理效率和管理水平。在社会主义市场经济体制下，建立人事代理制度还是政府人事部门有效地配置人才的一个途径。国有企业产权改革，所有权与经营权分离。通过人事代理制度，人才也可以实现两离。人才两权分离后，就能够打破人才单位所有、部门有的状况，为人才跨部门、跨地区流动创造条件。从这个意义上讲，人事代理对人才优化配置能起到很好的作用。

（3）有效促进全员聘用合同的实现，增强员工的危机感。全员聘用合同制旨在通过聘用合同的约定，确定用人单位与受聘人员的权利义务，明确职责，激发劳动者的积极性。实行聘用合同制是从劳动关系层面上解决人员能进能出的问题。但必须看到，由于受过去计划经济体制的影响，高等学校在人员的出口上还存在许多具体问题，如出口不畅的问题。如档案的衔接、社会保险的缴纳等方面没能很好地解决。而实行人事代理制度正是解决在实行聘用合同制后人员出口不畅的有效途径。此外，人事代理制度的实行可以增强员工工作的危机感和责任感，促进他们不断钻研业务、努力工作，有利于员工素质的提高及员工队伍的成长。

因此，推行人事代理制度是企事业单位人事管理内部管理向社会化管理转化的条件；是企事业单位择人求职走向市场的关键环节，是人才资源优化配置和企事业单位建立人员"能进能出"良性循环机制的有效途径;是整个干部人事制度改革的方向。

(三) 关于人事代理制度的几点说明

1. 人事代理的当事人

人事代理的当事人为代理方和委托方。在一般情况下,代理方为县级以上政府人事行政部门下属的人才流动服务机构;委托方为需要人事代理服务的各种企业、事业单位和个人。委托代理的方式由双方商定,并以合同形式确立。

2. 人事代理的职能

人事代理属于人才交流服务范畴,其主要职能如下:

(1) 为委托方提供信息咨询服务(包括人事政策咨询服务、人才供求关系信息、市场统计信息等),协助委托方研究、制订人才发展规划和人事管理方案等。

(2) 为委托方管理人事档案,办理技术人员专业技术职务任职资格的申报,办理大中专毕业生见习期满后的转正定级手续,调整档案工资,出具报考研究生、婚姻登记、办理独生子女手续、自费留学、出国等有关人事档案的证明材料。

(3) 为国家承认学历的大中专毕业生提供人事代理服务。从签订人事代理合同之日起,按照有关规定承认身份,申报职称,计算工龄,确定档案工资,办理流动手续。

(4) 为委托方接转党团组织关系,建立流动人员党员组织,开展组织活动。

(5) 为委托方办理失业、养老等社会保险业务,并为其代办住房公积金。

以上职能可划分为单位委托和个人委托两大类别。需要注意的是各级人才流动机构与委托人不发生行政隶属关系,仅为其代理有关服务事宜。

3. 关于人事代理的一些常见问题

(1) 哪些毕业生应该申请实行人事代理?

凡通过双向选择,已同外资企业、股份企业、乡镇企业、区街企业、私营企业、民办科技教育医疗机构以及各种中介机构等非国有单位和实行聘用制的国有企事业单位签订就业协议的毕业生;择业期内暂未落实就业单位,目前正在择业的毕业生;准备复习考研或自费出国留学的各类毕业生等,均应实行人事代理。

(2) 未就业的毕业生办理人事代理需经过哪些程序?

未就业或准备复习考研的大专以上毕业生与人才中心签订《就业协议书》后,将《就业协议书》交到学校就业办公室,由学校统一到有关部门办理就业报到证,并将其档案转交人才交流中心后,毕业生持就业报到证、身份证等材料到人才交流中心报到,签订人事档案管理合同。

(3) 毕业生办理人事代理手续对个人有什么好处?

毕业生办理人事代理手续后,人才交流中心保障毕业生的合法权益,毕业生可以享受到和国有单位工作人员相同的人事待遇,如办理转正定级、初定职称、连续计算工龄、调整档案工资、职称资格考评、出国政审、党员管理、代办社会保险、户口迁入、出具以档案材料为依据的相关人事证明等。

(4) 人事代理毕业生的工龄如何计算?

毕业生凭就业报到证到人才交流中心报到后,无论从事何种职业均从报到之日起开始计算工龄。工龄可以说明资历,工龄是毕业生进入国有单位享受工资晋升、职务变动、退休、保险等待遇的依据之一。

(5) 人事代理毕业生怎样参加养老保险?

本人可持身份证、人事档案管理合同到人才交流中心办理开户缴费手续,缴费标准按当地省市核定的当年标准,在最低与最高标准之间由个人选择确定。

(6) 人事代理毕业生在择业期内联系单位的,如何办理改派手续?

若毕业生联系到可接受档案的单位工作,可持接收单位或其主管部门出具的接收函和原就业报到证到毕业生主管部门办理改派手续。之后凭新的就业报到证到人才交流中心将人事档案转往接收单位。

【导入案例】

2016年教育部高校不准强迫毕业生签订就业协议(最新)

教育部办公厅日前印发《关于进一步做好高校毕业生就业创业工作的通知》(以下简称《通知》),再次强调各地各高校要抓紧建立健全有就业意愿尚未就业毕业生统计机制,以精准统计为基础,重点摸清有就业意愿尚未就业毕业生状况。各高校不准以任何方式强迫毕业生签订就业协议或劳动合同,不准将毕业证书、学位证书发放与毕业生签约挂钩。

北京青年报记者注意到,针对今年的大学生就业问题,上半年教育部曾连发两道文件,其中一个就是专门针对就业毕业生统计服务工作的。根据4月下发的文件,从2016年起,各高校开始建立未就业毕业生统计机制。文件规定,"有就业意愿尚未就业毕业生"包括求职中、签约中、拟参加公招考试、拟创业、拟应征入伍五类情形。按照教育部"精准就业服务"的要求,大学的辅导员、班主任、研究生导师要第一手了解每一位毕业生的就业状况和意愿,详细记录毕业生求职地域、意愿、薪水等就业意向。高校和院系要准确掌握单位性质、工作地点、学历要求、招聘条件等招聘信息,建立毕业生求职意愿信息数据库和用人单位岗位需求信息数据库。

除重点摸清未就业的毕业生现状外,《通知》提到建档立卡贫困家庭毕业生和零就业家庭毕业生的就业帮扶问题。高校领导要亲自过问、指定专人具体负责,千方百计帮助他们实现就业。对离校未就业毕业生,要积极主动和人社部门做好信息衔接和服务接续工作,持续为离校未就业毕业生提供就业指导和信息服务,努力使他们都能在毕业半年内实现就业或参加到就业准备活动中。

《通知》指出,各高校不准以任何方式强迫毕业生签订就业协议或劳动合同,不准将毕业证书、学位证书发放与毕业生签约挂钩。不准以户档托管为由劝说毕业生签订虚假就业协议,不准将毕业生顶岗实习、见习证明材料作为就业证明材料。各地各高校要高度重视毕业生权益保护,进一步加强法制教育,提高维权意识,坚决制止就业欺诈行为,帮助毕业生识别虚假或欺诈就业信息,防范招聘陷阱,保护自身权益。

《通知》还指出,要进一步加强校园招聘活动监管,校园招聘活动严禁发布含限定院校、性别、户籍、民族等歧视性条款的就业信息,坚决反对任何形式的就业歧视。此外,要高度重视心理健康辅导,及时疏导毕业生求职焦虑等心理问题,帮助毕业生调整就业预期,科学规划职业生涯,积极主动就业创业。

此外,针对家庭困难毕业生、少数民族毕业生、女性毕业生、农村生源毕业生、残疾毕业生等各类就业困难群体,各高校通过发放求职创业补贴、举办专场招聘活动帮助其尽快实现就业。①

模块三　就　业　协　议

就业协议是《全国普通高等学校毕业生就业协议书》的简称,又叫三方协议。它是明确毕业生、用人单位、学校三方在毕业生就业工作中的权利和义务的书面表现形式,能解决应届毕业生户籍、档案、保险、公积金等一系列相关问题。协议在毕业生到单位报到、用人单位正式接收后自行终止。

---

① 来源:温习教育资讯网 http://www.wxcren.com.

毕业生与用人单位达成一致就业意见后,应当按照《普通高等学校毕业生就业工作暂行规定》和教育部及各省(市、自治区)的有关规定与用人单位签订就业协议,这是维护毕业生就业工作的严肃性、公开性和公平性的重要体现,是实现毕业生顺利就业的重要保障。

(一) 就业协议填写的基本规范

(1) 毕业生基本情况。此部分内容要求毕业生如实详尽填写,不能有遗漏,更不能提供虚假信息。姓名以学籍档案为准;专业名称应为所学专业规范全称,不能简写和错写;应聘意见应简洁、明确,并签署个人姓名。

(2) 用人单位基本情况。此部分内容由用人单位填写。用人单位要向毕业生如实介绍本单位的情况,包括单位名称、所有制性质、联系人、联系方式、档案转寄详细地址、户口迁移地址等。其中单位名称应与单位公章一致,不能简写、误写或写别名。所有制性质要详细填写,以便于学校按有关规定审核就业协议并准确掌握毕业生签约流向。

(二) 签订就业协议的基本要求

(1) 毕业生所使用的就业协议书必须是省级就业主管部门统一印制的,毕业生和用人单位之间订立的劳动合同和其他形式的协议将不作为毕业生就业报到证办理的依据。必须明确的是,复印、复制的就业协议书一律是无效的。

(2) 签订就业协议的三方应遵循诚信原则,就业协议一经三方签字、盖章即生效,对各方均具有约束力,无正当理由不得单方面违约。

(3) 签订就业协议的三方应具备合法的主体资格。毕业生应取得毕业资格;用人单位应具有从事各项经营或管理活动的能力,应具备用人自主权;学校应如实向用人单位介绍毕业生的基本情况及在校表现,同时也应将所掌握的用人单位的信息如实发布给毕业生。

(4) 签订就业协议的三方在签订就业协议时应遵循平等协商的原则,任何一方不得将自己的意志强加给另一方。如有其他约定,可在就业协议"备注"栏内注明,此部分内容将被视为协议的一部分。

(5) 就业协议条款的内容必须明确,不能有含糊不清的表述,以免日后产生争议。同时还应当注意与以后订立的劳动合同作好衔接,以免在就业以后产生劳动纠纷。对解除协议的条件、违约方应承担的违约责任也应当在协议中提前注明。

(6) 签订就业协议必须合法。就业协议的签订必须符合国家有关法律及毕业生就业的各项方针、政策。否则,政府就业主管部门将不予认可。

（7）就业协议在国家规定的两年择业期内有效，逾期作废。

（三）就业协议的管理

（1）每位毕业生仅有一份就业协议书，一定要妥善保管，不得遗失。一旦发生遗失，毕业生需向学校提出申请，经审核同意后，按有关规定补办。毕业生如果谎报遗失就业协议，将视情节轻重给予相应校规校纪处理。

（2）就业协议书若挪用或转借他人，一经发现，所发放的就业协议书作废，并追究当事人责任。

（3）就业协议书因书写错误或污损、破损不能正常使用的，毕业生可向学校就业主管部门提出补发申请，经审核同意后，将原就业协议书交回，更换新的就业协议书。

（4）毕业生若考取研究生，应在离校前，将未签订的就业协议书交回学校就业主管部门。就业协议若已签订，还应同时递交用人单位的退函。

（四）就业协议的签订程序

毕业生签订就业协议时应严格遵循签订程序，否则学校在上报省级就业主管部门办理就业报到证时将无法通过审核，也就无法办理就业报到证。

（1）毕业生回生源地自主择业，可不签订就业协议，经本人申请，学校审核后直接办理。生源地为毕业生入学前的家庭户口所在地，入学后家庭地址变更者，由新址户口所在地派出所出具父母户籍证明，可以将新址作为毕业生的生源地。已婚者的生源地为配偶所在地。

（2）到省辖市管或区管单位就业的，除用人单位盖章以外，还需经省辖市毕业生就业主管部门（非师范类专业的经市人力资源和社会保障局，师范类专业的经市教育局）盖章同意。到县及县以下单位就业的，除用人单位盖章以外，还需经县毕业生就业主管部门（非师范类专业的经县人力资源和社会保障局，师范类专业的经县教育局）盖章同意。

（3）到省直单位就业的，除具体接收单位盖章以外，还需经该单位的上级主管部门盖章同意。其中签约省直机关事业单位的，需携带省人事部门核发的年度机关事业单位增人计划卡。签约在省工商局注册的非国有制单位的，须到省人才交流中心实行人事代理。

（4）到部队服役的，由接收单位盖章。

（5）到在京中央单位就业的，须经国家人事部同意。

大学毕业生签订就业协议应注意：

（1）签订就业协议要看填写的用人单位名称与单位的有效印鉴名称是否一致，如不一致,协议无效;填写自己的专业名称时,要与学校教务处的专业名称一致,不能简写。

（2）外资企业、合资企业、私营企业一般采用试用期,根据合同期的长度,可以从1—3个月不等,试用期通常为3个月,不得超过6个月。国家机关、高校、研究所一般采用见习期,通常为1年。

（3）不少单位为了留住学生,以高额违约金约束学生。学生在协商中要力争将违约金降至最低,通常违约金不得超过5 000元。

（4）现行的毕业生就业协议属于格式合同,但"备注"部分允许三方另行约定各自的权利和义务。为了防止用人单位所做的与所承诺的不一致,毕业生可以将签约前达成的休假、住房、保险等福利待遇在备注栏中说明,如发生纠纷,可以此维护自己的合法权益。

（5）毕业生在签订协议时,要严格按照规定步骤进行。等用人单位填写完毕、盖章后再到就业指导中心签证盖章。切忌自己填写完之后直接到学校毕业生就业指导中心要求盖章。因为如果万一单位在填写工资待遇等事项时与过去承诺的不一致,学生却因为自己和学校都已经签字盖章,无力挽回,要么选择逆来顺受,要么因违约被迫赔偿用人单位违约金。

（五）就业协议违约、解除和责任

1. 就业协议违约

毕业生与用人单位应在充分协商的基础上签订就业协议书。毕业生单方解除就业协议的,需征得原用人单位的同意和解约书面证明。若用人单位提出违约,应与毕业生积极沟通。违约是指单方擅自解除就业协议,解约方应按协议条款的规定向另外两方承担违约责任。从实际情况来看,毕业生违约所占比例较大。为了维护就业协议书的严肃性和学校的声誉,毕业生与用人单位签订了就业协议后,应当认真履行协议,尽量避免违约。倘若毕业生确有特殊原因需要违约,应当履行解约手续。具体步骤是:首先,本人提出解约申请,阐明解约的理由;其次,到原签订协议的单位办理书面同意解约函,并需加盖单位公章;再次,将本人申请和单位的解约函交学校就业主管部门审核;最后,学校就业主管部门根据有关规定审批换发新的就业协议书,原就业协议书由学校收回。

2. 就业协议的解除

就业协议的解除包括单方依法或依协议解除和三方解除两种形式。单方依法或依协议解除,是指一方解除就业协议有法律上的或协议上的依据,比如,学生未取得毕业资格,达不到用人单位的要求,用人单位有权单方面解除就业协议。这类就业协议解除,解除方无须对另两方承担法律责任。三方解除是指学校、毕业生、用人单位三方经协商一致,消灭原订立的协议,使协议不发生法律效力。这类就业协议解除应是三方当事人真实意愿的一致反映,因此三方均不承担法律责任。三方解除应在就业计划上报省就业主管部门之前进行,如在就业派遣计划下达后三方实施解除,还须经省就业主管部门批准并办理改派手续。

3. 违反就业协议的法律责任

许多大学生在就业时往往会与数家用人单位签订就业协议,最后挑选一家最理想的单位,置其他用人单位于不顾。在其观念里,不遵守就业协议只是一种不守信用的道德问题,而不是违法的问题,认为就业协议只是一个协议而不是法律上的劳动合同,不用承担法律责任。殊不知,就业协议与聘用合同在本质上是相同的,都具有劳动合同的性质,只不过二者处在不同的就业阶段。毕业生在学校时,学校、用人单位和劳动者共同签订的三方协议是就业协议;劳动合同是毕业生与用人单位明确劳动关系中权利和义务关系的协议,学校不是劳动合同的主体。因此,就业协议同样具有劳动合同的性质,一经签订,随意毁约是要承担缴纳违约金等相应法律后果的。大学生与用人单位随意签订协议,不考虑法律后果,会由此惹来许多麻烦,给当事人、用人单位和学校都带来很多难以解决的问题和负面影响。

【导入案例】

大四女生求职被骗　遇"惊魂记"差点身陷险境

小陶是河海大学大四应届毕业生,前不久她在网上投了一家苏州公司的行政岗位,月薪4 000元。公司虽然在苏州,但名称叫上海某实业有限公司。很快,她收到了面试邀请。

在位于苏州赛格电子市场的一座写字楼里,小陶参加了笔试和面试。"一切和正规流程没什么两样,很快我就被告知笔试和面试都已通过,心情还有点小激动呢!"这时,一位工作人员走过来告诉小陶,这里只是面试点,并不是公司,让小陶先登记一下手机号、身份证号等信息。"我没有任何怀疑,但随后工作人员说要验证下银行卡是否有钱,才能用于日后发工资,让我先去楼下的ATM机取1 500元,给他们看一下凭条。"

"只看取款凭条,应该不会有什么事吧。"小陶这样想着,在工作人员的陪同下去取了钱,又回到面试地。"他们对我说,恭喜你,银行卡测试通过了,你先把钱押在这,拿着凭条去公司办入职手续吧,办好后就把钱给你。"被录取的愉悦和工作人员飞快的语速让小陶没有多余时间思考,稀里糊涂地把钱留下了。

小陶跟随一名男性工作人员从10楼走下去办理手续。途中,该男子反复问小陶是不是一个人来的。小陶有些害怕,"我就骗他说男朋友在公交站等我呢!"

"我觉得有危险,于是便故意用语音聊天跟同学说自己出来面试,还有地址信息。随后我又假装跟男朋友打电话,故意把声音说得很大。"下楼后,小陶告诉男子,先去找男朋友,于是快步离开。

"平静下来后,我想我的钱不能白白押在那,我得要回来。"小陶给苏州的同学打了电话,在同学的帮助下报警。几经周折,终于拿回了1 300元。①

模块四　择业陷阱防范及就业权利保护

大学生就业竞争日趋激烈,就业压力日渐加大,一些招聘单位、中介机构或个人,利用大学生社会经验不足、自我保护意识差、求职心切等弱点,以提供就业机会为诱饵,采用违背道德、法律等手段,与大学生达成权利与义务不对等的就业意向或协议,使大学生受骗上当,合法权益受到侵害。因此,广大毕业生在求职过程中应当学会识别和规避各种就业陷阱,增强自我保护意识,了解和掌握维权求助的途径,最终实现自己的权益保护。

(一) 费用陷阱

一些用人单位在招聘中向毕业生收取各种名目繁多的费用,不但加重了毕业生的负担,有些根本就是骗取钱财。这些费用有风险抵押金、报名费、培训费、考试费、资料费、登记费、服装费等等。有些毕业生不想错过机会,尝试着先把费用交了,但结果却是受骗上当。

我国《劳动力市场管理规定》第十条规定,禁止用人单位招用人员时有下列行为:向求职者收取招聘费;向被录用人员收取保证金或抵押金;扣押被录用人员的身份证等证件;以招用人员为名牟取不正当利益或进行其他违法活动。

---

① http://career. eol. cn.

（二）高薪陷阱

求职中，毕业生往往容易被优厚的待遇、高额的工资所吸引，但等到正式开始工作时才发现，用人单位以各种各样的理由和借口不予兑现招聘时作出的承诺，或是用人单位对薪水中的不确定收入部分给予的是虚假或模糊的承诺，最终不能兑现。针对这种情况，毕业生一定要在求职时对用人单位做深入了解，重在预防，不要盲目签约。

（三）试用期陷阱

试用期陷阱主要有以下几种形式：

（1）试用期间只试用不录用，毕业生辛辛苦苦熬到试用期满时，用人单位随意找个理由就把毕业生辞退了。

（2）试用期不签订劳动合同，试用合格后才签劳动合同。法律规定，劳动合同可以约定试用期，试用期应当包含在劳动合同期限内。因此，毕业生在被用人单位录用后就应该订立劳动合同，双方在法律、法规允许的范围内约定试用期。

（3）随意延长试用期，《劳动合同法》对试用期限有明确规定，有些单位却拒不执行。

（4）故意混淆试用期与实习期、见习期的概念，以达到侵犯毕业生合法权益的目的。实习期是在校大学生到单位进行实践活动的时间，属于教学过程的一部分。见习期是对应届毕业生进行业务适应及考核的一种制度，不是劳动合同制度下的概念，而是人事制度下的做法。

（5）榨取廉价劳动力，支付低工资甚至不支付工资。

（6）单独签订试用期合同，试用期结束时，用人单位将毕业生辞退，同时又以劳动合同没有生效为由，逃避责任。

（四）合同陷阱

现实生活中，有些用人单位在与毕业生签定劳动合同时采用欺诈、胁迫等手段设置陷阱，严重侵害了毕业生的合法权益。合同陷阱一般有以下几种形式：

（1）口头合同，用人单位与毕业生就责、权、利达成口头约定，不签订书面正式文本。

（2）单方合同，用人单位在劳动合同里只约定毕业生的义务和用人单位的权利，而对毕业生的权利和用人单位的义务却很少甚至是根本不提。

（3）生死合同，一些高危行业的用人单位会要求毕业生接受合同中的"生死协议"，即一旦发生意外，企业不承担任何责任。

（4）真假两份合同，假合同内容按照劳动部门的要求签订，以应付有关部门的检查，真合同往往是从用人单位利益出发的违法合同。

（5）格式合同，用人单位采用的是根据劳动部门制定的合同示范文本打印的聘用合同，从表面上好像看不出有什么问题，但具体文字却表述不清，甚至可以有多种解释。

除以上陷阱外，毕业生求职过程中还存在以下侵权违法行为：

（1）发布虚假招聘信息。主体不合格的机构，如非法人才中介机构以收取信息介绍费为目的，发布过时或子虚乌有的招聘信息，欺骗毕业生的单纯。传销机构假借一些知名企业的名义发布虚假招聘信息，高薪诱骗毕业生进入非法传销队伍。

（2）招聘要求中有歧视条款。如性别、身高、相貌、学历、专业、家庭关系、血型等歧视。工作经验歧视比较多，有的用人单位在招聘中需要大学生有实际工作经验，刚刚毕业的学生哪来的实际工作经验，经验是慢慢积累的，这样的要求分明就是不合理的条款。

（3）侵犯应聘者隐私。现在将求职者的姓名、住址和电话号码及身份证号码转让给他人或中介机构的行为很多。侵犯了求职者的隐私，有的会给生活带来困扰。

（4）收取求职者的财物或扣压证件。招聘过程中向求职者收取招聘费、培训费、押金或服装费、扣押求职者的居民身份证、毕业证、学位证、档案等。

（5）不按规定签订就业协议和劳动合同。签订就业协议时，对毕业生档案接收单位、户口迁移地址不明确，对工作内容、合同期限、工资福利等协商条款不明确注明。

（6）不履行或部分履行就业协议和劳动合同的条款。就业协议签订后，违约或不按时接收毕业生；不按就业协议安排相应的工作岗位、不能履行协商好的工资福利等；以试用期不合格为由，解除劳动合同；不按劳动合同条款履行合同等。

【拓展阅读】

前程无忧发布 2016 应届毕业生求职到位率调查报告

中国最大的人力资源服务商前程无忧（NASDAQ：JOBS）日前发布《2016 应届毕业生求职到位率调查报告》（下称《报告》）。《报告》说，2016 年大学应届毕业生的就业市场并未受到经济放缓的影响，尽管目前工作签约率不高，但大多数 2016 年毕业生不缺少就业机会，对职业机会的选择和对进入职场时间的考虑成为很多毕业生目前的聚焦点。

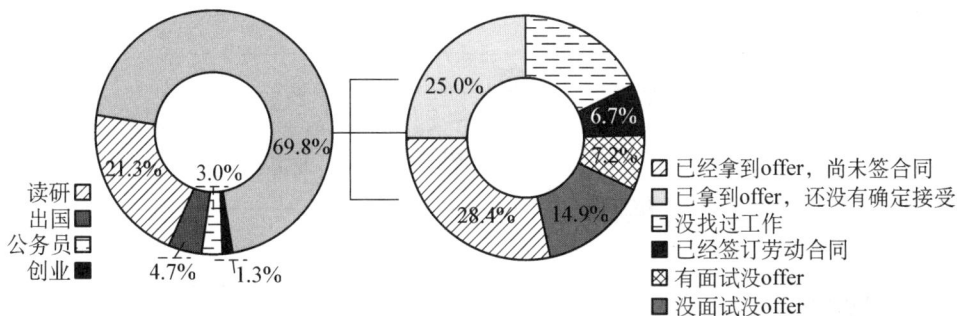

读研 ▨
出国 ■
公务员 □
创业 ▨

25.0%
69.8%
21.3%
3.0%
6.7%
28.4%
14.9%
4.7%
1.3%

已经拿到offer，尚未签合同
已拿到offer，还没有确定接受
没找过工作
已经签订劳动合同
有面试没offer
没面试没offer

数据来源：前程无忧 51job

调查显示，毕业后明确将继续求学(26.0％含读研和出国)、当公务员(3.0％)和创业(1.3％)的学生占到三成，另七成的毕业生中43.3％已经得到工作，有四分之一的毕业生已收到雇主录用的意向，但是学生还在犹豫是否接受，而17.9％的学生不找工作，苦于没有工作机会的仅占6.7％。

本次调查对象被限定在2016年毕业的本科毕业生和硕博士毕业生。为保证调查的有效性和准确性，调查在高校学生的寝室进行，覆盖中国30个省市自治区的227所高校，其中81所是国家列出的"211工程"和"985工程"学校。2 580名毕业生参加了本次调查，来自211和985的毕业生达到60.1％。受访的男性与女性各占一半，本科和硕博士毕业生分别占88.4％和11.6％。本科毕业生中女性受访者略占多数，为52.3％，男性硕博士毕业生则占68.7％。

由于大学毕业后的去向有多种选择，而不同选择对于个人职业生涯的影响并未显现出明显的差异，毕业生们对"毕业后是否马上就业"产生了选择困难。调查发现，即使有约30％的毕业生确定在国内或者国外继续求学，他们中仍有不少人会去申请工作机会或者实习机会，希望即使不会马上工作也能有段工作经历，对职场有所体验。同样，已经获得offer的毕业生中也有一定比例的人，对于自己是否就此有个"好"的职业开端并不肯定，所以延迟签约或者签约后毁约的现象日益频繁。

名校学子有更多的就业机会，但是多数名校生并不急于定下自己的第一份工作。数据显示，约有三分之一的211、985高校毕业生选择继续求学进修，而打算毕业后就工作的名校生中的多数人仍处在对就业机会的选择和比较中。

一线城市成为多数大学生工作和读研的首选地区。由于一线城市拥有较为成熟、丰富的服务产业和众多的知名企业，可以提供更多适合大学生学识、眼界和施展才华的工作机会。

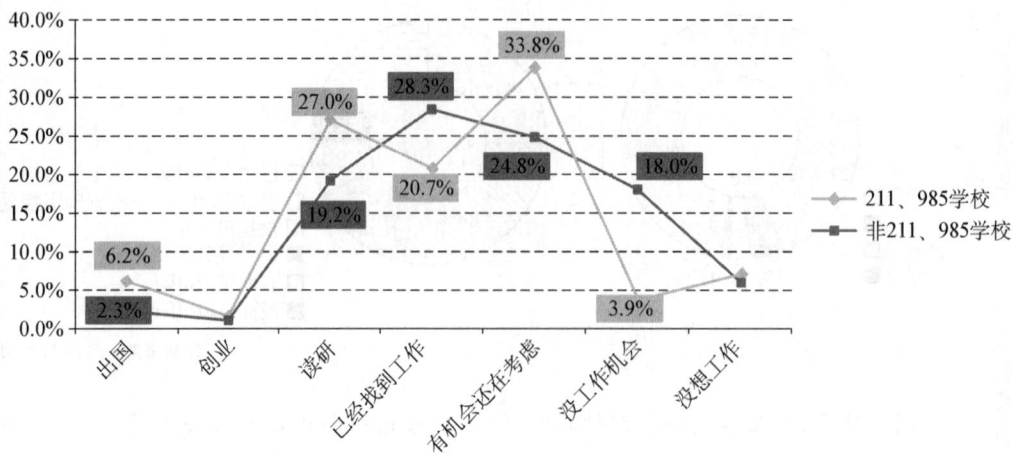

多数毕业生期望年薪 4.5—10 万元，并表示多数雇主可以满足毕业生的收入要求，但是毕业生对雇主的要求不仅限于收入，也并未计划在一家企业里长期服务，毕业生对雇主提供的工作条件和环境期望较高。

前程无忧首席人力资源专家冯丽娟说，大学生能对自己前途的多重思考是一个趋好的现象，数据上看，读研、创业、考公务员和求职就业的比例分布也较为合理，但是毕业生对前途的考虑和对职业机会的选择比较功利。虽然毕业生们并不打算在一家企业长期服务，但是对第一份工作又寄予过高的期望。调查发现，毕业生们都希望从第一份工作获得专业技能、经验和人脉，不少人对于自己两三年后达到的职场地位有明确的目标，甚至已经设计好工作几年后跳槽或再去学校进修的路径，但是很少提及对雇主的贡献和回报，更几乎无人提及对"社会现状的改变"。另有 12％ 的毕业生表示"不想再求学"。

中国经济处在下滑周期，大学生对工作的热情和投入不高，因而延迟就业和对雇主的挑选将更为严重。

第四单元　大学生就业信息获取途径和就业信息处理

学习目标

1. 了解大学生的就业信息获取途径。
2. 掌握大学生就业信息处理的情形。

【导入案例】

挂羊头卖狗肉

毕业生小薛向记者述说了自己求职受骗的经历。一天，小薛接到某保险公司的电话，被告知她已被该公司录取为"储备经理人"。小薛在兴奋之余不免纳闷，自己从未向该公司投送过简历，他们怎么会知道自己的电话？但小薛还是兴冲冲地来到该公司，可去了方知，原来是该公司从某招聘网站上的公开资料里"选"中了自己。而所谓的预先被录取的职位"储备经理人"则被换成了"理财专员"。经过一番培训，小薛才知道，该公司把自己招来就是做保险业务员。而小薛所学的专业是"网络编辑"，与保险业没有任何关系，而不善言谈的小薛竟被业务经理夸成了"他见过的最适合做保险的毕业生，不做保险将是终身遗憾"。真是令人哭笑不得。

据小薛称，此类情况她的同学也遇到不少。据了解，目前很多公司招聘业务员都是到各招聘网站搜集应届毕业生的资料，以高职加以诱惑。对于诸如此类"挂羊头卖狗肉"的招聘伎俩，毕业生一定要警惕，注意甄别信息真伪，清楚自身实力，从基础做起，不要轻信高级职位的诱惑。

一个大学生求职能否成功，除了和毕业院校、所学专业、学习成绩、个人素质等有关外,与能否掌握有效的就业途径,能否获取和处理就业信息也有很大关系。用人单位通过各种媒体渠道发布招聘信息后,大学生怎样才能在第一时间获取? 大学生怎么利用网络来求职? 这些问题,将在本章展开讨论。

模块一　大学生的就业信息获取途径

【小思考】

共同的机会

2010 年,宁夏回族自治区银川市 35 家企事业单位携 580 个岗位,面向北京地区高校毕业生进行招聘。银川进京瞄准了高端人才,事业单位的 67 个招聘名额全部要求硕士以上学历。为了帮助企业招揽人才,银川政府提供特别补贴。企业招聘的硕士生,政府每月补贴 1 000 元;企业招聘的博士生,政府每月补贴 1 200 元。

一些中小城市认为此时是储备人才的好时机。浙江省安吉县 2010 年已经是第四年进京招聘了。安吉县特别制订了一个"高层次人才招聘计划",目标锁定清华大学、北京大学、中国人民大学以及部分"211"高校。从 2007 年到 2010 年,他们已经从北京和上海的名校招聘了 120 多名优秀毕业生。2011 年安吉县从政府机关和企业及卫生系统共拿出 40 个岗位面向北京高校招聘优秀毕业生,并为前往安吉面试的学生报销往返路费。

就业信息有多种来源,可以互为补充。全面的就业信息很难从单一渠道获得,需要求职者从多种渠道去搜集。在搜集信息的过程中,要注意"投入和产出"的关系,不同类型和不同层次的求职者,应当尽量选择适合自己的搜集求职信息的渠道,降低求职成本。毕业生获取就业信息的渠道很多,一般来说,就业成功概率比较高的途径大致有以下几种:

一、大学生求职的校内途径

(一) 各学校的毕业生就业管理和服务机构

目前,各高校设立了就业指导处,作为职能部门组织协调全校毕业生就业工作,各院

（系）党总支为组织协调本院（系）毕业生就业信息的职能部门，各院（系）的学生工作室具体负责本院（系）的就业工作。

他们所提供的就业信息，无论是数量还是质量，都有明显的优势，因而是毕业生获得就业信息的主要渠道。从学校得到就业信息可信度高，其针对性、准确性、可靠性都较强。

学校是毕业生就业工作的核心环节。他们既与毕业生就业所涉及的各级主管部门之间保持着密切联系，同时也是用人单位选录毕业生所依赖的一个主要窗口。这一特殊的位置，使他们对就业信息的占有量大于任何一个部门，同时其所掌握信息的准确性、权威性也没有任何一个部门可以相提并论。就政策而言，全国的、行业的、地方的，在他们这儿收集的都是比较完整的；就需求信息而言，他们接触到的所有信息都是用人单位针对学校的专业设置而来的，可信度最高；同时他们所接触的各部门、各单位也就是毕业生就业工作所涉及的就业机构。因此，学校就业指导机构提供的信息是毕业生就业所依靠的主要信息，虽然现在网络发展得很快，但是学校就业指导机构还是学生信息获取的主渠道。

（二）各级政府机构组织的校园招聘会

各级政府所属的毕业生就业机构会举办规模不等、形式多样的，针对毕业生的"双选"活动或招聘会，往往具有时间集中、信息量大、针对性强、双方了解直接的特点，是毕业生了解信息、成功择业难得的机会。特别是学校举办的招聘活动，专业更对口，用人单位更有选人的诚意，应格外重视。

（三）社会实践或实习求职

通过毕业实习及平时的各种课外实践活动，能够了解用人单位，并让用人单位了解自己，这是毕业生在求职择业过程中增进彼此了解的最好途径。毕业生通过到单位实习，获取详细的单位和岗位信息。这种消息具有全面性、准确性和成功率高的特点。

（四）老师和校友推荐

学校老师常年从事某一行业的科研和教学工作，与一些专业对口的单位多少有些关系。本校校友大多是在专业对口单位工作，通过他们了解到的就业信息，更具有准确性。他们提供的就业信息往往可信度较强，成功率较高。

二、大学生求职的社会途径

（一）大众传媒（报纸、网站等）

各种大众媒体如报刊、电视、广播等都为毕业生介绍就业政策和就业信息设立了专题、专版或专刊。这种途径获取的就业消息速度快、范围广、信息多、竞争性强，但受到篇幅、时间的限制，它在内容上比较笼统，不全面，可靠性较差，特别提醒毕业生，注意鉴别信息真伪，确保安全求职。

（二）中介公司

职业介绍所和人才交流中心是专职从事职业介绍业务的机构，各级、各类职业介绍机构都有大量职业需求信息，这是大量获得就业信息的可靠来源。

【导入案例】

多数在线招聘平台乱象横生　网络求职当心陷阱

郑颖（化名）今年在北京大学软件与微电子学院读研一。日前，她在智联招聘上看到"环球星空（北京）传媒有限公司"招聘英语兼职翻译，遂投了简历。不久，她便接到通知，前往朝阳区某小区面试。

经过简单的交谈，对方和她签了一份笔译服务协议和一份保密协议，并收取了3 000元的所谓"制约金"。事后，小颖觉得整个过程疑点太多，比如三集剧本约1.8万字，翻译稿费就有1.8万元。

随后她跟公司联系，但对方先是借口开会不接电话或语焉不详，后来干脆手机关机，微信拉黑。这时，郑颖才意识到，自己被骗了。

于是她先向智联招聘反映问题，客服人员表示，平台会对注册企业预先进行资质审核。经过审核，"环球星空（北京）传媒有限公司"是有营业执照的。

随后，郑颖又向朝阳区常营派出所报案。在派出所里，她还遇到了同样被这家公司骗钱的另外一个女生。办案警方表示涉事公司已人去楼空，目前还在和法人联系中。

记者发现，伴随网络招聘的普及，和郑颖有相同遭遇的求职者不在少数。在网上搜索"在线招聘"、"被骗"等关键词，类似被骗的网友不在少数。

许多人表示，碰到这样的事维权很难。而以在线招聘为幌子的常见骗局还有先交押金后上岗、套取个人信息后进行信用卡套现、通过网络链接直接窃取个人隐私等。

埋下种种陷阱的虚假招聘信息,何以能屡屡成功发布?记者登录智联招聘,以"北京腾飞物流有限公司"的名义体验注册。但由于没有营业执照,没能正常发布职位信息。在此过程中,记者接到了智联招聘多个部门的审核电话。不过,当记者表示,公司在申请注册,无法提供营业执照时,有工作人员表示,只要缴纳一定费用成为会员,就可以跳过审核,发布信息就没有问题。

在58同城等多个招聘网站上,记者也看到许多营业执照未经验证的公司,发布了大量所谓高薪、低门槛的职位信息。其中,如"夜总会招聘"、"私人秘书"、"澳门赌场招人"之类的"招聘"网帖,更是涉黄涉赌。

事实上,在5月下旬,上海市网信办就约谈了应届生招聘网等4家网站。据悉,在这场2016年2月由国家网信办发起的"招聘网站严重违规失信"专项整治行动中,目前就已有2批、超过200家网站被查处、关闭。

有业内人士称,传统招聘网站还是老旧的营收模式,过度重视销售,只要客户愿意付钱,就睁一只眼闭一只眼。同时,一味追求招聘职位、投递简历等的数量增长,在信息真实、企业诚信上把控不够。

不过,多家平台曾公开表示,打击虚假信息,仅依靠平台发布方很难从根本上杜绝。艾媒咨询CEO张毅也认为,目前相关职能部门的监管还存在缺陷,比如究竟是由平台企业总部所在地还是在平台上注册的企业所在地、或是由终端用户所在地的相关政府部门监管等问题,都没有明确界定。

求职者因招聘网站上发布的信息掉入诈骗等"陷阱",网络平台是否承担责任?对此,北京中闻律所王维维律师表示,类似网络求职被骗案件中,信息发布平台的责任主要取决于其对涉案信息发布的参与程度。

王律师表示,如果平台没有尽到审核义务,并存在主观过错,应与发布者共同对受害者承担连带赔偿责任。但一般情况下,若平台对虚假信息发布并不知情,事后也尽到了及时的删除义务,司法实践中判定平台承担责任的很少。

"一些骗子公司抓准了求职者急于找到工作的心理,设置诸多陷阱。当遇到要求先交费等情况,求职者应该多个心眼。"厦门大学学生处副处长刘艳杰认为,求职者要提高防范意识,一旦发现疑似诈骗等情况,应及时向学校及公安部门求助。①

---

① 来源:经济参考报 http://career.eol.cn.

模块二　大学生就业信息处理

一、就业信息概述

信息对大学生就业来说也非常重要，谁先掌握了信息，谁掌握的信息较多，谁能合理使用信息，谁就能立于不败之地。但搜集信息只是使用信息的基础，无论什么信息，如不进行加工处理，使用价值都会大大受到限制。

（一）有效的就业信息的特点

信息、物质与能量是构成大千世界的三大要素。广义的信息，是指由发生源发出的，被某一接收体所接收和理解的信号、消息及各种内容情报的总称。

所谓就业信息就是指择业者事先不知道，然而经过加工整理，能被择业者所接收并对其选择所从事的职业或职位有价值的消息、资料和情报。

信息的主要特点在于"预先不知道"，由于信息源的分散性、信息量的膨胀性以及市场信息的时效性。对于求职者来说，并不是所有的就业信息都是有效的，有效的就业信息具有如下特点：

1. 时效性或及时性

市场信息的使用过程不会发生消耗，但其使用价值不是永久性的，而是在一定时间的约束下存在的。这就是说，一定的就业信息只有在一定的时期内，在特定的环境和条件下，方能有效。随着时间的推移，信息的准确性、有效性也就要发生不同程度的变异。

2. 准确性或真实性

准确性是信息的生命。市场空间是全球性的，非常广阔，而市场因素是多元化的，因此信息来自于四面八方，十分分散。市场不断扩大，技术进步速度加快，市场竞争日益加剧，都使信息量与日俱增，人们称之为信息爆炸。有些信息是过时的，甚至是虚假的。不要被一些非正式的中介机构的虚假或过时的用人信息所吸引，以致既浪费了金钱，又耗费了时间。

3. 适应性或针对性

众多的就业信息，并非对每一个求职者都有用，毕业生首先要对自己有个充分的认识，然后根据自己的专业、特长、能力、性格、气质等方面的因素搜集与自己有关的就业信息，避免搜集范围过大，难以把握。

（二）就业信息的分类

就业信息的内容非常广泛，在此简单归纳为以下几类：

1. 政府就业决策信息

政府是对社会进行统一管理的权力机构，任何组织、个人都必须服从政府依据法律和法规对整个社会的统一管理。如果能了解政策，遵循政策，利用政策提供的条件，那么就能有助于个人顺利就业；反之，政策不明或与之违背，将妨碍个人的顺利就业，因此必须搜集和研究国家和各级地方的政策与规定。就业工作是一项政策性很强的工作，国家也十分重视毕业生就业工作。2014年，国务院办公厅发出了《国务院办公厅关于做好2014年全国普通高等学校毕业生就业创业工作的通知》（国办发〔2014〕22号）；2015年，人力资源保障部印发了《人力资源社会保障部关于做好2015年全国高校毕业生就业创业工作的通知》（人社部函〔2015〕21号）；2016年，人力资源保障部又发了《关于做好2016年全国高校毕业生就业创业工作的通知》。国家最新的大学生就业政策，要求党政机关和企事业单位为大学生就业创造更加宽松的条件。除国家的就业政策以外，地方政府纷纷出台相应的政策支持大学生的就业。大学生在就业之前，应该先了解国家的就业政策。

2. 有关就业的法律法规信息

国家通过法律法规来管理调节和规范组织与个人的活动，排除组织之间的纠纷，制裁违法行为。法律法规既赋予组织和个人进行各项活动的权利，又赋予了组织和个人同一切侵犯组织和个人权益作斗争的有效手段。如果依法办事，不仅可以取得合法权益，而且可以捍卫自己的正当权利，减少不必要的损失。由于我国人才市场机制尚不完善，因此出现了不少违反纪律的现象，作为大学生来说就必须清楚了解有关就业法规，学会用法律来保护自己。

3. 有关社会职业方面的信息

现代社会有多种行业职业的划分，理论界对此也没有统一的认识，其中具有代表性的观点：

第一，从行业上划分，可分为第一、第二、第三产业职业类别，从目前产业分布状况来看，第一产业（农、林、牧、渔、畜）人数比重明显偏高，而第三产业人数比重明显偏低，比例失调。

第二，从所有制上划分，可分为全民所有、集体所有、劳动者个体所有、私人所有以及中外合资和外商独资的所有制类别。

第三，从各级学校的专业来分，可分为高等学校专业、中等学校专业和职业技术学校专业。

第四，从工作特点上划分，可分为实务、社会服务、文教、科研、艺术及创造、计算及数学、自然界、户外和管理等十种类型的职业。

第五，按职业横向分类，可分为各类专业技术职业、国家机关、党群组织、企事业单位、商业工作、服务性工作、农林牧渔劳动、工业生产和运输等，以及不便分类的其他劳动。

4. 有关用人单位的信息

掌握用人单位的信息，不仅指在招聘广告和职业信息中选择出最适合自己的求职机会，而且还包括在初步确定了自己想应聘的职业或岗位后，对招聘单位及应聘岗位工作要有所了解。对招聘信息多掌握一点，求职选择机会就多一点；对招聘单位多了解一点，求职的成功希望就大一点；掌握和了解用人单位的信息量越大，判断准确率就越高。反之，则越低。

某一职位较完整的就业信息，应该包括以下八个要素：

第一，招聘单位的全称及其所有制。招聘单位的全称往往包含多种信息，如："中国人民保险（集团）公司中保人寿保险云南分公司营销部"，能反映出这个"营销部"所属的行业、管理系统、业务范围和内容、企业级别和所在地区等。所有制包括国有经济、集体经济、个体经济、私营经济、外资经济、混合所有制经济等多种形式。在混合所有制经济中，应了解混合的各种成分。股份制是现代企业的一种资本组织形式，股份合作制经济也是改革中出现的新事物，求职者应了解控股权属于谁。

第二，招聘单位的主管部门及其发展趋势。招聘单位的主管部门反映了它在什么行业管辖之下，但它本身不见得与主管部门的行业相同。例如，一家部队服装厂，本身是服装行业，但主管部门是军队后勤部门。而一家学校办的餐厅，本身是属于饮食行业，但归教育部门主管。即使归属商业系统的大中型商场，也有区属、市属、省属之分。主管部门不同，不仅劳动人事管理办法有区别，而且工资、福利、医疗、养老、住房等待遇也有区别。

第三,招聘单位所属行业及其发展趋势。一名电工专业的毕业生,既可到供电部门工作,也可到工厂、商店、学校、医院就业,这些用人单位属于不同的行业,其发展趋势各不相同。

第四,预求的职业岗位在招聘单位中的地位和作用。例如,一家商场中有售货、收款、仓库保管、会计、出纳、保安、保洁、运输、采购以及各级管理等多种岗位,还需要照明、电梯、空调、水暖的维修人员,每个岗位在商场中都有特定的地位和作用。同样是当电工,在电力安装部门是一线工人,在商场、医院就是二线人员。

第五,招聘单位及预求岗位的工作环境、福利待遇。工作环境包括人际关系、工作时间(有无夜班等)、户外还是户内、流动还是固定,以及工作场所的温度、湿度、噪音等。福利待遇包括工资、奖金、保险以及医疗、退休等,有无进修机会和晋升可能也应包括在内。

第六,招聘单位的地理位置和发展前景。地理位置不仅与求职者就业后每天上下班的距离有关,往往还关系到一个单位的发展前景,交通不便、位置偏僻,是发展的不利因素。用人单位的固定资产、流动资金、科技含量、人才构成等因素,与发展前景密切相关。

第七,招聘单位对求职者的具体要求。如学历、专业、性别、身高、相貌、体力、户口,以及职业资格、技术等级方面的要求。有些用人单位还对心理素质、能否经常出差等方面有特殊要求。

第八,招聘数量和报名方法。用人单位本次招聘哪些岗位的从业者,每个岗位招聘的数量,报名的时间、地点、方式,应准备哪些证书(如身份证、户口本、学历证书、职业资格证书等)和材料(如简历和有关证明等)。

以上八个要素是应聘者对某一具体的招聘单位及其招聘情况应了解的内容。其他如职业的地域特点、行业特点以及职业的具体内容(做什么、为什么做、怎么做)和职业的发展方向,也应"预先知道"。

(三)搜集就业信息的原则

1. 准确性、真实性原则

准确性要求信息所反映的情况必须真实、可信。就业信息是否准确,是择业人员作出决断的关键环节。信息不准,会给择业工作带来决策上的失误。海南建省前夕,内地得到海南特区需要大量人才的信息,于是许多大学生纷纷前往,掀起了"百万大军下海南"的高潮。其实这种信息是不准确的。因为海南建设伊始,许多工作还未开展,所需人员无论是从数量上还是从专业上都是有限度的,由于信息不准确、不全面,结果找到工作的人寥寥无几,大部分乘兴而去,败兴而归。

2. 适用性、针对性原则

随着人才市场的发展，就业信息愈益丰富，如果在信息搜集中不注意适用性，那么就可能在众多的就业信息中把握不住方向，从而捕捉不到真实的、有价值的信息。这就要求毕业生在搜集就业信息的时候，必须对自己有一个充分的认识，然后根据自己的专业、特长、能力、性格、气质等各方面因素去搜集有关的就业信息，避免搜集范围过大，从而浪费不必要的人力和时间。某大学有一位山东籍同学，毕业前他在上海应聘了许多企业，其中某公司已答应录用他，他满怀欣喜地来到校就业指导中心准备签约，然而根据有关政策规定，该同学是不能留该地工作的。而此时他对山东省的就业信息却一无所知，一时很难找到合适的单位，令他后悔不已。

3. 系统性、连续性原则

就业信息的搜集要求具有系统性、连续性。因为许多就业信息并不是空想得来的，许多时候得到的信息是零碎的，这就要求大学生善于将各种相关的信息积累起来，然后经过加工、提炼，形成一种能客观、系统地反映当前就业市场、就业政策、就业动向的就业信息，从而为自己的择业提供更可靠的依据。

4. 计划性、条理性原则

作为信息搜集者来说，首先必须制订信息搜集计划，明确信息搜集的目的，只有明确了目的，就业信息搜集才有方向，才能发挥信息搜集的主动性；其次明确自己所需就业信息的内容范畴，是有关就业政策的、就业动向的，还是有关用人单位需求信息的，要做到有的放矢；最后要选择信息搜集的方法和渠道。方法是达到目的的手段，方法正确，就可以在信息搜集过程中少走弯路，收到事半功倍的效果。在方法选择上，要注意与就业信息内容相一致，有些信息是必须通过亲身调查获得的；有的信息需要通过查阅资料、文献获得。总之，力求方法与内容相衔接。

二、就业信息的处理

在广泛搜集信息的基础上，结合自己的实际情况和国家有关的政策、法规，对信息进行一番去伪存真、去粗存精，有目的、有针对性地排列、整理和分析，这是非常必要的。只有当信息具有准确性、全面性和有效性后，才能更好地为自己的就业决策服务。

（一）就业信息的处理原则

由于就业信息时效快、数量大、品种多、范围广，所以在处理这些信息时应把握以下原则：

1. 掌握重点

将搜集到的所有就业信息进行比较、初步筛选之后，把重点信息选出，标明并注意留存，一般信息则仅作参考。

2. 适合自己

每个人的情况不一样，毕业生应选择适合自己的信息。例如，如果想在福州就业，就应经常关注《海峡人才报》、中国海峡人才网等媒体；如果想去广州就业，就应经常关注南方人才网、中山大学就业指导网等。

3. 注意信息的时效性

人才市场瞬息万变，用人单位发布需求信息后，随时都会收到毕业生的求职信息，及时与用人单位联系能体现出你积极的态度，为求职成功增加砝码。因此，搜集到就业信息后，应及时使用，以免过期。

（二）就业信息的分析研究

就业信息的分析研究，就是对所获得的大量的关于就业方面的原始信息，进行去粗取精、去伪存真的分析和研究，从中筛选出需用的、可用的、备用的就业信息，为自己的就业、择业提供帮助。就业信息的分析研究，要从其可靠性、重要性、深度和应聘者自身条件的合适性等四个方面进行。

1. 就业信息的可靠性分析

就业信息的可靠性分析，一般采用以下四种方法：

（1）根据就业信息资料的内在逻辑来验证其可靠性

如果发现资料内容的表述前后矛盾，或违背事物发展的逻辑，这则就业信息的可靠性就值得怀疑。例如，邮寄的一些招聘启事，印章是复印的，工资待遇高得出奇，这则就业信息有可能就是假的。

（2）根据实践经验来判断就业信息的可靠性

如果发现就业信息资料中有明显违反实践经验即实际情况的东西,那么,对这则就业信息就要进行认真核实。例如,一般文员的月工资在北京是2 000元左右,在深圳是2 200元左右,如果招聘信息所言文员试用期月工资在4 000元以上,转正后在5 000—6 000元,就可能是违反实际情况的招聘信息,对此要进行认真调查核实,以防上当受骗。

（3）根据就业信息的来源渠道进行分析判断

一般来说,凡是从正规渠道获得的就业信息,可靠性就大一些;凡是从非正规渠道获取的就业信息,可靠性就差一些。政府主管部门主办的杂志、报刊发布的就业信息是最可靠的。到处张贴或散发的一些招聘小广告最不可靠。

（4）通过网话114查号台来验证

通过网话114查号台查出招聘信息中的用人单位人力资源部的电话号码,通过电话核实该单位是否招聘某专业的人才,这是最直接、最可靠的核实办法。

通过就业信息的可靠性分析,对不合格的应进行补充调查,进行完善,使之成为合格的就业信息。对不真实的、虚假的就业信息,应坚决剔除,弃之不用,以防在求职过程中上当受骗。

2. 掌握重点就业信息

在分析研究就业信息的同时,要对与自己求职有关的信息按重要程度排队,标明并注意留存,一般的信息则仅作参考。主次不分,会使求职者在求职过程中走过多的弯路,耗费过多的精力。如果将时间都花在一般信息上,结果可能使自己错过机遇。就业信息具有很强的共有性和时效性,谁赢得时间,谁就能抓住机遇首先成功。

3. 就业信息的深度研究

就业信息的深度研究是指对感兴趣的用人单位,根据自己的应聘需要,对用人单位的生产经营场所、经营方式、产品结构、市场占有率、企业的历史及发展前景等重要信息,进行较深层次的分析研究,对用人单位了解透彻,为应聘做好充分准备。就业信息的深度研究,应从以下几个方面入手:

（1）通过网络查找企业的资料,尽量详细地了解企业董事长、总经理、人力资源部经理、拟应聘岗位的主管等人员的姓名,公司的经营范围、产品构成、生产规模、分支机构的设置及业务范围、公司的发展前途等基本情况,力求从深层次掌握用人单位实质性的东西。

（2）可以找已经在用人单位工作的亲友、同学或其他关系,向他们直接了解该公司的详细情况,采取这种方式所获得的用人单位的信息是最直接、最可靠的。

（3）对应聘专业技术岗位和管理岗位的应聘者来说,要研究用人单位从原材料到产品工艺流程和工艺设备的有关情况的信息,要了解销售、产值、利税和主要竞争对手的情况,掌握了用人单位以上深层次的信息,就会大大地方便我们的应聘和就业。

4. 自身条件的合适性分析

自身条件的合适性分析,就是应聘者从就业信息中筛选出自己较为中意的用人单位,根据用人单位列出的招聘条件、岗位要求等,与自身条件进行对比分析,不断调整和优化自己的求职目标定位。在求职的专业领域或岗位、薪酬工作环境、个人发展的可能性等方面,使自己的求职目标更贴近实际。通过对自身条件与用人单位需求的合适性分析,当明白了自己的某些专长和条件正是用人单位所急需时,此时离就业成功就很近了。

(三) 鉴别虚假就业信息

1. 虚假招聘信息的特征

虚假广告、虚假招聘启事以及不法职业介绍所,给求职者造成的危害是很大的。他们玩弄各种骗术,采取"坑、蒙、拐、骗"等手段,使众多的应聘求职者人财两空,既花了钱财又消耗了时间和精力,精神上经济上遭受双重创伤,求职者的合法权益受到极大侵害。而且,一些虚假信息以假乱真,使真实广告信息名声受损,进而导致人们即使面对怀有诚意的招聘、合法经营的职业介绍所也望而却步。原本一些可以流动的人才,因此错失了发展良机,一些需要用人单位却难以招到合格的人才。对个人、对单位、对社会都造成了不小的损失,破坏了社会和谐与稳定。

虚假招聘信息 8 个典型特征:

（1）招聘单位只有手机单一联系方式;

（2）收取服装费、伙食费、体检费、报名费、办卡费、押金等各项费用;

（3）几乎不面试就给出录取通知,且到外地就职;

（4）薪资明显高于同职位同工种薪资水平;

（5）通知面试职位明显与实际工作岗位不符,向求职者索要烟、酒等礼品;

（6）公司地址含糊不清,面试场所不正规,类似临时租借来的宾馆等地;

（7）非正常工作时间段预约面试或者面试地点在偏远的地方;

（8）扣押或是以保管为名索要身份证、毕业证等证件。

2. **虚假招聘信息的一般目的**

（1）坐收渔利。招聘不招人，招聘者通过招聘，获取大量报名费、培训费、服装费、手续费等收入。这类招聘广告往往以非常优厚的待遇作诱饵，致使一些不在乎10元、20元报名费的人受骗上当。在沿海地区，还有人猎取一轮又一轮的廉价劳动力（试用期内付低薪，期满辞退，再行招聘），既坐收招聘之利，又降低工资成本，可谓一箭双雕。

（2）剽窃智力。有的公司以招聘的名义，以高薪引诱无偿地占有他人的劳动成果。招聘时给应聘者各出所谓"考卷"一张，实为某研究项目的一部分或工艺方案，应聘者在不知情的情况下，努力完成招聘方交给的"考卷"，还唯恐不合格。待"考卷"交回后，招聘自然也无消息了。

（3）瞒天过海。有的单位以招聘为名虚晃一枪，实际上私下早有安排。譬如某领导将意中人放在事先安排好的"竞争"环境中，使其万无一失的"取胜"，其他应聘者只是陪衬。这样，对外可以光明正大地显示其"公平竞争"、"择优上岗"的用人制度。

（4）虚假广告。不少企业大张旗鼓地摆出招聘阵式，用意不在聘用合适人选，而在于制造热点产生新闻效应，以便其拓宽新领域，扩展企业形象，提高企业知名度。

（5）拐卖人口。与虚假招聘信息相比，拐卖人口的假招聘更令人深恶痛绝。这种招聘无须收交保证金，更没有培训费。有的只是令人向往的优厚待遇、工作条件。假招聘者正是利用人们求职心切、渴望能得到挣钱机会的心理，在骗取应聘人的信任之后，将他们弄到外地贩卖。

3. **辨别就业信息真伪的一般方法**

在求职应聘过程中，求职者应提高自我保护意识，要做到多选、多看、多问。

（1）多选。优先选择到政府人事部门所属人才交流机构，开办的人才市场或人才中介机构求职应聘。这类部门不以赚钱为目的，而以为用人单位、为人才服务为宗旨，运作规范，服务周到，信誉高，功能全。还有各级毕业生就业主管部门和就业指导机构，以及各级各类"双向选择"、"供需见面"会。

（2）多看。一看招聘单位有无法人执照，二看是否办理了合法的招聘手续。在人才市场设摊招聘的单位介绍均由市场统一印制、统一装订，招聘者可看黑板所示单位名称与实际招聘单位名称是否一致。另外人才市场还贴有摊位总表，招聘单位名称、性质、拟聘岗位均列于表上，应聘者可先浏览摊位总表再进场应聘，做到心中有数。三看招聘工资是否与该岗位社会基本工资相符。四看招聘岗位是否与单位经营范围相符。

（3）多问。应聘者在人才集市求职应聘时，应仔细询问招聘单位的详细情况，包括其上级主管部门、单位性质、经营范围、用工形式、用工时间、工资待遇等,还可以直接向有关的管理部门咨询。一旦遇到非法中介,或借名义欺骗、讹诈求职者的单位,应及时、迅速到人事部门、劳动部门咨询、投诉,寻求帮助。

毕业生初涉职场,在签订就业协议前,有对用人单位基本情况、劳动条件、劳动待遇等事实进行了解的权利,即"知情权";招聘单位应有告知的义务。毕业生应当主动了解、询问用人单位情况,判断该单位提供信息的真实性。毕业生要利用这种权利保护自己的合法权益,保障就业的顺利进行。也有相当多的毕业生在对用人单位不了解、对用人单位将要给予的待遇,以及将要安排的工作岗位等都不清楚的情况下,与用人单位签订协议。还有少数运作不规范的用人单位,往往夸大单位的现状、工作环境和将来的前景,或向毕业生开出空头支票,如安排住房、高额奖金、在总部或大城市工作等等,以此来吸引毕业生应聘。毕业生报到后才发现,单位根本无法兑现他们的承诺。所以学会分析鉴别就业信息,对毕业生顺利就业,找到满意的工作,可以起到重要的作用。

【拓展阅读】

调查:北上广吸引力减弱　超四成大学生回乡就业

一群青涩的面孔拿着高考成绩单,正在向象牙塔大门内的风景张望;一群年轻的面孔即将拿着学位证书,走出象牙塔大门,走向人生下一段旅程。

告别四年大学生活,就业和离愁别绪一样严肃地摆在面前。

政策导向、经济形势、城市发展、文化背景、价值取向,这些可能影响就业的因素之间的关联和变化,被看作是社会思潮的"年终总结",因此备受关注。

日前,东北师范大学传媒科学学院研究团队制作的《2015 年应届大学毕业生就业回流意愿调查报告》出炉,对应届毕业生就业选择,特别是回乡就业的意愿和原因进行了数据采集和专业处理分析。

新文化记者通过与应届毕业生的面对面交流,和对就业问题专家的采访,对该报告的结论进行了分析和论证。

调查初衷

这份调查报告是东北师大传媒科学学院大三学生车雨璠提出意向并主创完成的。这个来自四川成都的女孩对毕业后的去向早就做好了打算:回到四川,在成都或是临近的其他城市找一份稳定的工作。

在和同学们交流时,她发现,全班大部分同学都和她一样有着回乡就业的打算,这让她产生了好奇，"我是一个比较喜欢安逸的人，所以我希望回到父母身边工作。没想到，很多同学都有这样的打算，而不是去北上广，有人甚至想回到县城工作。这样的现象很有趣，大家的就业观有可能已经发生了相当大的变化。"

车雨璠上网查询，那些关于大学生回流就业的报道证实了她的判断。

是什么原因诱发了回流现象？

影响大学生回乡就业的因素是什么？

学历、专业、性别、生源地，这些条件和回流现象有关系吗？

回乡就业会是一个持续发展的就业趋势吗？

在车雨璠看来，这些信息是很有价值的，不仅对即将面临就业问题的她和同学们，对所有在校大学生乃至整个社会都是有意义的。但是网上的各类新闻报道和论文、评论中并没有认真充分地阐述这些问题，于是，她决心以此作为课题，用自己所学的数据新闻的专业调查方法进行论证。

车雨璠的想法得到了指导老师黄松爱副教授的支持，并建议采取网络问卷的方式采集数据样本。

在设置问卷问题之前，车雨璠向即将毕业的大四学长们进行了采访，向他们了解更全面的就业想法和意见，一周时间制作出了50道问题的调查问卷，借助专业网络调查机构的技术在全国范围内采集样本。

6月17日，长达15页的分析报告在经过多次校正核准后正式出炉。

2012年起回流就业现象明显

综合数据表现，41.8％的毕业生希望回乡就业，68.5％对回乡就业持接受态度。吉林省高等学校毕业生就业指导中心主任郑志宏对记者说，大学生回乡就业的现象在2012年开始就有了比较明显的表现，从最近几年的统计和分析中不难看出，北上广等一线城市近年来吸引大学生就业的能力有所减弱，省会城市、计划单列市、经济发达的地市级城市等二、三线城市的就业率逐年上升，甚至一些沿海、沿江的县市级城市也很受青睐，比如江阴市。

985、211高校毕业生热衷北上广

在"非常不想回乡就业"的那9.5％群体中，有一个共性，就是他们全部来自985、211高校，北上广是他们的理想选择。

孙全和苏科是吉大软件学院的应届本科毕业生，同班四年，毕业后，他们依然可以在北京时常见面。孙全在一家相当不错的软件公司找到了自己的位置，苏科则成功签约诺基亚公司。

孙全老家是云南一个小镇，从西南到东北，这四年所做的一切准备都是为了心中的梦想：到北京去闯出一番天地。孙全拒绝回到云南老家，他坚定地认为，从985高校走出去的学生更应该到中国人才最聚集的北京去。

苏科老家在内蒙古大草原，蓝天白云、草原奔马，四年里她没少向同学们炫耀家乡的美好。如今，作为家里唯一的女孩，她却毫不犹豫地选择北京。"学习软件工程的大学生就是要到中国政治、经济、科技的中心，只有在那里，才能学以致用，有所作为。我还年轻，世界那么大，干吗不去看看？"

他们相信，在北京不会孤独，他们的很多同学都以各种方式进京了，有考研的，有进国企的，还有创业的。

东北师大传媒学院的高亚楠也进京了，她来自黑龙江，是全班唯一进京从事对口专业的学生，毕业于211高校的她将成为《读者》杂志的编辑。

相比之下，许伟就多了几分无奈。来自福州的他是长春理工大学微电子专业的应届本科毕业生。大四一年，投出不少于20封求职信，却没帮助他在北京、上海、深圳等一线城市谋到一份大公司、世界强企的合同。他得到的回复中出现次数最多的话是："我们需要的是985高校的毕业生，211的也可以。"

"这就是现实，我也只能接受。"最终，他被苏州一家电子公司录用，月薪5 000元。和许伟一样，来自长春理工大学机械制造专业的王启健和张衡也屡次求职碰壁。他们"一怒"考研，一个考上吉大研究生，一个考上大连理工大学研究生。未来的路似乎瞬间宽阔许多。

记者从吉林省高等学校毕业生就业指导中心得到的信息是，吉大、东北师大的毕业生在就业选择上的要求普遍高于一般院校的毕业生，每年留在吉林省工作的毕业生并不多。

对此，长春工程学院副教授齐宁深有感触，他认为目前院校门槛对学生就业的确有不小影响，很多学生回乡就业是无奈的选择，因为在一线城市、二线城市找到满意的工作太难，而回到家乡通过各种渠道找到一份相对体面的工作则要简单得多，尽管这个工作未必是他们最想要的。

记者注意到，尽管教育部在2013年针对大学生就业中存在的"院校门槛"问题发布了禁令，也采取了一定措施，但这一问题成为大学生就业的隐形规则，仍然没能完全解决。

来自东北的毕业生为何不愿回流？

通过几个地区的经济发展水平对比得出结论，经济越发达的地区对于吸引毕业生回流的作用越强。

来自东北地区的毕业生为何不愿意回流？研究团队分析发现，家庭因素和生活成本对于毕业生回流东北的意愿贡献力最大，而经济因素和环境因素贡献最小，说明东北地区的经济和环境对毕业生回流缺少足够的吸引力，相应地，经济与环境的落后也可一定程度上成为不回流的原因。

对此，吉林省高等学校毕业生就业指导中心主任郑志宏也有基本一致的看法，近几年，吉林省高等院校毕业生留在本省就业的比例在50％到60％之间，今年16万名本科毕业生，留在本省就业的预估在7万到8万人，"这样的比例放眼全国还是比较低的。"

郑志宏说，华东、华北地区各省，本身经济实力就很强，生活环境、就业环境也有优势，再加上政策上的诱导，毕业生回乡就业的意愿当然就更强，"像无锡这样的二线城市，每年对毕业生的需求量达到300％，也就是说，本地高校毕业生的数量完全不能达到当地对人才的需求量和实际吸纳人数。"

东北地区，包括吉林省，在这一问题上一直给予重视和关注，但是地区经济发展水平和财政支持能力都影响着这一问题的解决。另一方面，百亿级别的大企业相比南方数量少，"江苏江阴有多个百亿级别的企业，甚至有五六百亿量级的大企业，对人才的需求量和吸引力都是吉林省无法相比的，一汽、吉化、北车这样的大企业每年吸纳人才的能力是有限的，而一般企业对人才的吸引力远远不够。"郑志宏认为，这些都是导致人才回流、就业率较低的原因。

二三线就业机会多　竞争不太激烈

中国人民大学劳动人事学院曾湘泉教授宏观地分析回流现象认为，北京、上海等一线城市就业结构性矛盾突出的问题在最近几年里悄然发生了变化，相比于一线城市，二、三线城市的就业机会更多，人才竞争形势相比一线城市不太激烈，而二、三线城市近年来整体发展的速度、规模和前景，成为大学生们就业选择的重要参数。

选择回乡就业是为了归属感？

2015届应届毕业生的回流地以城市为主，大多为家庭居住地所在城市。

国家一级心理咨询师蔡劲林认为，人在新的环境中，首要情感诉求是寻求归属感，内心无法避免的孤独感，是适应新环境、寻找融入感和归属感的最大障碍。回流到家乡或同一文化经济区，是寻找心理归属感、与外界建立信任感以及建立情感支持系统的捷径。

长春理工大学微电子学专业的郑旬秋就选择了回家。6月18日下午，在校训石前，她抢着和每一位同学留下合影，这名来自浙江温州、戴着一副高度近视镜的阳光女孩知道,也许将来很多年,她和她们都不会有见面的机会。很快,她将离开学校,回到温州,回到乐清,到北白象镇,她签约正泰电器,将成为这家中国民企百强、上市公司的一名电子工程师。

"我没有纠结,回到家乡,回到父母身边,在一个宜居的小镇过丰衣足食的日子,这就是我想要的生活。"简单的郑旬秋实现了简单的生活追求,起薪4 000元,生活足够安逸舒适。她的一些同学去了广东一带的制造企业,月薪6 000多,"虽然那里的工资比较高,就业的机会也比较多,但是压力也会非常大,对我来说,我比较不喜欢背井离乡苦苦拼搏。"郑旬秋说。

每年约8 000人重返省内就业

大部分不愿意回流的毕业生都有趁年轻开阔眼界、丰富经历的想法,仍有一部分人因为家乡经济落后而可能伴随出现的就业机会少、就业环境不好等情况作出理性考虑从而拒绝回流。

在被问及"是否会因为就业形势严峻而考虑回流"时,有65.9%的应届毕业生选择了"否",有29.3%的毕业生承认会受到就业形势的影响,另外还有4.8%的人选择会先回家待业再作打算。

记者在吉林省高等学校毕业生就业指导中心了解到,每年除大约50%的应届毕业生外,还会有8 000份左右往届毕业生档案在该中心落档,这些学生毕业后先是选择到外面闯一闯,因为档案的存留期只有三年,两三年后,他们在没能闯出理想中的成绩后,就回到了本省就业。

核心结论:家乡拉力对回流影响大于大城市推力

这份关于应届毕业生回流就业的调查报告研究的最核心的问题是:究竟哪些因素诱发了回流现象?

主创者车雨璠在黄松爱副教授的指导下,将原因假设为家乡拉力和大城市推力两大基本因素,更简单的表述是家乡就业因素的吸引力和一线城市就业压力的倒逼推力。

通过调查问卷中有关家乡拉力的24个描述和19个关于大城市推力的描述采集到的数据分析发现,家乡拉力的几大因素中,家庭因素的影响最为明显,说明父母的期望以及毕业生照顾父母的家庭责任感对毕业生回流产生了最大的影响,而女生更易受到家庭期望的作用,比男生更想要通过回流给予父母身心上的照顾与陪伴。

对于大城市推力因素的分析,生活成本高、自然环境差以及就业形势的严峻、制度的藩篱都使得毕业生对大城市产生一定的抵触情绪而更偏向于回到家乡就业。此外,大城市对就业者相对更高的能力要求也使得大学生在衡量自己的就业竞争力,并综合个人职业理想的追求和心理需求等主观因素方面作出理性回流决定。

通过家乡的拉力因素与大城市推力因素作用力的比较,得出的结论是,家乡的吸引力比大城市的推力更有效诱发了毕业生的回流。

针对这些结论,吉林省高等学校毕业生就业指导中心主任郑志宏有自己的观点,"在大学生就业选择的诸多因素中,排在前三位的是地点、工资水平和职业发展空间。"他认为,就业回流选择是受到这些因素影响的结果,随着二、三线城市整体发展水平和就业环境的提升,一线城市不再是大学生就业的普遍选择,在二、三线城市,大学生依然可以得到让自己满意的工资和事业前景。

对于大学生的就业选择,华南师范大学人力资源研究所所长谌新民也认为,影响当下毕业生选择就业地方的因素已经有所改变,其中包括网络技术的发展、生活成本和工作、创业机会。同时,城市的交通条件也是重要因素。

雍周嘉文是东北师大传媒学院应届毕业生,武汉、天津都有学校向她发来邀请,北京一所大学也给了她保研的机会,但是她全部放弃了,最终坚持自己的选择标准,"我希望在一个我喜欢的城市里工作和生活,这是最重要的。"她参加了福建和四川的公务员考试,厦门是她最喜欢的城市,成都是她的家乡。尽管还需要等待考试结果,但她十分乐观,"应该还好,如果没通过,我会再继续努力一年。"

而选择公务员作为职业理想,雍周嘉文是经过几番考虑的,"公务员工作本身比较稳定,工资水平也在不断提高,相对于一些企事业单位,公务员体制有自己的晋升规则,比如对学历的要求,从这个意义上说,我在公务员体制里,可能会获得更大的发展空间。"

王林风和黄世友是长春理工大学应届本科毕业生,同班又同乡,四年里几乎形影不离,但他们将各自拥有自己的生活,王林风去了广州,黄世友选择苏州。王林风说:"我喜欢广州大都市的感觉,那里拥有更多的机会。"黄世友说:"我迷恋苏州的景致和生活的舒适感,没有什么比快乐生活更重要。"这对异姓兄弟都在自己中意的城市找到了位置。

专家观点:回流是好现象需思考如何接纳

对于毕业生回流现象,北京大学政府管理学院行政管理系主任萧鸣政教授认为,由于一线城市人才饱和、生活成本过高,不少毕业生都选择了二、三线城市就业。尤其是对于从二、三线城市走出去的毕业生,回生源地就业,一方面可以获得更多的晋升空间、降低生活成本,另一方面也可以服务家乡。

中国劳动关系协会社会人力资源管理部部长蒋又青在接受媒体采访时提出，回流是个好现象，但是如何接纳回流人群，是值得思考的事情。

对外经贸大学公共管理学院副教授廉思认为，中小城市要想吸引大学生，不但要在硬件上完善配套设施，还要从生活、文化甚至婚姻、养老上，给大学生以"安全感"，让他们落地生根。

第五单元　大学生就业前求职材料准备与求职技巧

学习目标

1. 了解求职信的撰写。
2. 掌握个人简历的制作。
3. 掌握面试技巧。
4. 掌握笔试技巧。

【案例导入】

女生一页简历768个字　多家名企被打动

一份只有一页的简历,如何通过华为、腾讯等知名公司的简历关? 重庆大学大四学生吴芳芳就做到了,她简历显得很单薄,只有一页,总共768个字,但投出去的20多份简历全部都有回应。

七大板块,描述言简意赅

这份简历共分七块:个人概况、教育背景、个人技能、所获证书、在校工作经历、社会工作经历和自我评价。每块之间,都有红色直线作为分割线。除了个人概况和教育背景,每一部分的说明都只有3—4条。

"别尽想着忽悠面试官,有什么写什么,我的在校工作经历和社会工作经历,每一点都是一句话概括,写我的职位是什么,锻炼了什么,一目了然。""一些公司的HR,特别是知名公司的,每天要浏览那么多份简历,怎么可能有时间把每份简历都仔细看完,如果你写得太多,反而会使你的亮点被忽视。"吴芳芳说。

就是这样一份只有一页的简历,让她通过了华为、腾讯、联想、中国移动、三星、TCL等全国著名公司的简历关。

吴芳芳从 9 月就开始制作简历,"等到 10 月、11 月招聘会高峰期到来时才去制作简历,这样你就比别人晚了一步。提前做好就有充足的时间修改完善。"吴芳芳的第一份简历是一张表格,她感觉一些多余的线条会让简历显得不够简洁,于是就调整为使用红色的分割线。

每投出一份简历之前,吴芳芳都要仔细对照所投公司和岗位的要求,对小部分内容做出修改。"要突出自己的能力,有侧重点。如果你投的是技术岗,肯定专业课成绩和软件操作更重要一些;如果是管理岗位,你要突出相关的实习经历。千篇一律肯定不行,最好对症下药。"

"我一共投了 20 多份简历出去,全部都有回应。"上个月,吴芳芳在 12 天的时间里参加了近 10 场笔试和 10 多场面试,共收到了 3 个 offer。最后,她选择了个人发展前景好、离家近的广西柳州五菱汽车。

大学生在求职择业过程中,要让用人单位认识自己、了解自己、选择自己,就必须通过多种途径和方法正确地宣传自己、展示自己、推荐自己。只有成功地推荐自己,才能够获得进一步面试的机会。求职材料是毕业生用来和单位取得联系最常用的办法之一。在求职择业过程中,求职材料有着举足轻重的作用,是"敲门砖",推荐、面试、录用都离不开它,求职材料的好坏直接影响着能否成功就业。

模块一　求职信的撰写

求职信,亦称应聘函或自荐信。它是大学生作为求职者在应聘时所写的一种特殊信件。对用人单位来讲,它直接涉及到求职者留给对方的印象的好坏,并且决定着求职者能否通过用人单位的"初选"关。一份吸引人的求职信,是获取面试机会的敲门砖。所以,怎样写一份"动人"的求职信,是每一个人求职重要的一关。

一、求职信的撰写

(一) 格式规范

格式规范就是符合人们认识客观的规律并被人们约定俗成的格式。求职信格式一般依照信的格式,主要包括称呼、问候、正文、结尾、署名、日期、附件七个方面内容。

1. 称呼

求职信的称呼往往比一般书信的称呼正规一些,在实际书写时要区别对待:如果写给国家机关、事业单位的人事处领导,用"尊敬的××处长(科长等)"称呼;如果求职三资企业,则用"尊敬的×××董事长(总经理)先生";如果是写给其他类企业厂长的,则可以称之为"尊敬的××厂长(或经理)";如果写给大学校长或人事处的求职信,则称之为"尊敬的××教授(或校长、老师等)"。不要使用"××老前辈"、"××师傅"等不正规的称呼。当然,有些求职信,也可以不写姓名,如:"尊敬的负责同志"、"尊敬的董事长先生"等。

2. 问候

问候语"您好"应独立一行,突出求职人良好的教养,同时也是高素质人格的表现。这是许多青年人忽略,也是大多数中老年人重视的品德,所以万万不可小视。

3. 正文

这是求职信的中心部分,其形式多种多样,一般要求说明求职信息的来源、应聘岗位、本人基本情况、工作成绩等内容。

4. 结尾

一般应写明希望对方给予答复,并盼望能有机会参加面试及简短的表示敬意、祝愿之类的祝词。如:"祝贵公司兴旺发达"、"顺祝安康"、"深表谢意"等,也可以用"此致敬礼"之类的通用词。结尾祝颂语既能体现求职者素养,又能表达对阅信人尊重的语句都是不可或缺的。

5. 署名

应注意与信首的"称呼"相一致,一般都在署名前加上一些"您诚恳的××"、"您信赖的××"、"您忠实的××"之类的词汇,也可以写成"您的学生××",还可以什么都不写,直接签上自己的姓名。

6. 日期

一般写在署名右下方,最好用阿拉伯数字写,并写上年、月、日。

7. 附件

求职信一般都要求同时寄一些有效证件,如外语等级证书、计算机等级证书、获奖证书的复印件以及简历、近期照片等。最好有附件目录,这样既方便招聘单位的审核,同时也给对方留下一个"有条不紊、很负责任、办事周到"的好印象。

(二) 求职信的内容

求职信的内容主要包括以下四方面:(1)说明本人基本情况和求职信息的来源;(2)说明应聘岗位和能胜任本岗位工作的各种能力;(3)介绍自己的潜力;(4)表示希望得到答复和面试的机会。

二、撰写求职信的注意事项

(一) 选材

从读信者的角度考虑,求职信要简短;从求职者的角度考虑,求职信要完备。兼备二者的利益,求职信写作应做到言简意赅,这就需要在选材上下功夫。求职信不是简历,不能在各段生平经历上平均选材,而是要针对所求职位选取最能表现自己求职能力与求职诚意的材料。

(二) 布局

除了选材严谨,还要在剪裁上讲究详略,布局上讲究合理。这主要表现在正文部分。正文一般可分为三部分:

第一部分简述自己的基本情况,还可以概述对该单位的了解,这部分要略写。

第二部分要展示自己的专业,材料一定要具体明确,万万不能概略介绍,例如"我现在××大学会计学院会计系学习,今年7月即将毕业。四年学习中,我的各门成绩均在85分以上,毕业论文被评为优秀。"这样的内容常在一些求职信中出现,殊不知招聘人员也许不懂你的专业,不知你到底学习了哪些专业课程,如果他的上司交给他的任务是招聘一个银行会计学专业的人员,他就不知道你的专业是否对口,所以你一定要把主要专业课程一一列出,写成"全面系统地学习了工业会计学、商业会计学、银行会计学、国际会计学、西方财务会计学、管理会计学等"。再如你在校有关专业获奖情况、发表过的专业文章、参加过的专业比赛及专业实践活动一定要写得具体明确，不能写成诸如"积极投稿，考取相关证书，多次主持、参加某某大赛和社会实践活动，使自己有了较强的沟通和协调能力"等空洞的话，你要明确写出发表文章的名称、刊物名称、期数，考取什么证书，参加过什么比赛，获过什么奖项，第几名。写清楚后不用自夸自己的能力，要用事实让别人感到你的能力。换句话说，你要尽量使用商业语，即定量化的语言，用具体的数字、具体的事实明确你的价值，比大而空、口号式的语言强得多。

第三部分介绍自己的工作能力及爱好特长，包括自己在校期间担任学生会、班级的主要干部职务，在各类活动中的组织能力、人际交往能力、口才表达能力、实践能力等等，这些材料要围绕所求职位写，展示你的工作能力。在材料安排的顺序上，也要围绕所求职位写，按与所求职位关系密切程度降幂排列。个人的兴趣、爱好及特长虽然与工作能力关系不是太大，但也能体现一个人的素质，展现竞争的优势，也应做简要介绍。总之，正文是求职信中最重要的部分，在这里你要注意的是要推销自己，扬长避短，突出自己的优势与长处，即按一定的目标市场，展示自己的工作能力，而不是泛泛介绍自己。

（三）语言合理

求职信的语言要准确，态度要诚恳。即不要骄傲自大、也不要谦虚过度。比如："本人谨以最诚挚的心情，应聘贵公司的工程师一职，因为贵公司一贯尊重人才，所以盼望得到贵公司的考虑和录用。"这种写法，事实上是在强迫用人单位，因为这句话的实际含义是："你如果不录用我，就是对我不尊重；我是人才，你必须录用我，这样才能体现出贵公司一贯尊重人才。"还有的求职信这样写："本人于6月5日要放假回家，敬请人事经理务必于6月1日前复信为盼。"表面上看，好像很客气，却在限定时间，给对方下命令，容易让人不快。再如："现已有多家公司要聘我，所以请贵公司从速答复。"这实际上是在威胁人家，好像在说："我可是一位人才哟，别的公司都抢着要录用我，你不聘我，就是不爱才、不识才、不用才，所以从速答复。""贵公司的某某总经理要我直接写信给你"，或者"某某厅长是我叔叔，某某局长是我表哥，希望贵公司能录取我"，或者"某某领导很关心我的求职问题，特让我写信给你，请多关照"。这种求职信，人事部门看了非常反感，因为他们认为：既然某某领导都有意思了，你还写信给我干什么？或者人事部门会这样认为：你拿上级领导来压我，那你最好去当他的助理好了，我们这里庙小，容不下你这位有后台的大仙。在不要骄傲自大的同时，也不要谦虚过度。时代在改变，某些求职用词也在淘汰。像"虽然我缺少经验，但对这个工作很有信心"、"我是抱着学习的目的而来的"、"请给我一个学习的机会"等等，这些听起来美丽的词藻会把你的机会丢进垃圾桶里。现在外资企业渐多，传统公司要求的谦虚、保守等品质,已经无法适合需求了。投其所好必须明确的是:公司想知道的是你能为公司带来什么利益、贡献或成效,并不想花钱请你来学习。结尾表达求职的愿望时,许多求职信都是用使令句式,比如"希望着贵公司给予答复",这种句式有以上对下,以尊对卑的口吻,让读信者感到不快,应换成祈使句式,如"请给予面试的机会"、"热切地盼望着贵公司给予答复"等。这样除了表达你的良好修养外,也表达了你求职的热情与诚意。

三、求职信的参考范例

(一)直白式的求职信范例

××经理:

　　您好!

　　我写此信应聘贵公司招聘的经理助理职位。我很高兴能在招聘网站得知你们的招聘广告,并一直期望能有机会加盟贵公司。

　　今年我将毕业于××大学城市科技学院的国际贸易专业,在校期间学到了许多专业知识,如:国际贸易、国际贸易实务、国际商务谈判、国际贸易法、外经贸英语等课程。毕业后,想就职于一家外贸公司,从事市场助理工作,主要协助经理制定工作计划、一些外联工作以及文件、档案的管理工作。本人具备一定的管理和策划能力,熟悉各种办公软件的操作,英语熟练,略懂日语。我深信可以胜任贵公司经理助理之职。

　　个人简历及相关材料一并附上,希望您能感到我是该职位的有力竞争者,并希望能尽快收到面试通知,我的联系电话:131×××××××××(或其他联系方式)。

　　感谢您在百忙之中抽出时间阅读此信并考虑我的应聘要求!

　　此致

敬礼!

您真诚的朋友:×××

××××年×月×日

(二)文学式的求职信范例

尊敬的领导:

　　您好!

　　我是××学校03级中文专业的应届本科毕业生。步入教育事业一直是我的梦想,在

××学院的几年时间的历练中,为我实现梦想打下了坚实的基础,专业特长更使我明确了择业目标:做一名中学语文教师。

久闻贵校是培养人才的重要基地,教师成长展才的沃壤,重视教育,重视能力,上下团结一心,有坚实的教育基础,对此,我十分仰慕。现把一个真实的我以自荐书的形式展现给您,望贵校给我一个展示才华的机会,为贵校出力争光,同时也圆我的育人梦想。

选择了教育事业,选择了贵校作为我梦想实现的工厂,春风化雨育桃李的信念便铭刻于心。进入大学以后,我抓紧每一天的时间进行专业知识的积累和教学基本功的培养,不断充实自己的头脑。才高为师,身正为范。作为师范生,我在思想上积极要求进步,乐观向上,对大是大非保持清醒认识,不畏难繁,有信心、有责任感。在能力培养上,校内积极参加各项活动,校外广泛尝试,多次进行教学实践,既实践了所学,又锻炼了能力。

大鹏展翅,骏马飞驰都需要有自己的天地。贵校科学管理体制和明达的育人理念,使我坚信到贵校工作是我的明智选择。我的联系方式是:131×××××××××(或其他联系方式)。

最后,祝贵校广纳贤才,再创佳绩!

此致

敬礼!

×××谨呈

××××年××月

模块二　个人简历的制作

一份吸引人的简历,是大学生求职获取面试机会的敲门砖。因此,写一份"动人"的简历,成了大学生求职者首要的工作。求职简历具有真实性、正面性以及精炼性的特点。写简历时一定要客观理性地总结自己的经历,做到真实、准确,不夸大、不缩小、不编造,这样才能取信于人。简历的内容应当是正面的材料。它应当告诉人们真相,但没有必要告诉全部真相。虽然不能说谎,但不需要全部说出来,负面的内容要远离简历。个人简历越短越好——在大多数情况下,一两页就足够了。个人简历一般采用第一人称(推荐表一般是以第三人称填写)。

一、简历的内容

(一) 个人资料

必须有姓名、性别、联系方式(固定电话、手机、电子邮箱、固定住址)、出生年月、籍贯、政治面貌、婚姻状况、身体状况、兴趣爱好等。

(二) 学业有关内容

毕业学校、学院、学位、所学专业、班级,然后是获得的学位及毕业时间学过的专业课程(可把详细成绩单附后)以及一些对工作有利的辅修课程以及您的毕业论文或设计等。

(三) 本人经历

大学以来的简单经历,主要是学习和参加社会工作的经历,有些用人单位比较看重你在课余参加过哪些活动,如实习、社会实践、志愿工作者、学生会、团委工作、社团等其他活动。切记不要列入与自己所找的工作毫不相干的经历。

(四) 荣誉和成就

包括"优秀学生"、"优秀学生干部"、"优秀团员"及奖学金等方面所获的荣誉,还可以把你认为较有成就的经历写上去,或者是参加国家学术性竞赛,国际比赛获得的荣誉等。

(五) 求职愿望

表明你想做什么,能为用人单位做些什么,内容应简明扼要。

(六) 附件

个人获奖证明,如优秀党、团员,优秀学生干部证书的复印件,外语四、六级证书的复印件,计算机等级证书的复印件,发表论文或其他作品的复印件等。

(七) 个人技能

专业技能,IT 技能和外语技能,同时也可以罗列出你的技能证书。

(八) 第三方推荐

通过专业的职业测评系统,出具详细客观的测评报告,作为第三方推荐信,附在简历后面作为求职推荐的形式。一方面说明求职者的职业性格、职业兴趣,另一方面有利于用人单位判断求职者与岗位的匹配情况。

二、简历的制作及注意事项

简历的内容、式样、设计方案很多。那么,怎样制作求职简历呢? 在写作求职简历时要注意以下几个方面:

1. 针对性强

企业对不同岗位的职业技能与素质需求各不一样。因此,建议在写作时最好能先确定求职方向,然后根据招聘企业的特点及职位要求进行量身定制,从而制作出一份具有针对性较强的简历,切忌一份简历"行走江湖"。

2. 言简意赅

一个岗位可能会收到数十封甚至上百封简历,导致招聘专员查看简历的时间相当有限。因此,建议求职者的简历要简单而又有力度,大多数岗位简历的篇幅最好不超过两页,尽量写成一页(技术相关工作岗位可写成两至三页)。

3. 突出重点,强化优势

一是目标要突出,应聘何岗位,如果简历中没有明确的目标岗位,则有可能直接被淘汰;二是突出与目标岗位相关的个人优势,包括职业技能与素质及经历,尽量量化工作成果,用数字和案例说话。

4. 格式方便阅读

毕竟每个人的情况各不一样,那些模板未必适合你。因此,建议求职者应该慎用网络上面提供的简历模板及简历封面,而是应该根据自身的情况进行合理设计。正常情况下,一份简历只要包含:个人基本信息、求职意向、职业技能与素质、职业经历四大部分即可,个人可视具体情况添加。

5. 逻辑清晰,层次分明

要注意语言表达技巧、描述要严密,上下内容的衔接要合理,教育及工作经历可采用倒叙的表达方式,重点部分可放在简历最前面。

6. 客观真实

诚信是做人之根本,事业之根基。一个不讲诚信的人,很难在社会上立足。同理,如果你在简历中弄虚作假,将会失去更多的机会。即使你能侥幸获得面试机会,但有经验的招聘专员在面试过程中一般都可以看穿,只要被发现有一处作假,就会觉得你处处作假,你将被拒之门外。因此,建议求职者在写简历时一定要做到客观、真实,可根据自身的情况结合求职意向进行纵深挖掘,合理优化,而非夸大其辞,弄虚作假。

模块三　面试技巧

一、面试的含义与作用

1. 面试的含义

面试的内涵十分丰富,它是一种在特定场景下,经过组织者精心设计,通过对应试者面对面的交谈、观察,测试应试者知识水平、技能、经验、反应能力、仪表气质等相关素质的考试活动。面试是用人单位选人的重要方式,面试给应聘者和用人方提供了双向交流的机会,使双方相互了解,从而能够更准确地作出是否聘用、是否选择的决定。

2. 面试的作用

由于面试与笔试相比较具有更多的灵活性、综合性,它不仅可以考察一个人的业务水平,还有面对面观察一个人的口头表达能力、人品修养等,如今的招聘过程中用人单位越来越倾向于使用面试,面试方式也越来越富有个性化,应用范围也变得越来越广泛。

二、面试的测评内容

面试虽然可以测试应试者方方面面的素质,但由于用人单位在选人过程中,往往是有选择性地用面试去测评他们最需要的能力,并且这个面试的"特定场景"与日常全方位的观察、考察方式是相区别的,主考官"精心设计"的测评问题离不开特定场景的束缚,因此每次面试测评各有侧重点:

1. 仪表风度

一般仪表得体端庄、举止文明的人,对自己要求严格,做事有规律和责任心。通过面试可"看"出应试者的体型、气质、精神面貌、衣着举止等。

2. 口才表达

应试者能否将自己的观点、想法、建议之类顺畅地用言语表达出来,面试官可通过"听"考察出来,同时还可测出应试者的音质音色、音调音量、口头表达能力、思维逻辑能力、感染力等。

3. 专业技能

作为专业知识考试的补充,面试使考察更具灵活性,可以了解到应试者专业技能的广度和深度,应试者的专业技能是否符合空缺岗位要求。

4. 反应能力和应变能力

应试者能否准确、迅速回答出主考官的问题,出现突发状况,应试者是否能机智灵敏地进行妥当处理,恰当回答,准确理解考官的测试目的等。

5. 自控能力

在压力面试过程中,对应试者的自我情绪控制能力尤为侧重。自控力体现在遇到上级批评指责、工作压力、利益冲突时,能否理智地控制自己、宽容、忍耐,不卑不亢,有韧劲,不让情绪左右工作。

6. 综合分析能力

指在面试过程中,对于主考官提出的问题,应试者能否全面、深入、透彻、有条理地进行分析,能否抓住主考官问题的本质要求。

7. 人际交往能力

主考官通过询问应试者平时的角色扮演情况,喜欢参加什么社会活动,怎么与人交往等,可以了解到应聘者的为人处世方式。

8. 工作经验与态度

面试官通过查阅应试者的个人简历作相关提问,并要求应试者对有关学习实践背景作出补充说明,以此证实应试者的实践经验,了解应试者的工作态度和处事能力,一般在过去学习或工作中马马虎虎的人对新的工作也是随随便便的。

9. 求职动机

询问应聘者为什么来本单位,对哪种工作比较向往,希望单位为他做什么,能够判断出用人单位的岗位条件是否能满足应试者的工作期望和理想。

10. 上进心、进取心

一般有上进心的人在工作上能够积极努力,有奋斗目标,不安于现状,常常创新。面试官通过对应试者对未来的构想可判断出其进取心如何。

11. 兴趣和爱好

面试官通过了解应试者的休闲爱好,以便于录用后的工作安排。

12. 待遇介绍与答疑

主考官还会主动介绍单位的情况和新招岗位的发展前景,或回答应试者一些问题,讨论应试者关心的工资福利待遇,诚恳对待应试者。

三、面试前的准备

面试在招聘中的作用日益重要,要想获得一份理想的工作,首先要过的就是面试这一关,要过好这一关不能想着逃过考官的眼睛,而是要从实处做起,只有在面试前做好了充分的准备才能成功,才能让人在觉得你是有备而来,具有诚意。

(一)收集招聘单位的资料

一般面试都会包括企业对求职者关于本行业的认识、本公司的认识等方面的提问,为了考查求职者对所应聘岗位和行业的认知。

求职者对自己有兴趣加入的行业应该有深入地认识,这样才能在面试时应付自如。要令面试官相信你对某行业确实兴趣浓厚的话,你不但要对本行业有基本的认识,还必须了解最近本行业的发展及将来的发展趋势和前景,如果不能提出客观的证据或资料来支持自己的说法,相信面试官也不会认同。

收集各行各业的资料有很多种方法,跟该行业之内的资深人士交谈是一个最直接又有效的方法,他们不仅深入地了解行业近况,并且对行业的苦与乐以及实际困难有第一手的资料。如果你打算入行的话,不妨也接触一些近期加入该行业的人,听取他们的亲身感受。这些都对应付面试的问题有很大的帮助。倘若面试官问"你为什么认为该行业最适合你"时,上述的资料将派上大用途。

你也可以通过文献来搜集更多各行各业的发展近况。特别是申请更高级的行政或管理职位时更需要注意这些方面的工作。面试官可能要求求职者对各行各业在本地及国际的情况有相当地了解。所以,在面试之前,应该经常留意这些方面的新闻报道及经常参阅相关的专业期刊。

(二)了解应聘职位的要求

岗位理解面试是常见的面试环节。岗位理解面试是考查求职者对所应聘岗位的熟悉程度,以及对即将面对的工作的认知。企业根据求职者的回答,可以判断出求职者是否能够胜任招聘的岗位。

企业在招聘时,一定会考虑到求职者的专业程度、稳定性和忠诚度,所以往往会设置"你对我们公司了解吗?"这样一个问题,来考查该求职者对本行业是否熟悉,是不是诚心想加入公司。同时,还有一些企业在面试时,也会问一些难题,其中包括公司本身所面临的难题。有的想从求职者的回答中获得灵感,也有的想看看求职者能不能提供好的解决方案。

(三)预设考官可能要问的问题

面试有很多常见问题,对这些问题一定要事先了解,准备好答案,这样才能在被提问时自信镇定,否则很容易被打乱阵脚,过度紧张,影响正常发挥。

四、面试中的技巧与方法

面试中要注重策略与技巧。一方面要对自己作出准确的判断,另一方面也要对招聘单位作出准确的判定,做到有的放矢,要求毕业生在对自己准确定位的同时,了解企事业单位、本行业、本职业,甚至是主考官的为人处世,然后再讲求方法和技巧,针对这些量身打造面试方法。

（一）随机应变

面试者应明白，无论你准备得多么充分，总有一些问题你没有想到，总会有一些突发情况需要你处理。所以，随机应变的能力对求职者尤为重要。

（二）推销自我

面谈的核心目的是向对方推销自己，所以，如何适时适度地把自己的能力、潜能显示出来，在自我介绍中是很重要的。

首先，你的个人经历尽量与你所应聘的单位相联系。你在谈个人经历时，应从以往的经历中，找出合乎的应聘单位理想的方面，进行重点叙述，顺水推舟地把自己的优点与长处表现出来。

其次，找出你真正的优点来，并大胆地说给对方听。如果面试官提出："请谈谈你的优点吧！"你万不可畏畏缩缩。因为说不出自己优点的人，多半会被认为缺乏自信心及自我分析能力差，所以必淘汰无疑。

（三）应对面试官的语言艺术

求职中如何说服面试官，使他对你感兴趣，并进而愿意录用你，是求职成败的分界点。以下四项原则可以供大家实践把握：①根据实际需要来说服。②抓住有利时机进行说服。③提出可行性方案来进行说服。④把主管人当作朋友来说服。

总之，当你在与面试官交谈时，千万不可有生硬和陌生的表情出现，你应当表现出你是一个非常随和善谈易于结交的人，以利于拉近你与面试官的距离，让交谈充满热情和快乐。

（四）注意身体语言

从心理学的观点看，人们的身体语言会传播出某些信息。当你与主考官谈话时，你应将视线放在对方的动作上，某些身体语言会暗示他的心理活动。

（1）主考官不耐烦时。他会做些漫无目的的动作，例如，随手玩弄桌上的物品，在桌上敲指头，当你发现这一现象时，就该设法转移话题，改变一下现状。

（2）当主考官的目光不大正对你，而左顾右盼时，表示他对你不太感兴趣而心神不宁，此时你不应再滔滔不绝，而应该马上总结你的谈话，让他问你问题。

（五）意外时的回答诀窍

面试中免不了会出现一些难以预料的情况，如说错话、问题太难、甚至涉及自己隐私等，这时候说话更宜讲究技巧。

对于偶尔发生的错误不必耿耿于怀。当你说错话后，心里不要总想着这事，应该继续回答问题，是否录用你并不在于你是否犯了小过错。

在无法抓住问题核心时，应该使用缓兵之计。技巧在于：你可以先起个开头，然后在讲开头时想第二点，讲第二点时想第三点。真不懂的问题，要果断地说不知道。你坦然承认自己对某个问题不明白，不会影响面试官对你的印象，反而会使对方产生良好的印象。千万别吹牛、不懂装懂。

遇到涉及你个人隐私的问题时，你不可生气，而应该保持沉着冷静，避开问题，用委婉的语言拒绝回答，如："这是我个人隐私，我暂时不能给你回答，请问能否改个时间我们再谈？"

（六）注意面试中的良好仪表和行为举止

仪表、礼貌、态度是面试中十分重要的因素。它不仅反映出你的人品、性格、教养、文化等，而且直接影响面试官对你的印象好坏，从而最终决定是否录取你。

进门时不要紧张，应主动热情地向面试官打招呼问好："您好，您早"这样可以在主试人和你之间创造出和谐的气氛。若无面试官的邀请，你切勿径自坐下。对方叫你坐下时，应表示谢谢。坐下时要放松自己，但要坐得挺直，切勿弯腰弓背，不要摇摆小腿。不要挪动椅子的位置。不要把随身携带的皮包、物品等压在桌子上，东西应放在膝盖上面。双手保持安静，不要搓弄纸片或其它分散注意力的物品。说话时眼睛要看着对方。如果面试官有二、三位，要看着首席的那位。让面试官结束面谈。不要在面试官结束谈话前表现浮躁不安、急欲离去或另赴约会的样子。最后结束时，谢谢面试官给予应试的机会，并礼貌地离开。

五、面试中的典型问题及分析

岗位理解面试有以下常见的问题：

（一）请你自我介绍一下

解析：这是面试的必考题目。介绍内容要与个人简历相一致；表述方式上尽量口语化;要切中要害,不谈无关、无用的内容;条理要清晰,层次要分明。事先最好以文字的形式写好背熟。

(二) 谈一下你对本行业的认识

解析: 求职者对自己有兴趣加入的行业应该有深入地认识,这样才能在面试时应付自如。要令面试官相信你对某行业确实兴趣浓厚的话,你不但要对本行业有基本的认识,还必须了解本行业最近的发展及将来的发展趋势和前景,如果不能提出客观的证据或资料来支持自己的说法,相信面试官也不会认同。

收集各行各业的资料有很多种方法,跟该行业之内的资深人士交谈是一个最直接又有效的方法,他们不仅深入地了解行业近况,并且对行业的苦与乐以及实际困难有第一手的资料。如果你打算入行的话,不妨也接触一些近期加入该行业的人,听取他们的亲身感受。这些都对应付面试的问题有很大的帮助。倘若面试官问"你为什么认为该行业最适合你"时,上述的资料将派上大用途。

你也可以通过文献来搜集更多各行各业的发展近况。特别是申请更高级的行政或管理职位时更需要注意这些方面的工作。面试官可能要求求职者对各行各业在本地及国际的情况有相当的了解。所以,在面试之前,应该经常留意这些方面的新闻报道及经常参阅相关的专业期刊。

(三) 你对你应聘的岗位怎么理解

解析: 应对这类问题,只能是在面试前下好工夫,倘若你能够预先多掌握一些资料,将会令面试官另眼相看,并且会认为你加入该企业的诚意无可置疑。如果你对所应聘的职位的性质、工作内容、所需专业知识了如指掌的话,面试官会更相信你比较适合所应聘的职位。

要搜集有关企业的资料,最简单的办法是参考企业出版的年报或业绩简报。商业机构,如在本地上市的,每年必须公布其业绩和业务状况;公营机构因接受政府资助,通常每年会向政府提交详细运作报告。政府各部门的资料将在政府新闻处可以拿到。了解一个企业的最好办法之一是找到该公司的职员,向他们查询。如果有熟识的朋友可以请教就更有利了。

去不同类型的企业面试要注意它们个别的特色、不同的办事作风及管理政策都会直接影响其招募人才的政策。

面试前如能了解清楚所应聘的职位在企业中的位置,会帮助你更加详细地了解该职位的工作范畴及职责,而且对将来可能的升迁途径及公司管理结构更为清楚,这些不但能使你面试表现更佳,而且对你决定是否加入该企业提供有用的参考资料。

(四) 这个职位最吸引你的地方是什么

解析:此类问题在于考查求职者对应聘单位、职位的看法以及求职者有无充分的准备。求职者的回答应使面试官确认求职者具备应聘职位所要求的素质,同时,求职者也对这份工作充满了兴趣与期待。求职者一定要列举 3~4 个强有力的例子说明,但尽量不要提薪资待遇较高等,可以回答诸如"这个职位拥有广阔的发展空间"、"这个职位可以经常接触客户,有利于提升自己的社交能力"等。

(五) 你对本公司了解多少

解析:此类问题不仅考查求职者对公司的了解程度,其实在一定程度上也是在考查求职者对待工作的态度。求职者的回答在很大程度上反映了其对待工作的态度。如果仅仅以一句"不了解"或"不知道"草草了事,很可能会失去一次工作机会。在条件允许的情况下,求职者应尽量在面试前广泛搜集面试单位的资料,以向面试官表明自己是"有备而来"。

一般这样的面试题目,面试官想知道的是求职者对应聘公司的了解程度、对应聘公司的感兴趣程度,以及求职者所具备的应聘该职位的优势。你的回答要让面试官能够得到他想要的答案,而且这个答案要让面试官满意。所以,你在决定应聘某个职位时,应该先确定自己是否能胜任那个职位。去面试前要先了解该职位的工作范围,研究该公司,摸清它的企业文化和目标,以及有什么竞争对手等。

要了解一家公司,最好的方法就是想方设法去找该公司的雇员谈谈。罗切斯特大学电机工程学及光学博士班学生肯登·格林毕业前去求职,就采用了这种方法。"我会去找一篇在我感兴趣的那家公司工作的某同行所写的论文,然后打电话给他要求跟他谈谈,向他查询我是否达到受雇条件,并且讨论公司的需求。我这样做了之后,结果通常是:我获邀请去面试,要不然就是总算知道这家公司并不适合我。"

所以,了解你要应聘的职位及该公司对你的求职极为重要,它们或者能帮助你确定你是否适合这个职位或公司,以便你做出更正确的选择;或者能帮助你应对在面试中遇到的关于岗位理解类的面试题目,最终使你赢得这个岗位。

(六) 你有什么业余爱好

解析:业余爱好能在一定程度上反映应聘者的性格、观念、心态,这是招聘单位问该问题的主要原因。因此,最好不要说自己没有业余爱好,也不要说自己有那些庸俗的、令人感觉不好的爱好,最好不要说自己仅限于读书、听音乐、上网,否则可能令面试官怀疑应聘者性格孤僻。最好能有一些户外的业余爱好来"点缀"你的形象。

(七) 你的缺点是什么

解析:不宜说自己没缺点。不宜把那些明显的优点说成缺点。不宜说出严重影响所应聘工作的缺点。不宜说出令人不放心、不舒服的缺点。

可以说出一些对于所应聘工作"无关紧要"的缺点,甚至是一些表面上看是缺点,从工作的角度看却是优点的缺点。比如:

(1) 我对我认为不对的人或事,容易提出不同意见,导致经常得罪人。这虽然是缺点,但是说明你比较有主见,有一定的原则性;

(2) 我办事比较急,准确性有时不够。这虽然是缺点,但是说明你完成工作速度较快;

(3) 我不太善于过多的交际,尤其是和陌生人交往有一定的难度。这虽然是缺点,但是说明你交友慎重;

(4) 我办事比较死板,有时容易和人较真。这虽然是缺点,但是说明你比较遵守单位既定的工作规范,有一定的原则性;

(5) 对自己从事工作存在的困难,自己琢磨的多,向同事或领导请教的少。这虽然是缺点,但是说明你独立完成工作任务的能力较强。

但以上回答务必结合工作岗位的具体要求,如果与岗位要求矛盾,就绝对不行。

(八) 对这项工作,你有哪些可预见的困难

解析:不宜直接说出具体的困难,否则可能令对方怀疑应聘者不行。可以尝试迂回战术,说出应聘者对困难所持有的态度——"工作中出现一些困难是正常的,也是难免的,但是只要有坚韧不拔的毅力、良好的合作精神以及事前周密而充分的准备,任何困难都是可以克服的。"

(九) 谈一谈你的一次失败经历

解析:不宜说自己没有失败的经历。不宜把那些明显的成功说成是失败。不宜说出严重影响所应聘工作的失败经历,所谈经历的结果应是失败的。宜说明失败之前自己曾信心百倍、尽心尽力。说明仅仅是由于外在客观原因导致失败。失败后自己很快振作起来,以更加饱满的热情面对以后的工作。

（十）你为什么选择我们公司

解析：面试官试图从中了解你求职的动机、愿望以及对此项工作的态度。建议从行业、企业和岗位这三个角度来回答。参考答案——"我十分看好贵公司所在的行业，我认为贵公司十分重视人才，而且这项工作很适合我，相信自己一定能做好。"

（十一）你的能力符合我们公司的要求吗

解析：如果招聘单位对应届毕业生的应聘者提出这个问题，说明招聘单位并不真正在乎"经验"，关键看应聘者怎样回答。对这个问题的回答最好要体现出应聘者的诚恳、机智、果敢及敬业。如"作为应届毕业生，在工作经验方面的确会有所欠缺，因此在读书期间我一直利用各种机会在这个行业里做兼职。我也发现，实际工作远比书本知识丰富、复杂。但我有较强的责任心、适应能力和学习能力，而且比较勤奋，所以在兼职中均能圆满完成各项工作，从中获取的经验也令我受益匪浅。请贵公司放心，学校所学及兼职的工作经验使我一定能胜任这个职位。"

六、无领导小组讨论测试技巧

（一）无领导小组讨论的概念

无领导小组讨论可以从两个角度进行分类。一是根据讨论的主题有无情境性，可以分为无情境性讨论和情境性讨论。无情境性讨论一般针对某一个开放性的问题来进行，例如"什么样的管理者是个好的管理者"；而情境性的讨论一般是把应聘者放在某个假设的情境中来进行，例如假定各个应聘者均是某公司的高级管理者，让他们通过讨论去解决公司的裁员问题。另外，根据是否给应聘者分配角色，可以将无领导小组讨论分为指定角色的讨论和不指定角色的讨论。不指定角色的小组讨论，即小组中的应聘者在讨论过程中不担任任何角色，可以自由地发表自己的意见；而指定角色的小组讨论中，应聘者分别被赋予一个固定的角色，如让他们分别担任财务经理、销售经理、人事经理、生产经理等职务，以各自不同的身份参与讨论，在各角色的基本利益不完全一致、甚至是有矛盾的前提下，进行自由讨论并达成小组的一致意见。在实际运用无领导小组讨论时，可以根据具体的需要和实际的可行性选择适当的讨论形式。

（二）无领导小组讨论测评的特点

（1）适用范围：无领导小组讨论最突出特点就是具有生动的人际互动性，应聘者需要在与他人的沟通和互动中表现自己，无领导考察的维度也多与人际交往有关，例如言语表达能力、人际影响力等。因此，无领导适用于那些经常与人打交道的岗位人员的选拔，比如中层管理者、人力资源部员工和销售人员等，而对于较少与人打交道的岗位，比如财务人员和研发人员的选拔，无领导并不十分合适。

（2）独特的考察维度。可以考察一些笔试和面试不能考察或难于考察的能力或素质，比如人际敏感性、组织协调能力、人际影响力等。

（3）对应聘者的实际行为进行评价，更加客观和准确。在面试中，评分者主要依据应聘者的口头回答进行评价，但说得好并不一定做得好。而在无领导小组讨论中，评分者是依据应聘者实际表现出来的行为特征来对其进行评价的，因而评价更加客观和准确。

（4）应聘者较难掩饰。在小组讨论过程中，应聘者往往会处于压力情境下，进而难以掩饰，往往会在无意之中表现出自己各方面的优点和缺点。

（5）效率高。能够同时考察多名应聘者。

（三）应对技巧

一般的情景模拟测试会有以下几种情况：

第一，以处理单位日常文件的能力为依据，包括单位中经常要处理的会议通知、请示或批复、群众来信、电话记录和备忘录等，要求考生在特定条件下，在规定的时限里完成，得出一个有条有理的报告或者清单，能让相关人一目了然，这与考生的思路是否清晰有很大的关系。另外，就是通过这样的工作考验考生的耐心和逻辑思维，看考生办事有没有条理，是否具备总结问题、分析问题的能力，有必要的话，可能要其作出决策。

第二，扮演一定的角色，完成其工作。这要求考生要了解工作的背景、方式、目的和预期结果，同样要求思路清晰，做事有执行力。另外，扮演角色还指上下级关系处理的形式和工作安排布置的状况，既要亲身感受，也要做出成绩，在一定情况下自主处理问题。

第三，就是专业技能的考查，让考生在规定的时间内起草公文、处理图像、合成视频、设计图表、清理账目、设计程序、会议记录、模拟采访等，这要求考生要熟练掌握专业知识，能够运用自如，烂熟于心。

了解了以上考查的情况，就可以准备相关的应对了。

针对情况一，可以提前在此之前做一些相关实习工作。例如帮助学工部或者教学部的老师整理档案、文件,帮助教学部发放证书、下达通知,这些琐碎的事情必须要做得仔细,而且要不厌其烦。很多人容易产生不耐烦的情绪,大呼郁闷,这是应当克制的。

针对情况二,学生可以多参加一些社团活动和学校工作,提高自己处理事情和管理执行的能力,若是没有时间参加或是没有机会参加的同学,可以多看一些课外书籍,从别人的处事方法中汲取、学习。

针对情况三,就要靠学生自己的勤奋了,尽量在大学期间多学点东西,在找工作时能有有备无患的心态,挑一些与自己专业有关的、技术性比较强的、对本职工作有重要辅助作用的技能进行学习,比如平面设计的同学可以学一些图像、视频处理软件,新闻专业则可以学习速记、书法等。

模块四　笔试技巧

笔试主要适用于应试人数较多,需要考核的知识面较广或需要重点考核专业知识、文字能力的情况。大企业、大单位大批量用人,国家机关选聘公务员,往往用此种考核形式。大学生对笔试并不陌生,但要注意求职过程中的笔试与课程考试的不同之处。

一、笔试的种类

1. 专业考试

这种考试主要是为了检验求职者专业知识水平和相关的实际能力。一个合格的大学毕业生经历四年深造,各门功课都取得了一定的成绩,所以一律都免于笔试,只要看看成绩单就可大致了解其知识能力情况。但也有一些用人单位,需要通过笔试的方式对求职的大学毕业生进行专业知识的再考核。值得引起注意的是这种考试方式已被越来越多的热门就业单位采用。比如外贸企业招聘雇员要考外语,公检法机关录用干部要考法律知识等。

2. 心理测试与智商测试

心理测试是用事先编好的标准化量表或问卷要求应试者完成,根据完成的质量和数量来判断其心理水平或个性差异的方法。一些特殊的用人单位常常以此来测试求职者的态度、兴趣、动机、智力、个性等心理素质。智商测试主要测试应试者的思维反应水平、观察问题能力、综合分析能力等,一般有图形识别、算术、逻辑推理等形式。

3. 综合能力测试

综合能力测试兼有如上各种测试要求，难度更大。一般要求应试者在规定时间内对一组数据、资料进行分析，找出相应的问题，并解决问题。涉及到毕业生的阅读理解能力、发现问题能力、知识储备多少、分析和解决问题能力等全方位的素质。

4. 命题写作

这种考试的目的在于考察文字表达能力以及分析问题和逻辑思维能力。比如限时写出一份会议通知、请示报告或某项工作情况总结，也可能提出一个论点，予以论证或批驳等。

5. 国家公务员录用考试

国家机关录用公务员，一律实行考试录用。

二、笔试的准备

笔试的主要内容是基础知识和专业技能，其次是同专业知识有关及同招聘单位有关的某些知识和技能。对应届大学生应作好以下准备：

1. 专业知识的准备

良好的笔试成绩来自于平时的努力学习。在大学期间刻苦学习，并注意经常复习，将所学专业及基础知识弄懂，这样在考试中才能信心十足，得心应手。

2. 笔试前应进行简单的复习

复习已学过的知识是笔试准备的重要方式。一般来说笔试都有大体的范围，可围绕这个范围阅读一些有关的图书资料。有些课程内容，同学可能淡忘，经过简单的复习有助于恢复记忆。

3. 保持良好的身心状态

一要适当减轻思想负招。二要保证充足的睡眠。必要时适当参加一些文体活动，从而使高度紧张的大脑得到放松休息，以充沛的精力去参加考试。

4. 考场事项准备

提前熟悉考场,有利于消除应试的紧张心理,还应看一看考试注意事项,尽量按要求作好。除携带必备的证件外,一些考试必备的文具(钢笔、橡皮等)也要准备齐全。考试前要有良好的睡眠,以保证考试时有充沛的精力和良好的竞技状态。

三、笔试的技巧

1. 了解笔试内容,做到心中有数

笔试的内容一般分为3种:文化考试、专业知识考试和专业技术能力考试。文化考试是为了检验毕业生的实际文化程度。毕业生虽然有学校开具的学习成绩,用人单位为了直接掌握毕业生的文化水平,往往采取笔试的方法进行。题目类型以活题较多。如:对文科学生要求运用某一原理,或某一历史知识,分析某一问题;对理工科学生要求运用某一专业知识,解决某一实际问题。考查毕业生文化基础是否扎实,文字表达能力水平等等。专业知识考试的题目专业性很强。如,外国企业招聘雇员要考外语;科研机构招聘人员要考动手能力;国家机关招聘公务员要考行政管理方面的知识。

2. 了解笔试重点,掌握笔试方法

据了解,用人单位的笔试重点是常用的基础知识。所以在笔试时,要注意以下三点:一是不要把复习重点放在难点、怪题上,要把基础知识掌握好,在实际运用上下功夫。二是不要死抠几道题,有时笔试出题量较大,其用意一方面考察知识掌握程度,一方面考察应试能力。所以考生在浏览卷面后,要迅速答较容易的题目,余下的时间再认真推敲其它题目。三是答题时要掌握好主次之分。有时毕业生见简答题是自己准备较充分的,洋洋洒洒写了上千字,而对论述题则准备不够,就随便写了几十个字。这样功夫没用到点上,成绩当然会受到影响。毕业生在统览全卷的基础上,要抓住重点题目下功夫,认真答写,充分显示自己的知识水平。

3. 了解笔试目的,运用综合能力智慧答题

对于毕业生进行笔试,不仅仅考查文化、专业知识,往往包括考核心理素质、办事效率、工作态度、修辞水平、思维方法等。所以毕业生在参加笔试时,要认真审题,将自己的认识水平、知识水平和能力水平通过笔试能较好地显示出来,智慧答题。拿到试卷后,首先应通览一遍,了解科目的多少和难易程度,以便掌握答题的速度。然后不要因为难题而

浪费过多的时间,而没有时间作会答的题,应后攻难题;遇到较大的综合题或论述题,则应先列出提纲,逐条撰写。另外,应当注意的是卷面字迹清晰,书写过于潦草,字迹难于辨认也会影响考试成绩。

4. 了解笔试规则,克服心理障碍

笔试怯场,大多数是内于缺乏自信心所致。客观冷静地对自己进行正确评估,就能克服自卑心理,增强信心。应聘笔试与高考不同,高考是"一锤定音",而求职应聘考试则有很多次机会。所谓"知己知彼,百战不殆",有针对性地做好笔试准备可以增强自信心,避免不必要的损失。考试前可以站在用人单位角度思考考核内容,训练一下答题速度,也好在考试当中适当地做出取舍。对应试者来说,提前熟悉考试环境,了解考场设置情况,弄清楚交通路线、自己的具体位置、存包处、卫生间等,还应当熟记考场规则,如答题起止时间、作答要求等重要事项都应牢记,有利于消除考试时的紧张心理。为做到万无一失,应试者要事先备齐所需物品,可以对照考试要求,列一个拟带物品清单,并反复检查核对,确保无一缺漏。考试前还应适当放松心情,调整好精神状态,克服自卑、怯场心理,冷静自信地面对测试。

小测试

设定一个职位,由一位同学扮演面试官,另一位同学扮演求职者进行模拟面试。面试官应提前准备几个常见的问题:

1. 介绍下自己;

2. 你为什么会对我们公司或这个职位感兴趣;

3. 你最大的优点是什么;

4. 谈谈你对应聘的这个职业的理解;

5. 如果有个很难相处的人正好与你共事,你会怎么做;

6. 你期望的待遇是多少;

7. 给我一个录用你的理由;

8. 你打算这 5 年中做什么。

面试官准备的问题还应包括相关的专业知识问题,准备的问题不能告诉面试者,要让他能自由发挥,扮演面试者的同学也应提前准备好自己的有关材料来应对面试官提出的各种问题。

第三编

创新创业编

第一单元　创业,年轻人的新选择

学习目标

1. 了解创业的概念、要素和类型。
2. 认识创业过程的特征。
3. 了解自己的情况,做好个人创业评估。
4. 了解创业者风险承担能力的估计。

【导入案例】

现如今,"80后"越来越成为社会各个领域的"中坚力量",那我们今天就细数下资本市场的四位"80后精英",他们都有一个相同的特点——白手起家,自己创业,通过自己的勤奋与努力,借助资本市场,实现财富的无限积聚。下面我们就来介绍下中国80后白手起家的"四大天王"。

NO.4　汽车之家创始人李想

李想,男 1981 年 10 月生,祖籍河北石家庄,高中学历,泡泡网创始人、汽车之家(ATHM. N)创始人。高中时迷上电脑,并建立了个人网站"显卡之家"论坛,把自己喜欢的电脑硬件产品都放在网上和其他网友交流,网站日访问量逐渐破万,并吸引了广告商,他在高三一年靠广告赚了 10 万。

1999 年 7 月,李想放弃高考,用他的 10 万元创立了泡泡网。2005 年,泡泡网跃居为国内第三大中文 IT 网站,年营收近 2 000 万,利润 1 000 万元。彼时,李想却开始考虑转型做汽车资讯。从显卡之家到泡泡网,再到汽车之家,从澳洲电讯控股到汽车之家在纽交所成功上市,李想完成了他人生的华丽转身。李想持有汽车之家 5 066 483 股份，当前的身价约 10 亿元人民币。

NO.3　游族网络董事长兼 CEO 林奇

6 月 4 日晚间，上市公司梅花伞发布公告，公司更名为游族网络（002174.SZ）。这意味着游族网络的借壳上市正式完成。

游族网络创始人即为林奇，出生于 1981 年 11 月，祖籍浙江温州。在高中、大学时代，足球和网游是他的关键词，大学毕业后，林奇曾"走过一段低迷的时期"，此后经营电脑业务，又因 VC 放弃投资而陷入低谷。直到 2009 年创立游族，林奇的事业才走上正轨。公司最早的创业团队只有 10 余人，现在的员工数已突破 1 000 人。

游族网络借壳上市成功后，林奇的身价也一跃至 55 亿人民币。

NO.2　汉鼎宇佑集团董事长、汉鼎股份创始人王麒诚

王麒诚，男，1980 年 11 月出生，祖籍浙江杭州，汉鼎股份（300300.SZ）创始人，现任汉鼎宇佑集团董事长。2012 年 3 月汉鼎股份上市，是"四大天王"中最早登陆资本市场也是最低调的一位。

据我们调查和资料显示，他大学时代靠代理销售光纤收发器开始创业，并成功赚取人生第一个 100 万。毕业后创立汉鼎股份，白手起家，用 10 年时间把汉鼎股份打造成 A 股上市企业。此外，他在 2006 年创立的汉鼎宇佑集团目前下辖 60 余家子（分）公司，涉及信息技术、文化传媒、资产管理和房产开发四大板块，其控股的宇佑传媒正积极推进 A 股 IPO。他还投资了寿仙谷、微贷网等众多正谋求境内外 IPO 的优秀企业以及数量庞大的各类初创企业。

王麒诚控制着上市公司近六成股份，再加上集团相关资产，保守估计其身价不低于 60 亿人民币。

NO.1　聚美优品创始人、CEO 陈欧

陈欧，1983 年 2 月出生于四川德阳，相比于前三位，他年龄最小，也少了一丝草根气息。他从小成绩优秀，16 岁便留学新加坡就读南洋理工大学，22 岁还在读大四的他仅凭一台笔记本电脑创办在线游戏平台 Garena，26 岁获得美国斯坦福大学 MBA 学位，27 岁创立聚美优品（JMEI.N），29 岁荣登福布斯创

业者榜。

作为中国电商界的黑马,聚美优品仅用三年时间,就完成单月销售额从 10 万到 6 亿元的突破,并晋级与天猫、京东、亚马逊等比肩的 B2C 电商第一阵营,牢固地占据中国美妆类电商第一站的领航地位。

2014 年 5 月,聚美优品在纽交所上市,31 岁的陈欧成为史上最年轻的纽交所上市中国企业 CEO,身价高达 80 亿人民币。

(来源:网络　中证网)

模块一　创业是什么

一、创业的概念

创业是创业者的一种从业行为,通过发现商机,整合资源,并结合自身的情况,投身到社会中,为自身和社会创造财富的行为。大学生的创业在我国并不是一直都有的,这是一个舶来品,早在上个世纪初就已经出现在西方发达国家,因此,在我国还是一个相对新生的事物。

目前来说,现在的中国创业还是一个新兴模式,起步比较晚,大规模的创业行为发生在 2000 年后,且一直持续到现在,特别是在 2015 年政府工作报告中,李克强总理提出的"大众创业,万众创新"的号召,全民热情高涨,全社会都全勤参与,营造了一个良好的氛围。"让人们在创造财富的过程中,更好地实现精神追求和自身价值"[1],这是总理的心声。为支持大学生创业,国家和各级政府都出台了许多优惠政策,涉及融资、开业、税收、创业培训、创业指导等各个方面,其目的在于指导当今大学生走上自主创业之路。

二、创业的要素与类型

(一)创业的要素

杰弗里·蒂蒙斯(Jeffry A. Timmons)提出了一个创业要素,他认为,成功的创业活

---

[1] http://www.ce.cn/xwzx/gnsz/gdxw/201503/06/t20150306_4740363.shtml.

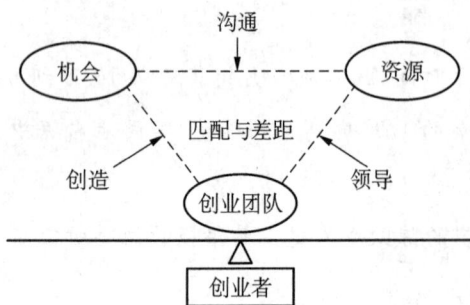

图 3-1-1　蒂蒙斯模型

动,创业者必须能将商业机会、创业团队和创业资源三者做出最适当的搭配,并且要能随着事业发展而做出动态的调整。创业过程由机会所启动,在组成创业团队之后取得必要的资源,创业计划方能顺利开展。[①]

此模型认为创业是一个高度动态的过程,其中机会、资源、创业团队是创业过程最重要的驱动因素。蒂蒙斯认为,创业领导人和创业团队必备的基本素质包括较强的学习能力,能够自如地对付逆境,有正直、可行、诚实的品质,富有决心、恒心、创造力、领导能力、沟通能力,但最为重要的是团队要具有柔性,能够适应市场环境的变化。机会、资源、团队三者的不断调整,最终实现了动态均衡,这就是新创企业发展的实际过程。蒂蒙斯模型始终坚持三要素间的动态性、连续性和互动性。

(二) 创业的类型

以下是一些常见的创业类型,虽然划分的角度不同,但是更能帮助我们对创业有一个整体的认识和把握。

1. 依据对市场和个人影响程度划分

（1）复制型创业

复制原有公司的经营模式,创新的成分很低。例如某人原本在餐厅里担任厨师,后来离职自行创立一家与原服务餐厅类似的新餐厅。新创公司中属于复制型创业的比率虽然很高,但由于这类型创业的创新贡献太低,缺乏创业精神的内涵,不是创业管理主要研究的对象。这种类型的创业基本上只能称为"如何开办新公司",因此很少会被列入创业管理课程中学习的对象。

（2）模仿型创业

这种形式的创业,对于市场虽然也无法带来新价值的创造,创新的成分也很低,但与复制型创业的不同之处在于,创业过程对创业者而言还是具有很大的冒险成分。例如

① 杰弗里·蒂蒙斯,小斯蒂芬·斯皮内利. 创业学[M]. 周伟民,吕长春译. 北京:人民邮电出版社,2005.

某一纺织公司的经理辞掉工作,开设一家当下流行的网络咖啡店。这种形式的创业具有较高的不确定性,学习过程长,犯错机会多,代价也较高昂。这种创业者如果具有适合的创业人格特性,经过系统的创业管理培训,掌握正确的市场进入时机,还是有很大机会获得成功的。

(3) 安定型创业

这种形式的创业,虽然为市场创造了新的价值,但对创业者而言,本身并没有面临太大的改变,做的也是比较熟悉的工作。这种创业类型强调的是创业精神的实现,也就是创新的活动,而不是新组织的创造,企业内部创业即属于这一类型。例如研发单位的某小组在开发完成一项新产品后,继续在该企业部门开发另一项新品。

(4) 冒险型创业

这种类型的创业,除了给创业者本身带来极大改变,个人前途的不确定性也很高;对新企业的产品创新活动而言,也将面临很高的失败风险。冒险型创业是一种难度很高的创业类型,有较高的失败率,但成功所得的报酬也很惊人。这种类型的创业如果想要获得成功,必须在创业者能力、创业时机、创业精神发挥、创业策略研究拟定、经营模式设计、创业过程管理等各方面,都有很好的搭配。

2. 依据创业模式的划分

(1) 加盟创业

加盟创业指的是进行"特许经营",也就是说,特许者将自己所拥有的商标(包括服务商标)、商号、产品、专利和专有技术、经营模式等以特许经营合同的形式授予被特许者使用,被特许者按合同规定,在特许者统一的业务模式下从事经营活动,并向特许者支付相应的费用。一份调查资料显示,在相同的经营领域,个人创业的成功率低于20%,而加盟创业的成功率则高达80%—90%。

(2) 合作创业

合作创业是指创业者在创业过程中,选择与经营理念要相一致的合作伙伴共同创业。通过合作创业,可以互相弥补彼此之间在性格、经验、资金、人脉关系等方面的不足,取长补短,从而令创业的道路更加平坦。但同时,合作创业也容易发生一些问题,一旦合作双方的意见未能达成一致,可能造成的损害比独家经营还要大,"内耗"的破坏力是恐怖的。合作创业取得初步成功后,如何使管理走上正轨,消除人情等方面的过多影响,是合作创业者必须接受的考验。

（3）独立创业

独立创业就是自己独自创业。独立创业对创业者往往考验更为巨大,因为一般个人的资本少、力量薄弱,但与此同时也有业务方向灵活等优势,并且省却了很多的管理关节。新的法规政策给独立创业提供了更为宽松便利的条件。在新媒体力量不断壮大的信息时代之中,出现了许多新的独立创业方式,如网上开商店等等。

独立创业往往是创业的开始,在业务壮大时常常需要吸收外部力量共同合作创业。

三、创业过程与阶段划分

创业过程包括创业者从产生创业想法到创建新企业或开创新事业并获取回报,涉及到识别机会、组建团队、寻求融资等活动。可大致划分为机会识别、资源整合、创办新企业、新企业生存和成长四个主要阶段。

（一）机会识别过程

创业机会识别过程是从未发现创业机会到发现创业机会中间的这个过程。具有动机的个体在获取初始创意之时,机会识别过程就开始了,这是判断商业模式是否有价值的表现。

机会评价在机会筛选过程中或者在初始想法培育成成熟的商业机会的过程中是重要的一步。创业者的社会背景在机会识别过程中起到支持作用,创业者利用网络关系来获得可利用的信息、好的建议、经营担保、设备、土地和资金。许多研究关注于机会识别过程中特定角色的作用,例如,风险投资家的作用、大学的作用、区域发展代理机构或孵化器的作用。图3-1-2是一个概念化的机会识别过程。

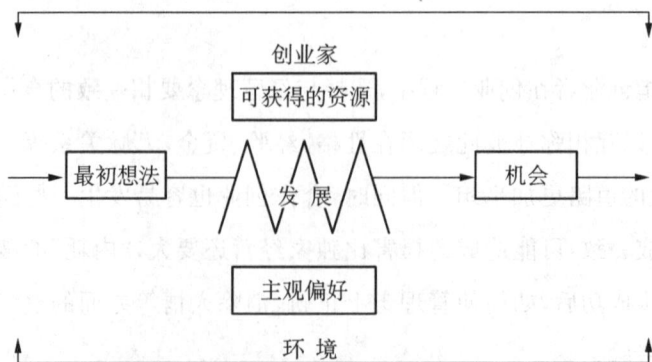

图3-1-2 机会识别过程

（二）资源整合

如前所述，创业者能否成功地开发出机会，进而推动创业活动向前发展，通常取决于他们掌握和能整合到的资源，以及对资源的利用能力。许多创业者早期所能获取与利用的资源都相当匮乏，而优秀的创业者在创业过程中所体现出的卓越创业技能之一，就是创造性地整合和运用资源，尤其是那种能够创造竞争优势，并带来持续竞争优势的战略资源。

（三）创办新企业

要创业，首先你需要一个能够成功或有能力开发可盈利机会的现代企业或组织；光具备富有创意的个性是不够的。创业机会直到个体勾勒出创意开发的蓝图才算存在。创业过程总是表现为一个机会识别、机会评价、决定开始并以资源获取结束的连续过程。新企业的创办往往是衡量创业者创业行为结果的直接标志。建立新企业的过程是艰辛的，是一项既包含宏观层面又涉及微观层面的工程，包括新企业创立的相关法律和伦理问题，确定新企业市场进入模式，选择和确定企业注册、经营地址，制定公司管理和人事制度，等等。

（四）新企业生存和成长

在描述创业过程时，有必要把创业结果——新企业的生存和成长纳入其中，原因在于：第一，可感知的结果是创业者激励的要素。它可以是外在的，如增加的收入；或者是内在的，如为自己工作的愿望。期望的报酬将激励创业者把自己的时间和精力投入到机会的识别和开发中去。第二，结果是进一步创业的投入。从机会定位和追求中获得的经验促成了创业者的个人发展和成长。创造、整合新知识的能力有助于未来创业机会的培育。换言之，经验推动了未来创业。即使创业计划失败仍旧会增进知识或推动生产方法的改进。创业者可以从自己的过失中吸取很多教训；创业者可能从第一次尝试后表现出的不放弃精神中获益。意外的失败可能构成将创意转换成商业机会的知识平台，不管是对当事的创业者还是其他企业家来说都是如此，网络的迅速发展就是非常好的证明。在某种意义上一个创业者的过失就是另一个创业者的机会。

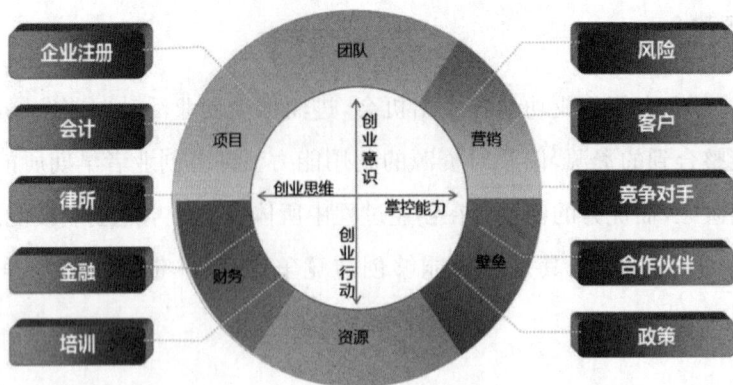

图 3-1-3　创业企业核心能力成长模型

模块二　个人创业评估

【想一想、做一做】

请完成以下关于创业倾向的测评。

创业倾向性测评

1. 你父母有过创业的经历吗？

2. 在学校时你学习好吗？

3. 在学校时，你是否喜欢参加群体活动，如俱乐部的活动或集体运动项目？

4. 少年时代，你是否更愿意一个人呆着？

5. 你是否参加过学校工作人员的竞选或是自己做生意，如卖柠檬水、办家庭报纸或者出售贺卡？

6. 你小时候是否很倔强？

7. 少年时代，你是否很谨慎？

8. 小时候你是否很勇敢而且富于冒险精神？

9. 你很在乎别人的意见吗？

10. 改变固定的日常生活模式是否是你开创自己的生意的一个动机？

11. 也许你很喜欢工作，但是你是否愿意晚上也工作？

12. 你是否愿意随工作要求而延长工作时间，可以为完成一项工作而只睡一会儿，甚至根本不睡?

13. 在你成功完成一项工作之后,你是否会马上开始另一项工作?

14. 你是否愿意用你的积蓄开创自己的生意?

15. 你是否愿意向别人借东西?

16. 如果你的生意失败了,你是否会立即开始另一个?

17. 如果你创业失败了,你是否会立即开始找一个有固定工资的工作?

18. 你是否认为做一个企业家很有风险?

19. 你是否写下了自己长期和短期的目标?

20. 你是否认为自己能够以非常职业的态度对待经手的现金?

21. 你是否很容易烦?

22. 你是否很乐观?

分数计算法:

1. 是:加1分　否:减1分

2. 是:减4分　否:加4分

成功的企业家大多都不是学校的好学生。

3. 是:减1分　否:加1分

企业家们在学校时,似乎都不太热衷于集体活动。

4. 是:加1分　否:减1分

研究显示,企业家们在少年时代往往更愿意一个人呆着。

5. 是:加2分　否:减2分

开创生意通常从很小开始。

6. 是:加1分　否:减1分

童年时的倔强似乎可以理解为按照自己的方式行事的坚定决心——成功企业家的典型特征。

7. 是:减4分　否:加4分

谨慎可能意味着不愿冒险。这对于在新兴领域开创事业可能是个绊脚石。不过,如果你希望做一个经销商,这一点不会有什么影响,因为多数情况下供货商已经考虑到各种风险。

8. 是:加4分　否:减4分

9. 是:减1分　否:加1分

企业家们往往不在乎别人的意见而坚持开创不同的道路。

10. 是：加 2 分　否：减 2 分

对日常单调生活的厌倦往往可以坚定一个人开创自己事业的决心。

11. 是：加 2 分　否：减 2 分

12. 是：加 4 分　否：减 4 分

13. 是：加 2 分　否：减 2 分

企业家一般都是特别喜爱工作的人,他们会毫不拖延地进行一项接一项的计划。

14. 是：加 2 分　否：减 2 分

成功的企业家都会愿意用积蓄资助一项计划。

15. 是：加 2 分　否：减 2 分

16. 是：加 4 分　否：减 4 分

17. 是：减 1 分　否：加 1 分

18. 是：减 2 分　否：加 2 分

19. 是：加 1 分　否：减 1 分

许多企业家都把记下自己的目标作为一种习惯。

20. 是：加 2 分　否：减 2 分

以正确的态度处理经手的现金对企业的成功至关重要。

21. 是：加 2 分　否：减 2 分

企业家们的个性似乎都是很容易厌倦的。

22. 是：加 2 分　否：减 2 分

乐观的态度有助于推动你在逆境中取得成功。

结果分析：

得分在 11—20 分之间的,创业对你是比较大的挑战,你要克服自己的弱点才可能创业成功。

得分在 21—39 分之间的,你非常优秀,有创业潜质。

得分在 40 分以上的,恭喜你有无可比拟的创业潜质。

得分低于 10 分的,创业对你来说有较大风险。

【导入案例】

雅虎失败原因：没有跟上互联网变化节奏

据国外媒体报道,作为互联网门户先驱,雅虎曾推出包括电子邮件、定制主页在内的多项服务,也吸引了大量用户。但现在,雅虎许多服务都遭到用户抛弃,取而代之的是其他电邮、新闻服务,以及 Facebook 等。

雅虎在当地时间周三表示,它计划出售核心的互联网业务,使得公司成为股东继续持有阿里巴巴股票的工具。

此举表明,人们使用互联网的方式发生了重大变化,而雅虎没有能做到随机应变。雅虎的传统策略是整合大量网络内容,但现在,人们更多地通过电子邮件、社交网络或手机应用获取内容。在互联网巨变过程中,雅虎掉队了。

市场研究公司 Parks Associates 研究主管布雷特·萨平顿(Brett Sappington)表示,"曾几何时,人们认为 AOL 和雅虎就是互联网。"

雅虎 1995 年诞生时,互联网还处于发展的早期阶段,人们通过查阅 Cool Site of the Day,找到 Froggy Page 和 Fluffy's World 等网站。借助联合创始人杨致远和大卫·费罗(David Filo)开发的一个帮助人们找到各类网站的在线目录,雅虎迅速获得了成功。

不变的是人们的需求:帮助他们在浩瀚的网络世界迅速准确地找到需要的信息;发生变化的是人们使用的工具以及提供工具的厂商,当然不再是雅虎。

门户业务面临的第一个大挑战是搜索,十多年前,搜索为人们快速发现自己需要的信息提供了工具;接下来的是社交网络,它把更多的社交活动搬到了网上。通过应用和源源不断的通知,智能手机从更大程度上改变了人们使用互联网的方式。

但这并不意味着门户的消亡。市场研究公司 ComScore 的数据显示,雅虎仍然是一个大网站,10 月份美国独立访问用户为 2.1 亿,仅次于谷歌和 Facebook。

但是,雅虎已经变得无足轻重。ComScore 副总裁安德鲁·利普斯曼(Andrew Lipsman)说,"人们的行为已经发生了变化,社交媒体已非常重要,过去数年的一项关键技术是移动。"

过去 10 年雅虎用户群实际上在增长,但用户大量使用其他公司的服务,因为人们通过谷歌查找信息,通过 Facebook 与朋友保持联系。

雅虎并非没有意识到这些趋势。在被谷歌超越前,雅虎是搜索领域的大哥大。旗下 Flickr 和 Tumblr 有社交元素,但远逊于 Facebook。雅虎还在尝试对移动应用变现,尤其是在玛丽莎·梅耶尔(Marissa Mayer)主政的最近 3 年。只是雅虎动作不够大、也太迟了。

尽管雅虎专注于其核心业务,Facebook 等新秀则在新的网络业务领域领先,谷歌、亚马逊等竞争对手在不断尝试新业务。萨平顿称,"有些尝试失败了,有些尝试成功了。

由于它们多方尝试，成功的尝试使它们受益匪浅。"

谷歌和亚马逊诞生于互联网高速发展期，目前它们已经发生了巨大变化。谷歌的业务已经超出搜索，涉及成功的智能手机软件、电子邮件服务、办公软件和浏览器；亚马逊有供其他企业使用的庞大互联网基础架构业务。

皮尤研究中心互联网科学和技术研究主管李·莱尼(Lee Rainie)对帮助人们查找信息的工具进行了梳理。20年前刚问世时雅虎还是最新的工具，当物联网使计算和网络智能的传播范围更广时，新的工具将会出现。

莱尼说："第一批书不分章节，没有目录或索引，因为人们希望有更好的方法畅游信息极大丰富的环境，这些都被添加了进来。"

谷歌、Facebook和亚马逊在互联网巨变中幸存下来，部分原因是它们本身是这场巨变的推动者。雅虎曾创造了互联网的许多历史，但最近数年它落后了，陷入一种被动的模式。①

模块三　创业风险识别

创业风险是由于创业机会与创业企业的复杂性、创业者与创业团队能力与实力的有限性、创业环境的不确定性导致创业活动偏离预期目标的可能性。创业风险可能会给创业者的现行财产或潜在利润带来损失。当创业机会面临某种损失的可能性时，这种可能性及引起损失的状态被称为机会风险。

一、机会风险的构成与分类

(一) 机会风险的构成

机会风险主要由三要素构成：风险因素、风险事件、风险损失。在风险发生时三个构成要素缺一不可，判断发生风险的主要依据是有没有造成风险损失。

风险因素是促使风险事件发生的原因或条件；风险事件是造成风险损失的偶发事件，只有通过风险事件的发生才能导致风险损失；风险损失是风险事件发生的结果，只有风险

---

① http://www.ccidnet.com/2015/1211/10064644.shtml.

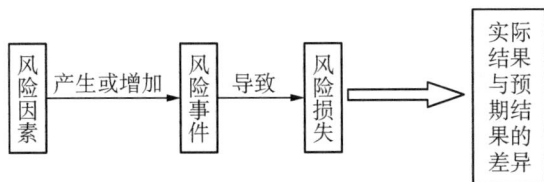

图 3-1-4　风险要素及其相互关系

损失出现时表明产生了机会风险。

(二) 机会风险的分类

按风险影响程度的范围,机会风险分为系统风险与非系统风险。系统风险又称市场主要是创业环境中的风险,多发于企业外部,是创业者无法控制的风险。如商品市场风险、资本市场风险等;非系统风险主要是创业者自身的风险,如技术风险、财务风险等。

在机会风险中,一些是可以预测的,一些是不可预测的。创业者需要结合对机会风险的估计,努力防范和降低风险。

二、系统风险防范的可能途径

系统风险由那些影响整个市场的风险因素引起,小的系统风险会影响到整个行业范围,更大的系统风险会影响到整个国家经济。系统风险的诱因多发生在外部环境的实体经济,创业者作为实体经济的参与者本身无法控制系统风险,如近几年人民币的升值而带来的出口减少,直接影响整个国家的外贸行业,"营改增"的国家财税制度改革,市场价格的周期性变化等会给创业者带来损失的可能性。

(一) 系统风险的特性

1. 它是由共同因素引起的。
2. 它对市场上所有同类企业都有影响。
3. 它的发生是不可避免的。

(二) 风险的分析方法

风险的分析存在复杂性的特点,理清思路需要人们在进行风险分析时构建分析模型,可以利用层次分析法来解决这些问题。层次分析法简称 AHP(Analytic Hierarchy Process),是一种用于解决多目标复杂问题的定性与定量相结合的决策分析方法。特点是把复杂问题中的各种因素通过划分为相互联系的有序层次,使之条理化,根据对一定客观现实的主观判断结构,把专家意见和分析者的客观判断直接而有效地结合起来,将一层次元素两两比较的重要性进行定量描述。

(三) 分析的步骤

1. 通过对风险的深刻认识,弄清风险所涉及的范围、所要采取的措施方案和政策、实现目标的准则、策略和各种约束条件等,广泛地收集信息。

2. 建立一个多层次的递阶结构,将风险指标分为几个等级层次。

3. 确定以上递阶结构中相邻指标间相关程度。通过构造两两比较判断矩阵及矩阵运算的数学方法,确定对于上一层次的某个元素而言,本层次中与其相关元素的重要性排序——相对权值。

4. 计算各层指标对风险的合成权重,进行总排序,以确定递阶结构图中最底层各个指标的总目标中的重要程度。

5. 根据分析计算结果,考虑相应的决策。

下面介绍三种用于风险的分析方法,可以解决企业在风险分析时,从宏观、中观、微观三个层面的分析。

(1) PEST 分析法。它是外部环境分析的基本工具,即通过政治的(politics)、经济的(economic)、社会的(society)和技术的(technology)角度或四个方面的因素分析,从总体上把握宏观环境,并评价这些因素对企业战略目标和战略制定的影响。PEST 分析法可用于宏观环境的分析。

(2) FORCE 分析法。也称五力分析法,它帮助创业者对一个存在竞争的市场环境进行分析,分别是市场准入的威胁(the threat of entry)、买家的力量(the power of buyers)、供应商的力量(the power of suppliers)、可替代产品的威胁(the threat of substitutes)、竞争对手(competitive rivalry)。它可以作为创业制定市场战略的中观环境分析。

(3) SWOT 分析法。它是一种用于检测公司运营与公司环境的工具。是编制计划的首要步骤,它能够帮助市场营销人员将精力集中在关键问题上。SWOT 的每个字母分别表示优势、劣势、机会与威胁。优势和劣势是内在要素,机会与威胁则是外在要素。SWOT 分析法可用于企业内部的微观环境分析。

三、非系统风险防范的可能途径

非系统风险往往是由于创业过程中的自身因素而造成的,它与系统风险的区别在于这类风险可以通过内部管理,提出解决方案来消除风险因素,避免造成损失。

创业过程中一般发生非系统风险的因素包括:机会选择风险、人力资源风险、技术风险、管理风险、财务风险等,他业者在创业之初就应该对非系统风险的预防及发生提出解决方案,当这类风险因素出现时,及时的给予解决,能有效地避免风险事件发生。将创业项目与当前的职业收益进行比较,结合创业环境和自己的职业生涯规划进行分析,合理的估算创业所需的奖金、建立经营信用、健全管理体制是有效规避风险的方法。

四、创业者风险承担能力的估计

创业者风险承担能力不是一种单一的能力,其大小可以从创业者结合自身情况综合评估。系统风险的承担能力是指系统风险虽然无法根除,但创业者可以通过预判,为风险提前做好准备增加风险承担能力,简单地说就是外部风险的预判能力。非系统风险的承担能力是指创业者管理创业过程中固有资源以及配置这些资源的能力,简单地说就是内部管理能力。

风险承担能力是可以计算出来的。首先应当预计特定时间段内所要承担的风险种类,其次计算风险的影响时间及对经营造成的影响,最后计算可用于抵抗风险的资金。

具有风险意识和风险管理能力对创业者风险的承担能力有着不同的影响。预判风险发生的时间、程度、影响大小不一样,直接会造成创业者承担风险的后果完全不一样。当风险发生前能提前做好充分的准备,有效地抵御风险,表现创业者抵御风险的能力强,能承担更大的风险,如果估计不足,承担能力相对就弱。创业最根本的目标就是怎么活下来,所以提高风险意识和管理能力对整个创业过程非常重要。

【拓展阅读】

大学生创业如何得尽风流

大学生创业的话题方兴未艾,而且还不断出新。这不,最近又冒出了创业情侣档的概念:广东财经大学一对 90 后大学生情侣联合创办"社团宝"APP,这是一款整合学生社团信息的平台,虽然还处于内测一期阶段,却已经获得了 50 万元风投资金。其所在的广东财经大学,为鼓励学生创业,规定特别优秀的创业项目可抵学分,甚至能替代毕业论文。

当今时代,是创新创业的时代,实现自身价值成为许多年轻人的梦想。李克强总理在今年两会上特别指出"大众创业、万众创新"是中国经济未来发展的双引擎之一。创业和创新被提到了前所未有的高度。最近，国务院办公厅还发文提出，在校大学生创业可以折算学分，鼓励在校大学生于在校期间就开展创业活动。

的确，有一份创业的激情与梦想，对于大学生而言是弥足珍贵的。但是，商海无情，如何从商海中寻觅机会，把握商机，少走弯路，需要认真考虑。

创业，首先是"创"，最需要的是要有敢想、敢试、敢闯、敢为人先的气质。目前，市场变化万千，为创业者创造了无穷机会；新的行业层出不穷，为创业者开拓了广阔道路。对创业者来说，"条件具备"永远只是相对的，不会有万事俱备的那一天。很多事情，往往是干起来才具备条件，如果一味等具备条件再创业，那就意味着永远也干不成。同时，创业毕竟是一个白手起家的过程，只有扎深根基，才能在市场的狂风暴雨中幸存下来。大多数创业成功的年轻人都是从就业开始的，选择就业并不意味着要放弃理想，而是为创业打下基础。反之，大学生盲目创业容易"死在沙滩上"，上不了岸。因此，大学生应通过工作先了解商海、了解市场，积累经验之后再创业。

在创业中既要有创业创新的锐气，又要有敢于面对失败的勇气。在这样一个"互联网＋"的时代，有太多成功的创业案例激励着年轻一代大学生。理想、兴趣、财富、自由都凸显出新一代大学毕业生强烈的自我意识。然而，创业风光的背后，更多的是现实的残酷。至少到目前为止，大学生创业成功的几率并不算高，因此，有必要做好充足的心理准备，要有承受失败的勇气，更要有从失败的创业中站起来的坚定信念。

自主创业需要全社会关心。大学生势单力薄，实力有限。因此，在创业旅程上，除大学生自身努力之外，学校亦需要将自己的学生"扶上马儿送一程"，认真为学生出谋划策，担负起学生创业征途上的引路人角色，使得创业教育与创业实践有机地融合。就社会和政府而言，应当给予更多支持，提高服务意识，对大学生创业给予创业补贴和社会保险补贴，降低大学生创业贷款门槛。

第二单元　创业机会识别与创业资源

学习目标

1. 了解创业机会及其识别技巧。
2. 了解创业资源的含义与获取途径。

【导入案例】

1996 年李国庆去美国考察遇到了后来成为夫人的俞渝,俞渝是纽约大学 MBA 的毕业生,在华尔街做融资,两人一见钟情并在三个月后闪电结婚。当时的网络热潮正在席卷美国,不断有大量资金向互联网急速涌入。两人在谈恋爱的时候就聊到了亚马逊的商业模式,俞渝在美国时尝试过在最大的网上书店亚马逊购物,对网上购物的便捷印象深刻。再加上李国庆个人就是一个喜欢便捷的人,所以他们认定这一定是一块很大的市场。

后来夫妇俩常探讨在图书这个行业中间赚钱最关键的环节是什么,有着多年图书出版运营经验的李国庆说肯定是出版社和读者的直接联系。于是他们一起去找风险投资商,说服了 IDG(美国 IDG 集团)、LCHG(卢森堡剑桥集团,该集团公司拥有欧洲最大的出版集团)共同投资,目标锁定在凭借发达国家现代图书市场的运作模式和成熟的管理经验,结合当今世界最先进的计算机技术和网络技术,用来推动中国图书市场的"可供书目"信息事业,及"网上书店"的门户建设,成为中国最大的图书资讯集成商和供应商。

1999 年 11 月当当网正式上线,2000 年 2 月就拿到了风投资金。随后当当网保持了高速成长,2004 年的当当网销售额就与西单图书大厦不相上下了。2004 年 1 月,亚马逊负责战略投资的高级副总裁达克访问了当当网公司,提出 1.5 亿美元收购 70%—90%股份的具体方案。面对诱惑,当当的股东、管理团队和投资顾问经过仔细权衡,提出了欢迎亚马逊作为策略投资人，做当当少数股东的应对方案。对于当当的立场，亚马逊方面当即回应：如果对价格不满意，可以将范围扩大到1亿到10亿美元之间，但70％以上的绝对控股权要求不变。

由于亚马逊坚持绝对控股，而当当只接受战略性投资，从2004年3月到7月，双方多次协商不成。8月6日，当当对外宣布终止与亚马逊并购谈判的消息。在拒绝了亚马逊收购的同时，李国庆夫妇深深地意识到亚马逊带来的竞争危机，决定于2010年让当当网赴美上市，当时市值12.46亿美元。完成上市后，当当网成为中国第一家完全基于B2C业务在美国上市的网上商城。

模块一　创业机会识别

一、创意与创业机会

有好的创意就等于有创业机会吗？这两者之间有关系吗？如果有的话它们又是怎样的关系呢？人们对创意和创业机会经常混淆，导致很多人想方设法地动脑筋想创意，而结果又达不到预期。要明白创意与创业机会的关系，首先我们先要知道什么是创意。

创意是创造意识或者新意识的简称，创意如果作为名词解释是指具有创新性甚至原创性的想法。如果作为动词来解释是指将问题或者需求转化成逻辑性架构或者程序化的形成过程。创意起源于人类的创造力、技能和才华，创意来源于社会又指导着社会发展。人类是创意、创新的产物。人类是在创意、创新中诞生的，也要在创意、创新中发展。

创业机会主要是指具有商业价值的创意，是具有较强吸引力的、较为持久的有利于创业的商业机会，相比一般商业机会更具有创新性。创业机会和商业机会不存在严格的界限。

有创意不等于有创业机会，只有创意具有商业价值，可以获得商业利润，达到商业运用的成熟时机时才可以转变成创业机会。

二、创业机会的特征与来源

（一）创业机会的特征：

1. 具有吸引力。虽然创业机会在市场中以各种形式存在着，但是只有当创业者确认这个机会存在且有价值,能获得商业利润时,才能产生创业机会。

2. 持久性。创业过程是动态和不连续的,它始于创业者的思想创意,但其最终结果会受到很多内外部条件的制约。但创业则具有持久性。

3. 适时性。创业机会产生于一个特定时间,同时在特定的时间才有效。

4. 可识别。创业者对创业机会有一个识别过程,影响识别的效果的因素将在本章中进行重点讲解。

(二) 创业机会的来源

1. 问题型机会。指由现实中存在的未被解决的问题产生的机会。如果发现生活中遇到的问题或是需求,能寻找到一种解决的方案那么这就是发现创业机会的重要来源。例如张旭豪、康嘉等人 2007 年进入上海交通大学学习,在当时发现网上订餐能解决高校学生就餐难的问题,于是 2008 年开始创业,2009 年"饿了么"正式上线推出,餐厅运营一体化解决方案。

2. 趋势型机会。指在变化中看到未来的发展方向,预测到将来的潜力和机会。如大型团购网站"美团网"在研究了网上订餐的市场后认为,今后网上订餐是快餐业的发展趋势,于是开发了"美团外卖"的手机应用 APP。

3. 组合型机会。指将现在的两项以上的技术、产品、服务等因素组合起来,以实现新的用途和价值,从而获得的创业机会。作为全球较为顶尖的无人机飞行平台和影像系统自主研发和制造商,大疆科技的无人机技术就是结合了无人机与多领域方面的技术,开发出不同的无人机产品。除了影像外,2015 年 12 月,大疆科技开发的农业喷洒防治无人机就是新技术的结合产品。

三、影响机会识别及影响因素

(一) 创业机会的识别

创业过程开始于创业者对创业机会的识别,它是创业过程的起点。创业过程就是围绕着创业机会进行识别、开发、利用的过程。我们认为创业机会的识别过程应当是一种广义的识别过程,创业者从成千上万的创意中选择他心目中的创业机会,随之不断开发这一机会,使之成为真正的企业。

创业机会识别可以分为三个阶段:

第一阶段：机会的寻找。在这一阶段中创业者要对自己想到的创意进行提炼加工，挑选出个人认为有商业价值的创意，我们称为感知。

第二阶段：机会的判断。在这一阶段中创业者对挑选的创意进行市场环境、自身资源以及初步的行业分析来做判断，识别是否具有商业价值。

第三阶段：机会的评价。实际上这里的机会评价已经带有部分调研的内容，对具有商业价值的创意进行创业团队、创业地点等的评估，从而决定是否开始创业。

（二）创业机会识别的主要影响因素

1. 创业愿望是机会识别的前提。创业者必须自身怀有创业的愿望，如果没有创业的愿望总想保持现状，那么就不会有创业机会识别这样的行为产生。

2. 先前经验。创业者在特定产业中的先前经验有助于创业机会识别，人们投身于某一产业的工作，这个人将比那些从产业外观察的人更容易看到产业内的新机会。

3. 创业者的社会网络。创业者的社会网络是指在创业过程中，与创业者存在直接或间接联系的其他主体之间所形成的关系网络。一般来说，创业者的社会网络是由创业者本身、顾客、供应商、制造商、分销商、政府、中介机构等构成的。在这个关系网络中，信息和资源得到了更好的传递和交换，因此使得创业者能够更有效地识别出可能的商业机会。

4. 人口需求的变化。需求存在与否是企业能否存在的前提条件之一，是促使创业者创业的主要拉动力。而需求的大小受区域内人口密度的影响，即人口密度大的地区，人口需求大，创业机会就越多。二是人口需求的转变、消费者需求特点和偏好的改变会导致利基市场的出现，这种新市场为潜在创业者提供了较好创建企业的机会来填补新的利基市场空白。另一方面，当人均可支配收入增加，对于产品和服务的需求就会增加，进而促进新企业的形成，人均可支配收入对新企业形成的影响又通过人口需求反映出来。

5. 行业波动性。当行业发展受市场变化影响较大时，该行业就会发生波动，这种波动导致现有市场均衡状态的偏离、市场断层产生、新的利润机会出现，进而促进更多的新企业来满足这种差异化的需求。并且，这种行业的波动是不能事先预测和确定的，而且行业波动的不确定性越大，产生的市场机会就越多。因此，波动性较强且频率较大的行业更有利于新企业的形成。

6. 地方文化氛围。一个地区的创业文化氛围影响新企业的形成。创业文化氛围由两个相互联系的方面组成：一是地方人口的创业导向；二是政府、金融等机构对创业的态度。当创业文化氛围较好时，由于政府和金融机构的支持，新创企业发展的机会也会较多。人们的生活模式是由文化所决定的，当人们的生活模式追求自我雇佣和自我独立时，创业者更会积极地寻求创业机会。

四、识别创业机会的行为技巧

投资创业要善于抓住好的机会,把握住了每个稍纵即逝的投资创业机会,就等于成功了一半。发现创业机会的方法,具体表现在以下几个方面:

1. 变化就是机会。环境的变化,会给各行各业带来良机,人们透过这些变化,就会发现新的前景。变化可以包括:产业结构的变化,科技进步,通信革新,政府放松管制,经济信息化、服务化,价值观与生活形态变化,人口结构变化等。

2. 从"低科技"中把握机会。随着科技的发展,开发高科技领域是时下热门的课题,但公司机会并不只属于高科技领域。在运输、金融、保健、饮食、流通这些低科技领域也有机会,关键在于开发。

3. 集中盯住某些顾客的需要就会有机会。机会不能从全部顾客身上去找,因为共同需要容易认识,基本上已很难再找到突破口。而实际上每个人的需求都是有差异的,如果我们时常关注某些人的日常生活和工作,就会从中发现某些机会。因此,在寻找机会时,应习惯把顾客分类,认真研究各类人员的需求特点,机会自现。

4. 追求"负面"就会找到机会。追求"负面",就是着眼于那些大家"苦恼的事"和"困扰的事"。因为是苦恼,是困扰,人们总是迫切希望解决,如果能提供解决的办法,实际上就是找到了机会。

【导入案例】

如果没有核心资源

一些看起来很有市场前景的"创意",如果没有拥有或者掌握核心创业资源就贸然进入,必然很快会感受到创业之路艰难无比。2000年,胡腾考入北京师范大学国贸专业,2002年7月,他陪同当年毕业的师兄参加大学生招聘会。那天,他和师兄不停地在招聘会场上奔走,忙活了一天,但师兄最终没有找到一份合适的工作。这件事对胡腾触动很大,他由此感受到了自己和现在的大学生一样的就业压力,但同时胡腾也似乎发现了商机。他想:如果能开办一家公司,帮助大学生找工作,然后收取一定的中介费,岂不是双赢。2003年胡腾和7位同学筹集12万元创立思迈人才顾问有限公司,并建立了专业的人才网站——思迈人才网。他们公司目标是为企业和个人提供人才评估、咨询、培训、交流、猎头和人事代理等服务，为高校毕业生就业开通"绿色通道"，提供求职培训、素质测评、安置工作等服务。中国的高校毕业生当时有六百万之多，看起来很有市场前景但是团队中没有一个人拥有相关的培训、评估资质，没有就业服务的工作经验，缺少这方面运营的核心技术和经验，导致各项业务都无法开展。遇到发展瓶颈后，胡腾又改变公司运营方向转作为大学生代找家教和其他兼职的业务，但这也不是他们所擅长的业务。三个月后公司净亏7.8万，胡腾不得不以一元钱的价格把公司卖给一位博士生。

模块二　创　业　资　源

一、创业资源含义、种类及与一般商业资源的异同

（一）创业资源的含义和种类

创业是一个创业机会识别与创业资源整合的过程，所以创业资源可以理解为在创业过程中所需要的各种生产要素和维持条件。根据创办企业类型的不同，需要的资源也有所不同，不过基本需求是一样的。从形态上可以分为有形资源和无形资源，从利用方式上可以分为直接资源和间接资源，从层次来看可以分为核心资源与非核心资源。创业者判断能否获得足够的创业资源及整合能力的过程是创业机会识别的过程之一。由图 3-2-1 中我们可以看到各种资源的关系。由此我们也可以得出，创业就是把创业资源整合用得开发创业机会的过程。

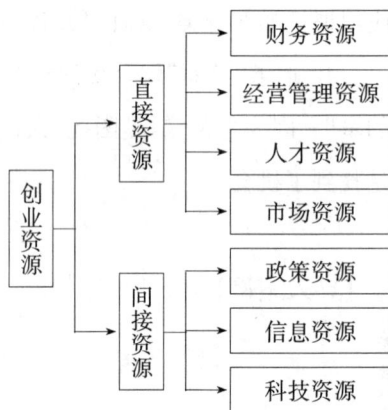

图 3-2-1　创业资源的种类及关系

识别核心资源是创业能否成功的关键，创业只有立足核心资源发挥非核心资源的辐射作用，才能实现创业资源的最优组合。核心资源主要包括技术资源、管理资源、人力资源，再根据创业项目的不同，有些还需要特定的核心资源，例如特许经营。这几类资源是涉及创业企业有别于其他企业的核心竞争力，是创业机会识别的主线。技术资源对于创业者来说是立身之本，无论创业者从事任何项目都必须具备掌握技术的条件，这是核心竞

争力。人力资源对于创业者来说是一种可持续发展的资源,世界上没有一个人能打赢的仗,脱离了团队的合作,他的力量即便再无穷大也是有限的,而一个好的团队能把羊群散发出狮群般的战斗力。苹果公司创始人史蒂夫·贾伯说:"刚创业时,最先录用的 10 个人将决定公司成败,而每一个人都是这家公司的 1/10。如果 10 个人中有 3 个人不是那么好,那你为什么要让你公司里 30% 的人不够好呢?小公司对于优秀人才的依赖要比大公司大得多。"管理资源是创业者自身的素质,对创业企业成长有至关重要的作用。创业者对机遇的识别和把握,对其他资源的整合能力,都直接影响到创业的成败。

(二)与一般商业资源的异同

与一般商业资源相比,创业资源既有相同又有区别。

1. 它们的性质是相同的

创业资源与一般商业资源同属于商业资源,企业的经营离不开商业资源,它们共同促进企业的发展。

2. 与一般商业资源的不同

(1)获得的途径不一样。企业资源多数需要创业者通过整合,而一般商业资源可以直接获得使用。表现在创业者一般都是资源整合的高手,一般商业企业可以通过拓展、购买得到资源。

(2)增值空间不一样。创业企业通过资源整合使一些不被人们很好利用的资源得到更大的发挥价值,从而获得比一般商业资源更高的成长率,一般商业资源因其通用性决定了它无法实现企业的高速成长。

(3)存在的特性不一样。创业资源是独特性的资源,具有特色的商业价值的创意表明资源是有价值的,稀缺并难以模仿或替代的。一般商业资源是普遍性、固定性的资源。

二、社会资本、资金、技术及专业人才在创业中的作用

创业者获取社会资本、资金、技术及专业人才等资源的最终目的是为了协调这些创业资源并且实现创业机会、提升创业绩效和赢得创业成功。从一个项目发起人,到拥有创业团队,再到掌管一家创业企业,均离不开社会资本、资金、技术及专业人才,它们是新创企业生存的基本条件,可以加速新企业的成长与发展。拥有这些资源越多越丰富,则企业的

抗风险能力就会增强,从而提高创业的成功率和企业的成活率。引入社会资本不仅能够使创业者获得资金,同时也能够获得资本注入方的帮助。社会资本的种类有很多,最常说到的社会资本比如金融资本、风险投资基金等,它们不仅在资金动作和管理上有丰富的经验,还可以引导创业者开拓客户。技术资源储备的多与少或全面与否,直接影响到创业者进行行业领域,可以说技术资源就是行业壁垒,能不能突破就看技术资源是否先进和全面。人才资源就更不用说了,企业的正常运营需要人力资源的投入。就像史蒂夫说的,想象一下,如果企业中 10 个人有 3 个工作能力欠佳,相当于企业的效率直接降低了 30%。

创业资源就如同画笔和颜料与画家的关系,就算是达芬奇在有灵感的时候,缺少了画笔也创作不出《蒙娜丽莎》。所以创业资源在创业过程中起到决定性的作用。这些创业资源可以帮助创业者制订周密的创业计划,衡量企业创办的可能性及盈利能力,引导创业者合理使用创业资金,增强新企业的融资能力,力求保证创业者和参与者能够创业一个具有生存能力的企业和经营一个可盈利的企业。

三、创业资源的获取途径与技能

(一) 创业资源的获取途径

一般认为创业资源获取的途径有三种方式,即依靠自有资源、结成团队组合资源、把握政策资源。创业者发现创业机会首先会判断自身资源是否达到创业条件,所以自身资源是创业过程中的先决条件。创业之初的各项资源往往只能依靠创业者自身努力获取,随着项目的深入,创业者很快会发现通过自身努力资源的速度远远跟不上创业过程的发展速度,这样需要创业者组建创业团队共同获取资源。这个团队的组建由创业者根据现有资源的匮乏程度决定,有资金上的、技术上的、管理上的。而从中国的创业环境看创业活动需要相应的政策扶持,只有在政策允许或鼓励下,创业才能获得更好的发展。

我们可以从北京小桔科技有限公司开发的滴滴出行应用看出资源获取途径的方式方法。2012 年小桔科技开发滴滴打车应用,经过 3 个月的准备与司机端的推广,于当年 9 月 9 日上线,这是自身资源的整合过程,随着业务的发展,小桔科技开始与各方合作,当年 12 月获得 300 万美元 A 轮融资。2013 年 4 月小桔科技找到了强有力的合作伙伴,随着腾讯集团的 1 500 万美元资金的注入,滴滴打车开始了真正意义上的快速发展。腾讯这位合作伙伴的加入,不仅在资金上给予小桔科技极大的支持,在应用的推广上也比小桔科技自己单打独斗强得多。随后几年中,不断有资本注入滴滴打车。直到现在,滴滴打车还有合作伙伴在不断地加入，2016 年 5 月 13 日苹果公司的 10 亿美元投资对于滴滴打车来说是里程碑上的意义。滴滴打车已经由一个出租车的预约应用发展成了一个出租车、专车、快车、多种功能集于一体的应用系统，2015 年 9 月 9 日滴滴打车正式更名"滴滴出行"。功能的不断多元化也把滴滴出行推到了风口浪尖上，任性的补贴、私家车的加入等原因使得滴滴专车被各地交通局"叫停"，因为这是当前政策法规不允许的。2015 年 10 月 10 日，交通运输部起草并向社会发布《网络预约出租汽车经营服务管理暂行办法（征求意见稿）》，这才预示着网约出租车慢慢走在获得政策资源的道路上。

【拓展阅读】

3 个"80 后"开出创客咖啡

早上九点的南长街，在结束了一晚的喧嚣之后，空旷的街道上仅有几个环卫工人在打扫路面，这个时候，吴佳佳会在四季酒吧二楼的"4G 咖啡"靠窗的位置上坐下，点上一杯香草拿铁，开始一天的办公，或者说他也在等人，等待一个投资者。

吴佳佳，是某音乐培训机构的钢琴老师，他经常光顾"4G 咖啡"，周末的时候，他就来这里听创业公开课，不过，他更喜欢平时没事的时候，在这里和同自己一样有着创业梦想的人聊天。"很早之前就有自主创业的想法，但一直以来都没找到合适的商业模式，也不知道究竟该从何创起。"吴佳佳觉得或许在"4G 咖啡"能找到答案。

"4G 咖啡"的创始人是 3 个"80 后"年轻人，他们原本都在各自的岗位上拿着还不错的收入，但"为创客与投资人提供一个交流平台"的想法让他们一拍即合，仅用了 3 个月时间，他们就争取到了 70 个股东的支持。

在这里，创客只需点上一杯咖啡，就能享用一整天的开放式办公环境，有免费网络、会议室等。创业者们还能自由地进行"头脑风暴"，大家一起坐下来出谋划策。除此以外，对于创客们来说，最关键的是，这里会不定期地举办路演，届时创业者们可以通过路演寻找合适的投资人。"4G 咖啡更多的是服务于早期创业者，所谓早期，就是还在解决温饱问题的创业者。他们在这里设计产品、组建团队，完成初期创业，甚至拿到首轮投资。"据"4G 咖啡"的联合创始人之一蔡明介绍，咖啡店开业当天，就吸引了两个创业项目来进行路演，其中一个做生鲜 O2O 的创业团队目前已完成了天使轮投资。

"我们开的是咖啡店，做的是创业服务。"蔡明说。他们要做的，就是尽可能为这群怀抱创业梦想的年轻人，提供最大的便利，对接有效的资源，降低创业的风险。

情怀很丰满,现实也很残酷。"创业咖啡很烧钱。"蔡明告诉记者,一方面,创业者缺钱和创业咖啡的公共服务属性,决定了咖啡不能太贵;另一方面,除装修、水电、租金外,更大开销在于活动组织成本。对于这三个年轻人而言,他们很清楚,绝对不能依赖开咖啡馆赚钱,所以他们将商业模式定位在投资上。蔡明向记者透露,目前他们也在寻找一些有创意的"爆款"项目,以投资的方式共同实现创业。

在这3个合伙人看来,唯有踏踏实实地在这行沉淀下来的孵化器才是创业者最想要的那杯"咖啡",而这也正是他们创办这间众筹创客咖啡店的初心。[1]

[1] 林叶.3 个"80 后"开出创客咖啡[N].无锡日报,2015 - 7 - 13.

第三单元 资金来源与成本、利润估算

学习目标

1. 了解大学生创业资金的来源。

2. 了解创业需要的资金。

3. 掌握工业企业成本核算方法及步骤。

【导入案例】

凭证式众筹 美微创投

2012年10月5日,淘宝出现了一家店铺,名为"美微会员卡在线直营店"。淘宝店店主是美微传媒的创始人朱江,原来在多家互联网公司担任高管。

消费者可通过该淘宝店拍下相应金额的会员卡,但这不是简单的会员卡,购买者除了能够享有"订阅电子杂志"的权益,还可以拥有美微传媒的原始股份100股。从2012年10月5日到2013年2月3日中午12:00,美微传媒共进行了两轮募集,一共1 191名会员参与了认购,总数为68万股,总金额人民币81.6万元。至此,美微传媒两次一共募集资金120.37万元。美微传媒的众募式试水在网络上引起了巨大的争议,很多人认为有非法集资嫌疑,果然还未等交易全部完成,美微的淘宝店铺就于2月5日被淘宝官方关闭,阿里对外宣称淘宝平台不准许公开募股。而证监会也约谈了朱江,最后宣布该融资行为不合规,美微传媒不得不向所有购买凭证的投资者全额退款。按照证券法,向不特定对象发行证券,或者向特定对象发行证券累计超过200人的,都属于公开发行,都需要经过证券监管部门的核准才可。

创业资金(Venture capital)是指创业者进行创业时，前提的资本投入。包括创业者能力提高的就业培训、店铺租赁、店面装修、店面展示商品所需资金以及数量不等的流动资金。

模块一 资 金 来 源

一、创业资金获得的途径

(一) 自有资金

这个主要是自身的存款，一般工作几年的人或多或少都有些存款，这一部分的钱是自己创业的基本基金。

(二) 股权融资

是指创业者或中小企业引进投资者成为股东，而不是借贷，一般表现在引进带有一定风险投资性质的资本，投资者与创业者按一定比例双方利益共享、风险共担的融资方式，对于引进风险投资的创业企业而言，这种融资方式不仅便捷，而且能够帮助创业企业更好地管理和扩大创业资源，使创业企业实现融资渠道。

(三) 债权融资

是指创业企业采用向银行等金融机构贷款或者向非金融机构(民间借贷)借款的形式进行融资，对于不想稀释股权的创业企业来说，债权融资能帮助创业企业暂时解决资金短缺的危机，而债权融资也是众多企业融资最普遍的一种方式。向金融机构贷款需要具备抵押、信用、质押担保等某一条件，民间借贷更多的是依靠信用和第三方担保的形式。就目前企业融资的现状来看，几乎所有的企业都进行过债权融资，而现在的债权融资比以前更加便利，除了向金融机构借贷，互联网上也有很多 B2B 的融资平台，支付宝的蚂蚁金服也可以凭信用借贷。

(四) 政策性贷款

是指政府部门为了支持大学生创业出台的小额贷款政策，同时也包括为支持创业企业的发展建立的许多基金，比如上海实施"上海市浦江人才计划"等。这些政策性贷款的特点是利息低,微利行业政策贴息,甚至免利息,偿还的期限长,甚至不用偿还。但是要获得这些基金必须符合一定的政策条件。

二、常用创业资金的来源的办理方式

大学生创业资金来源的方式:一是自筹资金。包括自己的储蓄或者向亲属朋友借贷所得资金。二是社会筹资。通过提供高价值的固定抵押物,向银行等金融机构贷款,或者通过熟人或网络向非正式金融机构借贷,后者比前者利率高,风险更大。

(一)金融机构的信贷支持

贷款机构中金融机构的信贷支持方面包括优先贷款支持、适当发放信用贷款、简化贷款手续、利率优惠。

1. 优先贷款支持、适当发放信用贷款

加大高校毕业生自主创业贷款支持力度,对于能提供有效资产抵(质)押或优质客户担保的,金融机构优先给予信贷支持。对高校毕业生创业贷款,可由高校毕业生为借款主体,担保方可由其家庭或直系亲属家庭成员的稳定收入或有效资产提供相应的联合担保。对于资信良好、还款有保障的,在风险可控的基础上适当发放信用贷款。

2. 简化贷款手续

通过简化贷款手续,合理确定授信贷款额度,一定期限内周转使用。

3. 利率优惠

对创业贷款给予一定的优惠利率扶持,视贷款风险度不同,在法定贷款利率基础上可适当下浮或少上浮。

需要注意的是中行、农行、建行、民生银行、中信实业银行等银行相关人士均表示,该行目前没有开办大学生自主创业贷款这项业务,这种尴尬情况主要缘于此类贷款的高风险。银行在追求资金收益性、流动性的同时,也要考虑其安全性。大学毕业生自主创业贷款相对其他贷款来说风险高。大学生刚毕业,缺少社会工作经验,又没有合适的抵押物或担保,银行一般不会轻易贷款。即使大学生手头上有合适的项目,但这也只是个别现象。作为企业,银行发放这样贷款投入成本和收入不成正比。

事实上，大学生创业贷款难就难在无法提供有效资产作抵押或质押。目前已有多家银行开办了针对具有城镇常住户口或有效居留身份，年满 18 周岁自然人的个人创业贷款。此类创业贷款要求个人采用存单质押贷款，或者房产抵押贷款以及担保贷款。

（二）各大银行个人创业贷款额度

以光大银行、广发银行、中国银行个人贷款额度为例。

1. 光大银行

光大银行推出了"个人助业类贷款"。"个人助业贷款"囊括了个人及私营业主流动资金贷款、留学贷款、助学贷款、工程机械贷款等多个细化产品。

根据贷款方式的不同，又可以分为单笔贷款，即银行向符合条件的借款人一次性发放贷款金额起点为 1 000 元，贷款期限最长不超过 5 年。和贷款额度授信，即在授信额度和有效期内，可随时向银行申请使用贷款，贷款额度中已偿还部分可以循环使用，无须进行反复抵押、质押或保证。

2. 广发银行

广发银行则为民营、私营企业推出"民营 100"计划，重在鼓励个人开办民营企业和已有民营企业的再发展。其中的"创业保"系列金融产品，针对民营企业个人股东财产状况较好的特点，给予民营企业股东个人授信额度，为其提供房屋、土地和有价证券（包括本行存单、承销的国债等）抵（质）押、自然人及法定代表人连带责任保证以及广发银行认可的其他担保方式项下的个人创业贷款、公司个人联合贷款。

3. 中国银行

中国银行的最高额度 1 000 万元的"个人创业投资贷款"，目前在北京地区已经与一些担保公司联手推出。

贷款方式可具体分为两种：一是个人项目投资贷款，适合于客户中长期的大额投资资金需要，突出了创业投资的特点。其最长贷款期限可达 5 年，最高贷款金额可达 1 000 万元，还可根据客户需要量身定做差异化的还款方式，如按月或按季偿还本息等；二是个人短期周转贷款，适合客户短期的周转资金需要，体现了助业经营的特点。该产品的最高贷款金额可达 700 万元，贷款期限不超过 1 年，优质客户还可申请"一次授信、循环使用"的循环贷款，在一次核定的授信额度内，循环使用贷款。

国家对大学生创业政策上的优惠主要是：各国有商业银行、股份制银行、城市商业银行和有条件的城市信用社要为自主创业的毕业生提供小额贷款，并简化程序，提供开户和结算便利，贷款额度在 5 万元左右。贷款期限最长为两年，到期确定需延长的，可申请延期一次。贷款利息按照中国人民银行公布的贷款利率确定，担保最高限额为担保基金的 5 倍，期限与贷款期限相同。

不同城市规定额度不同。

个人创业贷款中，大学生个人创业贷款和青年创业贷款在贷款金额上有不同的规定。大学生创业贷款金额在全国各地有各自的政策规定，一些主要城市的规定如下：

1. 北京——崇文区的创业者可以得到最高 50 万元的贷款，且由区财政进行贴息。

2. 上海——上海专门设立了大学生创业"天使基金"。大学生创业贷款最高 30 万元，大学生开办企业可获 5 万至 30 万元支持。"天使基金"下设两种创业资助计划："创业雏鹰计划"、"创业雄鹰计划"。分别以债权与股权两种方式，对青年创业者提供资金上的帮助，并提供相应的后续支持与服务。

"创业雏鹰计划"是指基金会通过委托银行向创业企业发放小额信用贷款的资助方式。贷款期限为两年，本金的一半按月等额还款，另一半贷款期满后还款。对创业者及单个创业项目的资助额度不超过人民币 20 万元。

"创业雄鹰计划"是指由基金会与申请人等共同出资设立创业企业，并由待持机构持有创业企业股份的资助模式。"创业雄鹰计划"所资助项目需具有技术含量，或一定的商业模式创新。资助额度不超过 50 万元。创业团队自筹资金需高于基金资助金额。资助期(3 年)内，基金所占公司的股权不参与分红，在资助期满后，将按照原价退出所占股权。

3. 重庆——半年以上未就业，有固定户口的大学毕业生可在其户口所在地居委会登记，申请 3 000 至 4 000 元人民币的银行抵押和担保贷款。

（三）银行借贷程序

1. 填写居民住房抵押申请书，并提交银行下列证明材料：身份证、户口本、婚姻证明、房本等质押物品所有权证件、银行流水单。

2. 银行对借款人的贷款申请、购房合同、协议及有关材料进行审查。

3. 借款人将抵押房产的房产证等与银行办理抵押登记手续。

4. 借贷双方担保人签订住房等抵押贷款合同并进行公证。

5. 贷款合同签订并经公证后，银行对借贷人的存款和贷款通过转账划入相关账户内，贷款流程结束。

（四）其他借贷方式

除银行质押借贷外，现在还有很多中小型借贷公司，提供无质押借贷。手续简单，时间短，不过借贷利率高，月息达 1%，年息达 10%，最高贷款时间 5 年，利息从贷款本金里直接扣除，到期还本即可。目前，网上提供创业咨询、资金借贷的公司很多。北京创业服务中心是其中一个。

（五）国家资金扶持

1. 相关优惠

凡自主创业并正常经营 6 个月以上的高校毕业生可申请一次性创业补助 3 000 元；高校毕业生在见习期间，生活补助标准原则上按所在地最低工资标准发放。以上两项政策，高校毕业生可任选一项，不可同时享受。

登记失业的高校毕业生自主创业，取得营业执照并正常经营 6 个月以上的，可向创业所在地劳动保障机构申请一次性创业补助，补助标准每人 3 000 元。申请创业补助资金需本人持身份证及复印件、《就业失业登记证》及复印件、高校毕业证书及复印件、《营业执照》及复印件、填写《高校毕业生创业补助申请表》，向街道劳动保障机构提出申请，经街道劳动保障机构核实、汇总，填写《高校毕业生创业补助审核认定表》、《申请创业补助人员花名册》，经人事劳动保障部门审核、财政部门复核后，将资金支付给申请者本人。

2. 大学生创业资金申领程序

（1）高校毕业生（含大学专科、大学本科、研究生）从事个体经营的，自批准经营日起，1 年内免交个体户登记注册费、个体户管理费、经济合同示范文本工本费等。此外，如果成立非正规企业，只需到所在区县街道进行登记，即可免税 3 年。

（2）自主创业的大学生，向银行申请开业贷款担保额度最高可为 7 万元，并享受贷款贴息。

上海市设立了专门针对应届大学毕业生的创业教育培训中心，免费为大学生提供项目风险评估和指导，帮助大学生更好地把握市场机会。

大学生创业需要注意以下几个问题：一是要有成熟的心理准备，这样更适合创业；二是不要迷信自有创意项目，或者自己持有的专利技术或成果，而是要进行充分的市场研究；三是不要想"一口吃个胖子"，要有一个平稳的创业心态；四是大学生创业最好不要单打独斗，最好合伙创业。

（3）银行对贷款申请者的要求：

① 年满十八周岁，具有合法有效身份证明和贷款行所在地合法居住证明，有固定的住所或营业场所。

② 持有工商行政管理机关核发的营业执照及相关行业的经营许可证，从事正当的生产经营活动，有稳定的收入和还本付息的能力。

③ 借款人投资项目已有一定的自有资金。

④ 贷款用途符合国家有关法律和本行信贷政策规定，不允许用于股本权益性投资。

⑤ 在本行开立结算帐户，营业收入经过本行结算。

贷款申请者需提供申请资料：

① 借款人及配偶身份证件（包括居民身份证、户口簿或其他有效居住证原件）和婚姻状况证明。

② 个人或家庭收入及财产状况等还款能力证明文件。

③ 营业执照及相关行业的经营许可证，贷款用途中的相关协议、合同或其他资料。

④ 担保材料。主要是抵押品或质押品的权属凭证和清单，有权处分人同意抵（质）押的证明，银行认可的评估部门出具的抵（质）押物估价所报告。

【导入案例】

四成上市公司一年利润够不上北上广深一套房

A股上市公司是中国优秀公司的代表，有着良好的盈利能力。但残酷的现实是，在牛气冲天的房地产市场中，上市公司即便拼尽一年利润也属于无力买房一族，有的上市公司即便拼上一年营业收入也无力购得北上广深一套房产。

从数据上来看，根据券商中国记者统计，以发布2015年报的412家上市公司为准，两市共有46家公司的全年净利润不足1 500万元。

1 500万元是什么概念？是当前深圳市区的一套位置较为优越、稍具品牌优势的商品房。深圳的千万房价并非孤例，一线城市中，上海静安区或是黄浦江边，价格超过千万的住房已经占了半数，就拿上海华润外滩九里来说，大三房1 500万或许已经买不到了；北京的房价就更不必赘述。

2014年的年报数据也显示，494家上市公司净利润不足1 500万元，占全部2 818家上市公司的17.53%，当将这些数字与房价相比较时，怕是也只有望房兴叹的份儿。

还有数据更残酷，1 065家上市公司在2014年的全年盈利不足5 500万，占上市公司总数的 37.79%，一年利润敌不过一套"深圳湾 1 号"（5 500 万元一套）。

一个男人十年前毅然以 60 多万元卖掉了自己在深圳南山的房子，拿着这笔钱去创业，经过十年努力打拼，公司走上了正轨，赚到 400 万纯利润，然后他用全部利润再加上部分银行贷款，把自己当初卖掉的那套房子又买了回来。

净利润不行，一年营业收入同样也飙不起。ST 星美在 2 月 6 日发布的公司年报显示，该公司 2015 年营业收入为 1 344 万元，合计实现净利润 130 万元。这意味着，该公司就算用上 2015 年全部营业收入，也还够不上一套深圳的普通商品房。此外，中房股份、祥龙电业和 ST 兴业等 3 家公司营业收入低于 5 500 万元，分别为 1 592 万元、2 077 万元和 3 768 万元，做一年业务，够不上一套豪宅。

考虑到 2015 年年报数据并不齐全，那么 2014 年的年报数据则更全面地反映了这一窘境。数据显示，两市共有 494 家上市公司在 2014 年的净利润不足 1 500 万元，占全体 2 818 家上市公司的 17.53%；1 065 家上市在 2014 年的全年盈利不足 5 500 万，占全体上市公司的 37.79%。

尽管经济增速放缓依然是投资者的一个担忧因素，但就目前披露的 412 家上市公司年报数据来看，投资者似乎还可以对上市公司业绩持有乐观理由。数据显示，上述 412 家公司 2015 年合计实现盈利 5 482 亿元，整体同比增长 13.87%，平均每家公司盈利增长 36.09%、增幅中位数为 13.38%。

就增长幅度来看，有 396 家公司的 2015 年业绩实现正增长，占比达到 96.12%，主要分布在化工、医药生物、电子、计算机和非银金融板块。具体而言，有 134 只个股 2015 年业绩增长幅度超过 30%，62 只个股业绩增长幅度超 100%，20 只个股业绩增幅超 200%。

其中，受 2014 年的低基数影响，道博股份、冠福股份和同花顺的净利润增长幅度均超过 10 倍，分别在 2015 年实现净利润 0.53 亿元、1.94 亿元和 9.57 亿元，目前公司市盈率分别达到 286.45 倍、47.05 倍和 36 倍。

其中，同花顺在去年凭借"互联网金融"概念声势被市场高度关注，公司业绩也从 2014 年的 6 046 万元开始快速攀升。数据显示，同花顺去年的营业收入同比增长 4.43 倍，净利润同比增长 14.83 倍。公司称，业绩增长的主要原因为"抓住互联网及移动互联网蓬勃发展的机遇，立足于主营业务并积极开展业务创新，加快新产品开发。同时加大了营销推广力度，取得了良好的效果"。

此外，恺英网络、海翔药业、国民技术和牧原股份去年业绩也实现大幅增长，增长幅度分别达到 9.56 倍、8.65 倍、7.47 倍和 6.43 倍，分别实现净利润 6.61 亿元、5.17 亿元、0.86 亿元和 5.96 亿元。

模块二　创业所需资金及成本预算

　　资金的计算是一项非常专业的工作,本书篇幅有限,主要给大家介绍会计方法和概念。创业者在进行企业管理的时候,财务管理是一项非常重要的工作,财务管理的好坏会影响企业的运营和发展。所以在进行企业财务管理时还需向专家求教或学习财务管理领域的知识,这会对管理企业的正常运转起到决定的作用。

一、创业需要的资金项目

　　一个企业正常运转都需要资金,资金就如同企业的血液一样,它在企业运营的各个部位流动。创业者可能不会因为企业暂时亏损而创业失败,但是资金断流肯定会导致创业失败。资金充足能够帮助企业有效地抵御风险。

　　创业企业一般会产生销售费用、生产费用、管理费用、财务费用、固定资产费用等几方面主要的费用,连接这几项费用的纽带就是现金流。现金流相当于企业的大动脉,从外部收回的账款流进企业内部的各个毛细血管,各部门获得资金后才能正常运转。

　　1. 销售费用。一般包括宣传推广费、销售部门的工资、差旅费及其他业务支出。销售费用的预算可分为固定性预算和变动性预算。在一段时期内变动不大的可计为固定预算,比如销售人员的工资、办公费,如果推广费、业务费用采用定额制的企业也可计入固定销售费用中;变动费用是在销售过程中随销售量的不同而变化的一些费用,可以计入变动销售费用当中,比如税金、按业务量提成的奖金、按业务量计算的推广费等。

　　2. 生产采购费用。包括企业在生产产品或者提供服务过程中产生的所有费用,如生产所需的原材料、人员工资、生产所需的耗材、设备的折旧等。

　　3. 财务费用。主要是指融资发生的利息支出或金融交易产生的相关费用,如汇兑损益、金融手续费等。但是财务人员的工资,业务费用等不能计入财务费用,而是计入管理费用当中。

　　4. 固定资产费用。固定资产费用一般包括管理人员的工资、企业购入的房产和办公所需设备的折旧费用等,这部分费用相对固定,用于企业的经营管理上。

　　5. 现金流。这是现代企业管理上的一个重要项目,正如上文所说,现金流就像企业的血液一样,企业如果没有现金在内部流动肯定创业失败,所以它的重要性决定着企业的兴衰存亡。现金流包括经营活动现金流量、投资活动现金流量和筹资活动现金流量。现金流的预算需要创业者根据企业在一定期间内现金的流入和流出量编制现金流量表计算。现金流即不能过大（影响资金的收益）又不能过小（导致企业无法正常运转）。

创业者除了项目所需的特殊费用外（例如新产品还需研发费用），一般创办企业所需的资金是以上几项资金的总和，必须精打细算各项费用，还可以编制统计表格罗列费用清单，尽量给自己预留足够的启动资金，保障创办企业抵御风险的能力。

在所有费用中，固定费用和财务费用比较好理解，我们不过多解释，下面重点阐述企业在运营过程中成本的计算方法，这样有利于创业者评估创业项目的赢利预期。

二、五种成本核算方法

成本核算是把一定时期内企业生产经营过程中所发生的费用，按其性质和发生地点，分类归集、汇总、核算，计算出该时期内生产经营费用发生总额和分别计算出每种产品的实际成本和单位成本的管理活动。其基本任务是正确、及时地核算产品实际总成本和单位成本，提供正确的成本数据，为企业经营决策提供科学依据，并借以考核成本计划执行情况，综合反映企业的生产经营管理水平。成本核算的方法有以下五种。[1]

（一）分步法

1. 定义

以产品生产阶段、步骤作为成本计算对象，计算成本的一种方法。

2. 成本对象

分步法下的"步"同样是广义的，在实际工作中有丰富的、灵活多样的具体内涵和应用方式，在实际应用中，可以定义为下列"步"含义：部门——即计算考核"部门成本"、车间、工序、特定的生产、加工阶段、工作中心之间的随意组合。

3. 计算方法及要点

较之其他方法，分步法在具体计算方式方法上有很大不同，这主要是因为它按照生产

---

[1] http://www.gaodun.com/shiwu/885390.html.

加工阶段、步骤计算成本所导致的。

在分步法下,有一系列特定的计算流程、方法和含义。分步法成本核算一般有如下要点:按照"步"作为成本计算对象、归集费用、计算成本。成本计算期一般采用"会计期间"法,期末往往存在本期完工产品、期末在生产产品,需要采用一定的方法分配生产费用。

4. 适用范围:大批大量多步骤多阶段生产的企业;管理上要求按照生产阶段、步骤、车间计算成本的企业;冶金、纺织、造纸企业及其他一些大批大量流水生产的企业等。

(二) 分类法

1. 定义

以"产品类"作为成本计算对象、归集费用、计算成本的一种方法。

2. 成本对象

分类法的成本对象为产品"类",在实际工作中,可以定义为:产品自然类别、管理需要的产品类别。

3. 计算方法及要点

分类法下成本核算的方法要点,可概括如下:以"产品类"为成本计算对象,开设成本计算单;"产品类"的成本计算方法同于"品种";某"类产品"的成本计算出来后,按照下列方法再分配到具体品种,以计算品种的成本;类中选定某产品为"标准产品";定义其他产品与标准产品的换算系统;按照换算系统的比例将"类产品"的成本分解计算到具体品种产品的成本。

4. 适用范围

分类法适合于产品品种规格繁多,并且可以按照一定的标准进行分类的企业。如:鞋厂、轧钢厂等。

(三) 分批法

1. 定义

以产品批别作为成本计算对象的一种成本计算方法。

2. 成本对象

分批法是一种很广义的成本计算方法,在实际工作中,有"批号"、"批次"的定义。可以按照下列方式确定成本对象:产品品种、存货核算中分批实际计价法下的"批";生产批次、制药等企业的产品"批号";客户订单,即按照客户订单计算成本的方法;其他企业需要并自定义的"批"。

3. 计算方法及要点

分批法在实际工作中的应用要点为:以"批号"、"批次"为成本计算对象开设生产成本明细账、成本计算单。成本计算期一般采用"工期",一般不存在生产费用在完工产品和在生产产品之间分配。若生产费用在完工产品、在生产产品间分配采用定额法。

4. 适用范围

单件、小批生产企业、按照客户定单组织生产的企业。因而也称"订单法"。

(四) 品种法

1. 定义

以产品品种作为成本计算对象的一种成本计算方法。

2. 成本对象

品种法的成本计算对象为:产品品种。实际工作中,可以将"品种法"之下的成本对象变通应用为:产品类别、产品品种、产品品种规格。

3. 计算方法及要点

品种法在实际工作中的应用要点为:以"品种"为对象开设生产成本明细账、成本计算单;成本计算期一般采用"会计期间";以"品种"为对象归集和分配费用;以"品种"为主要对象进行成本分析。

4. 适用范围

品种法适合于大批大量、单步骤生产的企业。如发电、采掘业和管理上只要求考核最终产品的企业。

（五）ABC 成本法

从 70 年代开始，一些发达国家就开始研究作业成本法（ABC 法），现在，该核算方法已经被很多国家采用。它是一种将制造费用等间接费用不按传统的（以车间为费用归集和分配对象）方法，而是以"作业"为费用归集和分配的方法，它能够更加合理地分配间接费用，使成本的计算更加合理。由于研究作业成本法只是间接费用的一种分配方法，因此，企业实际上还要结合其他基本核算方法共同使用。

成本管理系统能够满足企业成本核算的各种计算方法的选择，但是，由于各个企业的成本核算还有许多具体的、特殊的要求，有的企业的随意性还比较大。再此，建议企业在成本核算中，应该选择适当的成本核算方法，并规范成本的核算过程，减少随意性，一旦确定一种成本核算方法之后，不要随意改变。

三、工业企业成本核算方法及步骤

（一）工业企业成本核算方法

1. 审核各项要素费用。即审核费用是否应该开支；应开支的费用是否应计入生产成本的费用。

2. 按照"权责发生制"的要求，将应由本月负担的待摊费用和预提费用计入生产成本和经营管理费用。

3. 将计入本月的生产成本费用在各种产品之间进行分配，并按成本项目反映在各产品成本计算单中。

4. 对于既有完工产品又有在生产产品的产品，将月初在生产产品生产费用与本月生产费用之和，在本月完工产品和月末在生产产品之间进行分配，计算出完工产品和在生产产品的成本。

（二）工业企业成本核算步骤

1. 成本核算的账户设置

（1）"基本生产成本"账户

用来核算基本生产所发生的各种生产费用。基本生产所发生的各项费用计入账户的借方，完工入库的产品成本计入账户的贷方，该账户的余额为基本生产在生产产品的成本。该账户应根据管理要求按车间及产品品种设置明细账。

(2)"辅助生产成本"账户

用来核算辅助生产所发生的各种生产费用。辅助生产所发生的各项费用计入账户的借方,完工入库的成本或分配转出的劳务费用计入账户的贷方,该账户的余额为辅助生产在生产产品的成本。该账户按辅助生产车间设置明细账。

(3)"制造费用"账户

制造费用是指工业企业为生产产品(或提供劳务)而发生的,应该计入产品成本但没有专设成本项目的各项生产费用。制造费用一般包括:机物料消耗、工资及福利费、折旧费、修理费、租赁(不包括融资租赁)费、保险费、低值易耗品摊销、水电费、取暖费、运输费、劳动保护费、设计制图费、实验检验费、差旅费、办公费、在生产产品盘亏、毁损和报废(减盘盈),以及季节性及修理期间提供损失等。发生的如上费用应计入账户的借方,月末从贷方分配转出,一般情况下月末无余额。该账户按车间设置明细账。需要说明的是,辅助生产车间的制造费用的核算有两种处理方法,一是通过"制造费用"科目核算,二是不通过"制造费用"科目,直接在辅助生产成本中核算,实验中注意案例的要求。

2. 要素费用的归集和分配

发生材料、燃动力、工资等各项要素费用时,对于直接用于产品生产,专门设有成本项目的费用,应直接计入基本生产成本的某种产品明细账的有关成本项目中;如果是几种产品的间接计入费用,则应采用适当的分配方法,分配计入各种产品明细账的有关项目中。分配间接计入费用的计算公式可概括为:

$$费用分配率 = 待分配费用总额 \div 分配标准之和$$
$$某种产品应负担的费用 = 该产品的分配标准 \times 费用分配率$$

3. 辅助生产费用的归集和分配

辅助生产费用的归集是通过辅助生产总账及明细账进行。当辅助生产发生各项费用时计入"辅助生产成本"总账及所属明细账,期末加总合计数按所提供的劳务供应量进行分配。辅助生产费用分配方法很多,通常采用直接分配法、交互分配法、计划成本分配法等。

(1)直接分配法

其特点是不考虑各辅助生产车间之间相互提供劳务或产品的情况,而是将各种辅助生产费用直接分配给辅助生产以外的各受益单位。此方法简单，但不够准确。

（2）交互分配法

其特点是辅助生产费用通过两次分配完成。首先将辅助生产明细账上的合计数根据各辅助生产车间、部门相互提供的劳务数量计算分配率，在辅助生产之间进行交互分配；然后将各辅助生产车间交互分配后的实际费用（即交互前的费用加上交互分配转入的费用，减去交互分配转出的费用），再按提供的劳务量在辅助生产车间以外的各受益单位之间进行分配。这种分配方法的优点是提高了分配的正确性，但同时加大了分配的工作量。

（3）按计划成本分配法

其特点是辅助生产为各受益单位提供的劳务，都按劳务的计划单位成本进行分配，辅助生产车间实际发生的费用（包括辅助生产内部交互分配转入的费用）在与按计划单位成本分配转出的费用之间的差额采用简化计算方法全部计入管理费用。这种方法便于考核和分析各受益单位的成本，有利于分清各单位的经济责任。但成本分配不够准确，适用于辅助生产劳务计划单位成本比较准确的企业。

4. 制造费用的归集和分配

制造费用的归集和分配，应通过"制造费用"账户进行。该账户应按不同的生产车间设置明细账，明细账内按照费用项目设置专栏，分别反映各车间的制造费用发生情况。制造费用发生时，先通过"制造费用"账户的借方汇总，月末通过一定方法从贷方分配转入有关成本计算对象。

制造费用分配方法很多，通常采用生产工人工时比例法、生产工人工资比例法、机器工时比例法等。其计算公式概括如下：

$$制造费用分配率 = 制造费用分配额 \div 各产品分配标准之和$$

$$某种产品应分配的制造费用 = 该种产品分配标准 \times 制造费用分配率$$

5. 完工产品与在生产产品成本的计算

月末时，如果既有完工产品又有在生产产品，产品成本明细账中归集的生产费用之和还应在完工产品与月末在生产产品之间进行分配，以计算出完工产品成本与月末在生产产品成本。本月生产费用、本月完工产品成本和月初、月末在生产产品成本四者之间的关系如下：

$$月初在生产产品的成本 + 本月生产费用 = 本月完工产品成本 + 月末在生产产品成本$$

完工产品与在生产产品之间的费用分配，企业应根据在生产产品数量的多少、在生产产品数量变化的大小、各项费用的比重的大小、定额管理基础的好坏采用不同的方法。要注意根据企业的特点采用适当的分配方法。

（1）在生产产品不计算成本法

这种方法的特点是：虽然月末有在生产产品但不计算在生产产品成本。即当月发生的生产费用全部由完工产品负担。这种方法适用于各月末在生产产品数量很小的产品。

（2）在生产产品按年初固定成本计算

这种方法的特点是：各月末在生产产品成本固定不变。当月发生的生产费用就是该种产品的完工成本。年末，应根据实际盘点的在生产产品数量具体计算在生产产品成本，并将其作为下一年度各月固定在生产产品成本。这种方法适用于各月月末在生产产品数量较少或者在生产产品数量虽大，但各月之间变化不大的产品。

（3）在生产产品按所耗原材料费用计算法

这种方法的特点是：月末在生产产品只计算其所耗用的原材料费用，不计算工资及福利费等加工费用，即产品的加工费用全部由完工产品负担。这种方法适用于各月在生产产品数量较大，各月在生产产品数量变化也较大，但原材料费用在成本中所占比重较大的产品。

（4）约当产量法

这种方法的特点是：先将月末在生产产品数量按其完工程度折算为相当于完工产品的产量，即约当产量，然后按照完工产品产量与月末在生产产品约当产量的比例分配计算完工产品成本和在生产产品成本。其计算公式如下：

$$在生产产品约当产量 = 在生产产品数量 \times 完工程度$$
$$某项费用分配率 = 该项费用总额 \div (完工产品产量 + 在生产产品约当产量)$$
$$完工产品某项费用 = 完工产品产量 \times 某项费用分配率$$
$$在生产产品某项费用 = 某项费用总额 - 完工产品某项费用$$

这种方法适用于月末在生产产品数量较大，各月末在生产产品数量变化也较大，产品成本中原材料费用和加工费用的比重相差不多的企业。

（5）在生产产品按完工产品计算法

这种方法的特点是：将在生产产品视同于完工产品进行费用分配。即按完工产品产量及在生产产品产量进行分配。这种方法仅适用于月末在生产产品已接近完工或者已经完工，只是尚未包装或者尚未验收入库的产品。

（6）在生产产品定额成本计价法

这种分配方法的特点是：月末在生产产品成本按定额成本计算，然后用该种产品的全

大学生职业指导与创业教程

部生产费用减去按定额成本计算的月末在生产产品成本后的余额,作为完工产品的成本。这种方法适用于定额管理基础较好,各项消耗定额比较准确、稳定,而且各月末在生产产品数量变化不大的产品。

（7）定额比例法

采用这种分配方法的产品,其生产费用按照完工产品与月末在生产产品定额消耗量或定额费用的比例进行分配。其中,原材料费用按原材料的定额消耗量或定额费用比例分配。工资及福利费等加工费用,可以按该定额费用的比例分配,也可按定额工时比例分配。这种方法适用于定额管理基础较好,各项消耗定额或费用定额比较准确、稳定,但各月末在生产产品数量变化较大的产品。

6. 产品成本计算方法

（1）成本的计算方法

产品成本计算要解决的主要问题是产品成本计算对象,而产品成本计算对象的确定必须考虑到生产组织特点和管理要求。所以在成本实验中要注意体会企业的生产特点和管理要求,选择适应的成本计算方法。成本计算方法与生产特点、管理要求的关系如下表所示:

表 3 - 3 - 1　成本计算方法及其特点

产品成本计算方法	核算对象	生产组织	生产工艺过程和管理的要求
品种法	产品品种	大量大批单步骤生产	单步骤生产或管理上不要求分步骤计算成本的多步骤生产
分批法	产品批别	小批单件生产	同上
分步法	产品品种及生产步骤	大量大批多步骤生产	管理上要求分步骤计算成本的多步骤生产

在实际操作中,除上述三种基本方法外还采用一些其他的成本计算方法。如在生产产品的品种、规格繁多的工业企业中,为了简化成本计算工作,可采用一种简便的成本计算方法——分类法;在定额管理工作有一定基础的工业企业中,为了配合和加强生产费用和产品成本的定额管理,可采用一种将符合定额的费用和脱离定额的差异分别核算的产品成本核算方法——定额法。

（2）各种方法的计算程序

① 品种法成本核算的一般程序:

a. 按产品品种开设产品成本明细账。

b. 根据各项费用的原始凭证编制有关记账凭证并登记有关明细账。

c. 编制各种费用分配表分配各种要素费用。

d. 编制待摊费用和预提费用分配表。

e. 根据上述各种费用分配表和其他有关资料,登记辅助生产明细账,归集和分配辅助生产费用。

f. 根据上述各种费用分配表和其他有关资料,登记基本生产的制造费用明细账,归集和分配基本生产车间的制造费用。

g. 根据上述各种费用分配表和其他有关资料,登记产品成本明细账,分别归集各种产品成本,采用适当的分配方法计算出各种产品的完工产品和月末在生产产品成本。

h. 根据各产品明细账中的产成品成本,汇编产成品的成本汇总表,结转产成品成本。

② 分批法成本核算的一般程序:

a. 按产品批别设立产品的成本明细账。

b. 根据各项费用的原始资料和其他有关资料,编制各种费用分配表,并据以登记产品成本明细账,归集各批产品成本。具体方法与前品种法基本相同。

c. 分批法条件下,月末完工产品与在生产产品之间的费用分配有以下几种情况:如果是单件生产,产品完工以前,产品成本明细账所记的生产费用,都是在生产产品成本;产品完工时,产品成本明细账所记的生产费用,就是完工产品成本,因而在月末计算成本时,不存在完工产品与在生产产品之间分配费用的问题。如果是小批生产,批内产品一般都能同时完工,在月末计算成本时,或是全部已经完工,或是全部没有完工,因而一般也不存在完工产品与在生产产品之间分配费用的问题。

如果批内产品跨月陆续完工,这时就要在完工产品与在生产产品之间分配费用。具体可以采取简化的方法处理:如按计划单位成本、定额单位成本、最近一期相同产品的实际单位成本计算完工产品成本;从产品成本明细账中转出完工产品成本后,各项费用余额之和即为在生产产品成本。也可根据具体条件采用前述的分配方法。

③ 分步法成本核算的一般程序:

a. 逐步结转分步法核算程序如下图所示:

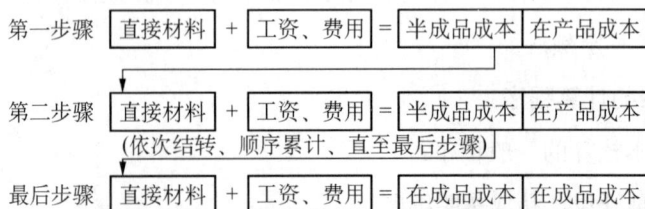

第一步骤　直接材料　+　工资、费用　=　半成品成本　在产品成本

第二步骤　直接材料　+　工资、费用　=　半成品成本　在产品成本
（依次结转、顺序累计、直至最后步骤）

最后步骤　直接材料　+　工资、费用　=　在成品成本　在成品成本

图 3-3-1　逐步结转分步法核算程序

b. 平行结转分步法核算程序如下图所示：

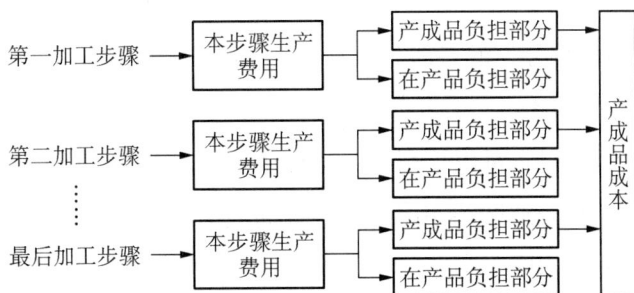

图3-3-2　平行结转分步法核算程序

④ 分类法成本核算的一般程序：

a. 根据产品的结构、所用原材料和工艺过程的不同,将产品划分为几大类,按照产品的类别设立产品成本明细账,归集产品的生产费用,计算各类产品成本(具体方法同品种法)。

b. 选择合理的分配标准(通常采用系数法),将每类产品的完工产品成本在类内各种产品之间进行分配,从而计算出各种产品成本。

⑤ 定额法成本核算的一般程序：

a. 事前制定产品的消耗定额、费用定额和定额成本。

b. 生产费用发生时,将符合定额的费用和发生的差异分别核算。

c. 月末在定额成本的基础上,加减各种成本差异,计算出产品的实际成本。产品实际成本的计算公式如下：

产品实际成本 ＝ 按现行定额计算的产品定额成本 ± 脱离现行定额差异

± 原材料或半成品成本差异 ± 月初在生产产品定额变动差异

7. 工业企业成本报表的编制与分析

成本报表一般包括：产品生产成本表、主要产品单位成本表、制造费用明细表、营业费用、管理费用、财务费用明细表等。

(1) 产品生产成本表的编制和分析

产品生产成本表是反映工业企业在报告期内生产的全部产品总成本的报表。一般分为两种：一种按成本项目反映,另一种按产品种类反映。按成本项目反映的产品生产成本报表包括生产费用和产品生产成本两部分：生产费用部分按照成本项目反映报告期内发生的各项生产费用及其合计数；产品生产成本部分是在生产费用合计的基础上,加上在生产产品、自制半成品期初余额,减去在生产产品和自制半成品的期末余额,计算出产品生产成本合计数。按产品种类反映的产品生产成本报表包括实际产量、单位成本、本月总成本和本年累计总成本四部分。前三部分可从有关成本资料中取得,累计总成本等于年实际产量乘以年平均单位成本。

产品生产成本表的分析,可以采用对比分析法进行本期实际成本与计划成本的对比分析,了解成本计划的执行结果;采用因素分析法进行本期实际成本与上期实际成本的因素分析,了解可比产品成本升降情况。

(2)主要产品单位成本表的编制与分析

主要产品单位成本表分为按成本项目反映的单位成本和主要技术经济指标两部分。单位成本部分分别反映历史先进、上年实际、本年计划、本月实际和本年累计实际平均的单位成本。技术指标主要反映原料、主要材料、燃料和动力的消耗数量。表中的数据可从有关成本资料中取得。

主要产品单位成本表应选择成本超支或节约较多的产品有重点地进行分析。分析时先将实际单位成本与其他各种单位成本(如本年计划,历史先进,上年平均等)进行对比,对产品单位成本进行一般分析;然后按成本项目(如直接材料、燃料及动力、直接人工、制造费用)和主要技术经济指标进行分项目具体分析。

(3)费用明细表的编制与分析

费用明细表的编制应按照费用项目分别反映各项费用的本年计划数、上年同期实际数、本月实际数和本年累计实际数。表中的数据可从有关成本资料中计算取得。费用明细表的分析通常采用对比分析法和构成比率法。

拓展阅读

大三学生创业投资百万网上开店

上海对外贸易学院大三学生周强创办了一家注册资金达 100 万元的公司,不久前,他的网站实体店在松江大学城园区内正式开张。

周强创立的"大学城在线"在二个月前建立,网站包括学习、求职、娱乐、电子商城等几大板块,涵盖了各种考试、学习资料的下载、复印;兼职、实习工作岗位的信息发布;笔记本电脑等电子产品的低价团购;为学生代买火车票等日常生活的各项服务。

这位年轻的 CEO 反复地强调自己的企业观:他的网站运行宗旨就是服务学生,所以他在提供上述服务时,除了收取少量的成本费用之外,是完全对同学免费开放的,而现在越来越多的松江大学城的学生登陆到 www.sj163.cn 这个网站。据统计,该网站已由建站时居全球 500 多万位的浏览量,上升至现在的 1 万多位,注册会员达几万人。

"我想建设一个上海大学生的门户网站。"周强告诉记者,"我的第一身份还是学生,不会选择辍学。特别是我现在学的是法学行政管理,这对我将来公司的管理工作非常有帮助。"他说父母也鼓励他创业,并拿出了第一笔注册资金。周强表示,目前公司是要吸引更多的学生访问网站,接受网站的服务,积攒人气。当网站有了一批稳定而又忠诚的学生客户群时,其市场潜力对广大的商家而言是极具吸引力的,那时广告的投放和资金赞助就是公司主要的盈利点。

第四单元 创业计划与创业计划书

学习目标

1. 了解创业计划的作用。
2. 掌握制订创业计划的方法。

【导入案例】

创业者：如何找到你的"专属VC"？

前言：创业者和VC（创业投资）的合作好比是一段姻缘的缔结，不容许一点点的草率和马虎，当然这个态度的前提是：你是一个负责的、真心的人。

找到一个合适的伴侣对大多数人来说都是一件极其重要的事，毕竟这件事情也许会关系到你后半生的幸福。对于创业者来说，找到一个合适VC的重要性甚至不亚于此，这不仅直接关系到你创业的成败，还可能会影响到公司后期的运营。因为VC通常会成为公司的董事会成员，所以其未来会在公司占据一个什么位置、扮演一个什么角色也是你需要考虑的问题。当然，这并不是在创业前期你所要考虑的首要问题，在寻找VC的道路上，可能解决了以下这四个问题，这个问题也就迎刃而解了。

契合度：

找VC就像是找对象一样，"最好的"并不一定是最适合你的。只有"意气相投"的两个人才有可能"天长地久"，这对于创业者和VC来说也是一样的。

首先，这种契合度体现在VC的专业性上。每个VC都有自己擅长的领域，你所合作的VC，最好在你的创业项目所涉及的领域是有所建树的，其次是有所涉猎的，至少也应该是有兴趣的。否则，你和投资人讲项目的时候可能会有一种"对牛弹琴"的感觉。

除此之外，创业者和VC在价值观上的契合度也是极其重要的。不同的VC在项目选择上会有自己的"癖好"，这也许跟投资人个人的性格有关。这种"癖好"会鲜明地体现在这些资本投资过的创业项目上，创业者可以通过分析这些项目的共同点来把握这个资本的风格。当然，判断你们的价值观是否契合还有一个很重要的前提就是：明确自己公司的核心价值。你要清楚你所做的这件事情意义何在，才有可能进一步判断你的投资人是否赞同这种价值，并且愿意参与到这种价值的实现上来。

如果说专业上的契合度决定了创业者和VC能不能在一起，那么价值观上的契合度将决定这种关系能不能和谐长远地持续下去。因此，如果想达到"高山流水"的境界，第二个因素也是必须考虑在内的。如果你的运气足够好的话，你可能会找到好几个同时符合以上两个条件的VC，他们之间通常会存在某种竞争关系。就像我们所熟知的一样，在同一区域内，食物种类重合越多的两种生物之间竞争也越激烈。其实资本之间也是一样的。但对创业者来说，这未必不是一个机会。所以，关注你意向资本的竞争对手，可能是你寻找融资的另一途径。

附加值：

一段好的婚姻绝不仅仅在于一时的欢愉，更重要的是两个人能否在相处中共同成长。对于创业者来说也是这样的：你不能只考虑到这个VC能给你投多少钱，有时候vc给你带来的潜在价值可能比资金本身还要重要。这种价值会在你遇到困难的时候体现得尤为明显。事实证明，你和VC之间的关系绝不会停留在业务层面这么简单。

明确条款：

如果你觉得以上所说的两点都过于抽象，执行基本靠双方的意会，没有一个具体的、可量化的标准，那么下面所提及的两点或许会实在很多，至少在可操作性上来讲是这样的。

投资条款清单，是指投资公司和创业企业就未来的投资交易所达成的原则性约定，通常包括投资者对被投资企业的估值和计划投资金额、投资企业应负的主要义务和投资者要求得到的主要权利以及投资交易达成的前提条件等内容。而这些内容对于未来签订的正式投资协议或许是一个比较全面的铺垫。打个不恰当的比方，这就好比夫妻双方签订的"婚前财产公证"一样，其出发点都是在保证公平的前提下尽量减少一些不必要的麻烦。当然，为使之具备必要的法律效力，你需要找一个专业的机构对这份清单进行公证。另外，不得不提醒的是，最好找一个专业的并且有相关经验的人给你的投资条款清单把把关。因为创业者通常会被自己巨大的创业热情所蒙蔽，总是把前景设想的过于美好，而一个冷静的旁观者或许可以帮你扫清这些盲点。

明确预期：

从人类社会出现开始，一切结合最终都是以获取利益为目的的，不管是个体利益还是族群利益。这一点对于创业者和资本的结合更是毋庸置疑的。所以在一开始就需要明确你们的共同目标是什么。强调一点，这里所说的是"明确"：就是说这个目标必须是可以量化的，比如时间、营业额、利润或者是市场份额等要素。这些实际的数据往往比某些概念性的目标要有意义得多。同样的，投资人给创业者的许诺也必须是"明确的"，尤其是在资金额度等敏感话题上。而这种"明确"对创业者和投资人双方都是有好处的，至少可以在一开始提升彼此之间的信任度。事实上，很多关系的破灭就是因为双方在一开始没有明确的预期。

当然，在具体的实践过程中，你可能会遇到更多细节上的问题。但不管怎样，以上所说的四点可能是每个创业者都无法避免的问题。考虑清楚这些问题，你也许会少走一些弯路。①

模块一 创 业 计 划

一、创业计划的作用

创业计划也是一种商业计划，是创业者为实现创业而定制的具体行动指南。有了创业计划，人们就能按照计划的设定逐步进行工作，可以在实践中根据需要调整计划以达到完善。我们可以从创业计划的作用来理解创业计划的重要性。

（一）创业计划是创业者的"行动指南"

我们编制创业计划是为了使创业行为更有理性，能使创业过程有统一的思想和路线。作用在于使创业者从凌乱的工作中理出头绪来进行工作，能够为创业行为提供依据和支撑。特别是在团队合作的创业活动中，创业计划就更体现了统一性和步骤性，计划使团队的成员有明确的目标，又可以分工合作达到共同的目的。

---

① http://tech. 163. com/15/0519/08/APVCMJ4S00094P41. html.

（二）创业计划是创业者寻找创业资源的重要参考

我们知道,创业资源除了自身资源外,组建团队共同整合资源是创业发展重要的过程。在团队的组建过程中,吸引新成员的加入必须先让目标成员清楚地了解创业项目,这其中创业计划书就是很重要的参考内容之一。它能让目标成员在短时间内对创业者的创业思想和整个项目内容及进度有全方位的了解。而吸引风险资本更少不了创业计划,一个好的创业计划能够让风险资本在项目还未开始实施前就提供创业投资,这样能够大大地减轻创业者的资金压力,同时又能得到更高的风险抵御能力。

（三）创业计划能使创业活动更有效率

创业计划分为长期计划和短期计划。我们知道,制定计划的作用就是监督自己在期间内的工作进度,创业计划同样能够实现这样的作用,这是一种自我约束的作用。创业计划一经通过,必须严格执行,这样使得创业者本人不会拖延工作,也可以约束创业团队中的成员完成工作的时间,所以创业计划是提高工作效率的重要手段。

二、制订创业计划

制订创业计划一般分成以下几个部分进行:项目概述、营销计划、组织与管理计划、财务计划和风险应变计划。每项计划都有工作重点。

（一）项目概述

主要是描述创业项目的相关总体内容,比如要进行一个怎样的项目,这个项目提供的产品或者服务是什么,项目期望达到的目标是什么等。项目概述并不是可有可无的内容,它体现了创业的总体思想,它是计划的基础结构,缺少对项目的总体规划就等于工作没有主心骨。

（二）营销计划

首先要进行市场分析,这项计划中包括了进行市场调查的计划。通过市场调查描述从事创业项目的前期、现在和未来市场需求,分析市场潜力和有无竞争者及其关系的所有内容。其次是运营计划,这项计划描述项目提供的产品生产或者服务提供的方式。最后是销售计划,主要描述项目提供的产品怎样进行推广销售的策略及成本的预算。

（三）组织与管理计划

这项计划描述项目开始后需要成为的企业形式、组织架构、管理方式等，这体现了一个创业者的管理能力。好的组织架构能够发挥最大的工作效率，相反则有可能导致创业失败。一些有能力的创业者也许在技术方面有着过人的创新能力，但是对于管理企业，则需要有更高的领导能力。

（四）财务计划

这项计划主要描述固定资产、变动成本、销售利润预测、盈亏平衡分析、现金流量分析，以及今后的融资计划。作为一个创业者，在选择投资者时要非常谨慎。在今天，金钱已经成为一种商品，你在任何地方都能得到这种商品，但是更重要的是金钱以外的东西。实际上投资人不仅仅能带来资金，他们还能带来像政府关系和技术这类的服务。所以你在一开始就要想清楚你要投资者给你带来什么。

（五）风险应变计划

利益总会与风险共同存在，所以在预测赢利的同时也要考虑风险发生的应变计划，这体现了创业者对项目风险的抵抗能力。风险应变计划包括创业者预计风险的发生时间、发生情况、应对风险的处理方法及如果创业失败的退出计划。在这里特别要强调的是退出计划创业者是必须考虑的，如果发生风险损失长期超过创业所带来的利润，创业团队的成员就会产生退出的想法，有计划的退出能使企业的损失降到最低。

三、市场调查内容和方法

行之有效的创业计划离不开全面的市场调查，市场调查能让计划变得更合理，市场调查也是制定计划的依据。通过市场调查，创业者可以清楚地分析市场状况、周边环境和消费者需求，通过搜集、整理、分析有关市场营销数据信息，可以预计市场的发展趋势。通过市场调查做出的发展目标才是合理的计划目标。

（一）市场调查的内容

1. 宏观调查

主要包括经济环境、社会和文化环境、政治环境三大方面。经济环境主要是了解社会经济的现状和经济的发展水平。经济环境是一项综合考虑的因素。经济环境不好的情况下市场需求肯定也会不高,但是国家又会在经济环境恶化之前出台刺激政策,创业者在这个时期融资成本可能会更低。所以环境的变化对任何创业者来说都具有两面性,根据企业发展的不同时期,经济环境对企业的影响也表现得不同。

社会和文化环境决定了市场的大小。创业者在开发的产品或是服务进入市场时必须考虑人口因素、消费者心理、文化传统等因素,才能符合市场需求。例如现在智能手机几乎是人手一部,但是能够轻松使用智能应用的人群还是分布在 55 岁以下,大多数老年人还只是用来打电话,如果创业者考虑开发一款给老年人使用的应用 APP,就需要考虑在这样的文化背景下市场有多大。

政治环境决定创业的成败。在创业资源中提到了政策资源,所有的创业活动都必须在法律法规的允许下进行,除了法律法规外还应当调查政治局势、政府的思想路线等。产品和服务的国际化,表明政治局势对项目也起到决定性的作用。

宏观环境的调查和分析可以参考"PEST 分析法"进行。

2. 行业环境调查

创业者必须要对创业项目经营的产品和服务所属的行业情况进行调查分析。包括所属行业的历史、现状、发展趋势、行业规定和竞争力分析,行业调查可以参考"FORCE 分析法"进行。五力分析模型将大量不同的因素汇集在一个简便的模型中,以此分析一个行业的基本竞争态势,让创业者清楚分析出项目利润的情况,对创业者制定战略提供依据。

(二) 市场调查的步骤和方法

1. 调查的步骤

市场调查工作应该有计划、有步骤地进行,以防调查的盲目性。市场调查可分为确定调查目标、设计调查模型、正式调查、分析资料、撰写调查报告五个步骤。科学的市场调查需要选择有针对性的调查目标,能高效地完成工作。设计调查模型需要有专业的统计学知识,建议创业者学习相关领域的知识。正式调查时首先确定应该搜集哪些资料和选定调查方法,接下来按计划进行调查。分析资料是调查员可以从收集的调查样本中先对资料进行合格筛查,达到设计的合格样本率后按科学的方法进行分析。最后调查员对分析资料的结果撰写调查报告,分析结果可以用图表的形式体现,这样更加直观明了。

2. 调查的方法

(1) 观察法

是社会调查和市场调查研究的最基本的方法。它是由调查人员根据调查研究的对象，利用眼睛、耳朵等感官以直接观察的方式对其进行考察并搜集资料。例如，市场调查人员到被访问者的销售场所去观察商品的品牌及包装情况。

(2) 实验法

由调查人员跟进调查的要求，用实验的方式，将调查的对象控制在特定的环境条件下，对其进行观察以获得相应的信息。控制对象可以是产品的价格、品质、包装等，在可控制的条件下观察市场现象，揭示在自然条件下不易发生的市场规律，这种方法主要用于市场销售实验和消费者使用实验。

(3) 访问法

可以分为结构式访问、无结构式访问和集体访问。

结构式访问是事先设计好的、有一定结构的访问问卷的访问。调查人员要按照事先设计好的调查表或访问提纲进行访问，要以相同的提问方式和记录方式进行访问。提问的语气和态度也要尽可能地保持一致。

无结构式访问是没有统一问卷，由调查人员与被访问者自由交谈的访问。它可以根据调查的内容，进行广泛的交流。如：对商品的价格进行交谈，了解被调查者对价格的看法。

集体访问是通过集体座谈的方式听取被访问者的想法，收集信息资料的访问。可以分为专家集体访问和消费者集体访问。

(4) 问卷法

是通过设计调查问卷，让被调查者填写调查表的方式获得所调查对象的信息。在调查中将调查的资料设计成问卷后，让接受调查对象将自己的意见或答案，填入问卷中。在一般进行的实地调查中，问答卷使用最广。

【导入案例】

天使式众筹大家投

一年前，在一个朋友聚会中认识了大家投网站的创始人李群林，他极力推荐他想创建的网站——众筹式的天使平台。我不认为他有机会做成，因为李群林并不是互联网投资人喜欢投资的那种明星创业者。很多知名的天使投资人都拒绝了他的请求。但李群林并没有轻易放弃，他不断在微博上发表并宣传资金的理念，结识真正对他认可的粉丝和朋友,经过两个月的不断努力,他引起了深圳创新谷孵化器的注意,表示愿意做他项目的领投人,不久他又吸引了 11 个个人的投资,总共 12 个投资人,每人出资最高 15 万,最低 3 万。除创新谷孵化器是机构外,更多的投资人是没有专业投资经营的个人。大家投网站最后出让了 20% 的股份。

大家投网站模式是:当创业项目在平台上发布项目后,吸引到足够数量的小额投资人(天使投资人),并在凑满融资额度后,投资人按照各自出资比例成立有限合伙企业(领投人任普通合伙人,跟投人任有限合伙人),再以该有限合伙企业法人身份入股被投项目公司,持有项目公司出让的股份。而融资成功后,作为中间平台的大家投则从中抽取 2% 的融资顾问费。

如同支付宝解决电子商务消费者和商家之间的信任问题一样,大家投将推出一个中间产品叫"投付宝"。简单而言,就是投资款托管,对项目感兴趣的投资人把投资款先打到由兴业银行托管的第三方账户,在公司正式注册验资的时候再拨款进公司。投付宝的好处是可以分批拨款,比如投资 100 万,先拨付 25 万,根据企业的产品或运营进度决定是否持续拨款。

对于创业者来讲,有了投资款托管后,投资人在认投项目时就需要将投资款转入托管账户,认投方可有效,这样就有效避免了以前投资人轻易反悔的情况,会大大提升创业者融资效率。由于投资人存放在托管账户中的资金是分批次转入被投企业,这样就大大降低了投资人的投资风险,投资人参与投资的积极性会大幅度提高,这样也会大幅度提高创业者的融资效率。

模块二　制作创业计划书

一、创业计划书的功能

创业计划书是创业计划以书面形式呈现的报告,创业计划书不仅是一份书面的计划,而且是一个实实在在的行动纲领。

(一) 行动纲领

创业计划是创业者的思想形式,计划书是文件形式。文件形式的内容更能清楚地反映创业者的思路。对初创的风险企业来说,创业计划书的作用尤为重要,一个正在酝酿中的项目,往往很模糊,通过制定创业计划书,把正反理由都书写下来,然后再逐条推敲,创业者就能对这一项目有更加清晰的认识。

(二)能帮助创业者进行有效的管理

一份完美的创业计划书可以增强创业者的自信,使创业者明显感到对企业更容易控制、对经营更有把握。因为创业计划提供了企业全部的现状和未来发展的方向,也为企业提供了良好的效益评价体系和管理监控指标。创业计划书使得创业者在创业实践中有章可循。

创业计划书通过描绘新创企业的发展前景和成长潜力,使管理层和员工对企业及个人的未来充满信心,并明确要从事什么项目和活动,从而使大家了解将要充当什么角色,完成什么工作,以及自己是否胜任这些工作。因此,创业计划书对于创业者吸引所需要的人力资源,凝聚人心,具有重要作用。

(三)获得融资的工具

创业者在寻找风投资本时也需要包装,一份完美的创业计划书是对将开展的创业项目进行可行性分析的过程,也在向风险投资商、银行、客户和供应商宣传拟建的企业及其经营方式,包括企业的产品、营销、市场及人员、制度、管理等各个方面。

二、撰写创业计划书

创业计划书的结构包括封面、目录、执行概要、主体内容和附件等。撰写创业计划是创业者反复思考、推理并讨论的过程。计划书的内容包括:摘要、企业概况、产品与服务、市场分析与营销策略、产品制造、管理团队、财务分析、风险评估与应对措施、退出策略、附件等。

撰写计划书的篇幅不应过长,一般篇幅应为 20 页—50 页,各项内容的结构应当合理。一般各项内容所占篇幅的比例应当为 5%—10% 之间,产品与服务与市场分析可占用稍大点篇幅。

目前,全国各地各种申请基金和参加比赛的创业者所使用的创业计划书版本不尽相同,如申请 YBC(中国青年创业国际计划)的是 YBC 提供的文本;申请天使基金的是一种项目商务计划书文本,要求比较复杂,内容也很详尽;而申请上海银行开业贷款、创业前贷

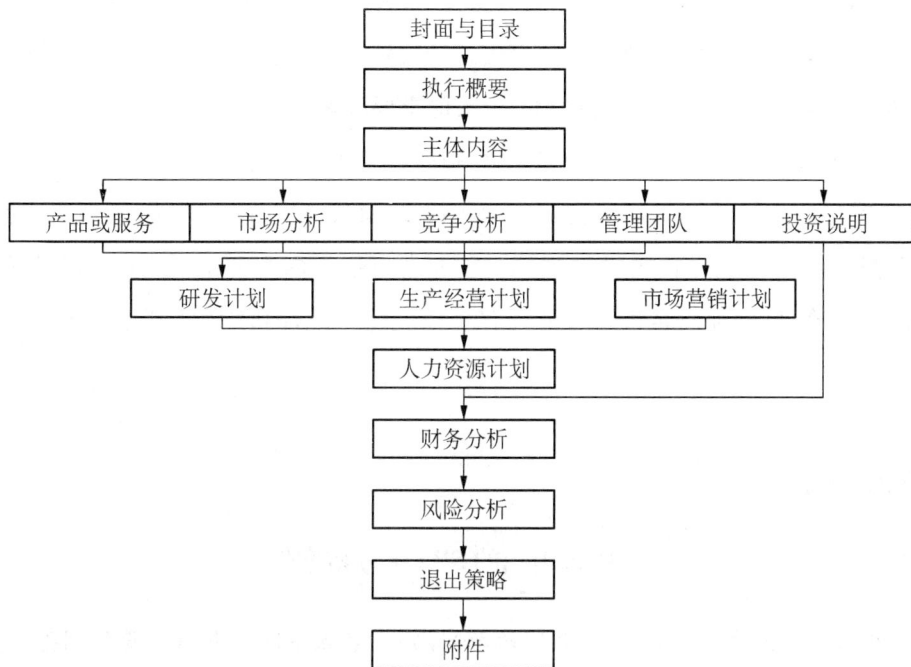

图 3-4-1　创业计划书一般结构图

款和小企业贷款的创业项目，一般使用的是上海市劳动局编制的文本格式。

撰写创业计划书也有一定的技巧。

（1）必须足够吸引阅读对象。一份完美的创业计划书的关键在于对投资人及其他资源拥有者的心理把握。从投资者角度看，管理团队以及市场机会的价值是投资的关键要素。

（2）内容要真实。内容真实体现了创业者本身的信用，力求通过事实说话才能赢得团队的信任。

（3）分析方法要科学。通过科学的调查和分析能够预测创业项目的价值。所有的投资人都是精通行业情况和市场分析的专家，他们提出的问题也很尖锐。如果计划书运用的分析方法错漏百出，给投资人的最初印象就会大打折扣。

三、创业计划书的陈述与展示

创业计划书除了是创业者本人的行动指导，更重要的是可以吸引合作团队，向他们展示创业者的项目。所以除了内部使用外，还需要展示给投资人看，这就要求创业者对计划书的内容进行陈述和 PPT 展示。

在展示之前，创业应当了解对象，对其所关心的问题做充分的回答准备。同时也要训练自己的语言表达能力，尽可能地用语言去打动投资人，也需要创业者提前做好预演。一个合格的创业者，其个人魅力也是打动投资人的重要因素之一。

陈述创业计划过程中，陈述者应当思路清晰，语言表述精练。展示计划书是创业者在投资人面前的一个难得的机会，重点展示问题背景、解决方案、商业模式、管理团队和财务计划，并把这些内容重点作为 PPT 展示。创业者可依据内容的不同，准备 15 页左右的 PPT 稿，尽量在 20 分钟内容将所有的内容全部表述完成，同时 PPT 稿一定要有视觉冲击力。

【拓展阅读】

中国电信的 SWOT 分析案例

在已经过去的一年里，中国电信的新闻热点、焦点不断。电信资费的调整、中国电信南北大分拆以及中国电信将面临入世挑战等话题让人们瞩目。在新的一年里，中国电信又将上演一场"与狼共舞"的惊险剧目。面对激烈的市场竞争，对中国电信进行 SWOT 分析（SWOT 分别为优势、劣势、机会和威胁的英文单词的首个字母），也许能让大家对中国电信未来的发展有一个清醒的、客观的认识。

一、中国电信的优势（strength）和劣势（weakness）分析

自 20 世纪 80 年代中期起，中国电信经历了 30 多年的高速发展，已经形成了规模效益。尽管此间经历了邮电分营、政企分开、移动寻呼剥离、分拆重组等一系列的改革，但在中国的电信业市场上，中国电信仍具有较强的竞争和发展优势。主要表现在客户资源、网络基础设施、人才储备、服务质量等方面。

（一）中国电信市场引入竞争机制后，中国电信与中国移动、中国联通等运营商展开激烈竞争。中国电信南北分拆后，在保留原有大部分固定电话网和数据通信业务的同时，继承了绝大部分的客户资源、保持良好的客户关系，在市场上占领了绝对的优势。1.79 亿的固定电话用户，1 500 多万的数据通信用户，为中国电信发展业务，增加收入奠定了良好的基础。

（二）中国电信基础网络设施比较完善。改革开放 30 多年来，中国电信已建成了覆盖全国，以光缆为主、卫星和微波为辅的高速率、大容量、具有一定规模、技术先进的基础传输网、接入网、交换网、数据通信网和智能网等。同时 DWDM 传输网，宽带接入网的相继建设及数据通信网络和智能网不断扩容，使得中国电信的网络优势已经成为

当前企业发展的核心能力,同时也具备了向相关专业延伸的基础和实力。

(三)中国电信在发展过程培养和储备了一大批了解本地市场、熟悉通信设备的电信管理和技术的能力较高、结构合理的管理和专业人才。同时中国电信还积累了大量丰富的运营管理经验,拥有长期积累的网络管理经验、良好的运营技能和较为完善的服务系统。

(四)中国电信日趋完善的服务质量。中国电信成立了集团客户服务中心,为跨省市的集团客户解决进网需求,同时中国电信还建立了一点受理、一站购齐的服务体系,最大限度地方便用户。紧接着中国电信推出了首问负责制,解决了企业在向用户提供服务过程中出现的相互扯皮、相互推委的问题;另外,中国电信还设立了服务热线(10000)、投诉热线(180)等,建立了与用户之间的沟通服务,提供互动式服务。

虽然中国电信具有一定的发展优势,但我们应该辩正地看待这些优势。辩证法告诉我们,优势和劣势都是相对的,即在一定的条件下,优势很可能就转变成劣势。中国电信虽然拥有丰富的客户资源、完善的网络设施以及大量的储备人才,但缺乏现代企业发展所必需的战略观念、创新观念、人力资源开发管理、人文环境建设以及与此相适应的市场制度环境。业内人士认为,中国电信拥有资源优势,但却缺乏资源运作优势。一旦不慎,优势很可能就转变成劣势。目前,中国电信的劣势主要表现在以下几方面:

(一)企业战略管理与发展的矛盾。一方面是企业决策层只重视当前战术和策略,忽视长远战略,湮没在日常经营性事物中,不能统观大局;另一方面企业缺乏应对复杂多变环境的企业运作战略策划人才。这个问题是当前实现企业持续发展、保持长久竞争优势的核心问题。

(二)企业内部创新与发展的矛盾。中国电信面向计划经济的职能化业务流程、管理模式、组织模式已经呈现出与快速发展的不适应,并逐步成为制约企业参与全球化竞争的主要因素。ERP、管理和组织模式的改革创新以及企业特色人文环境的建设是实施企业发展战略应考虑的焦点问题。

(三)中国电信现有的基础设施不能为用户提供特色服务。中国电信虽然拥有比较完善的网络基础设施,但这大都不是根据市场的实际需要建设的,而是为了满足普遍服务的需要。

二、中国电信的机会(opportunity)和威胁(threat)分析

我国国民经济的快速发展以及加入WTO,将为我国的信息化建设和通信发展提

供前所未有的发展机遇。同时也为中国电信提供了巨大的机会,主要表现为以下几个方面。

(一)国民经济的持续快速发展,形成了潜力巨大的市场需求,为中国电信提供了更大的发展空间。据有关研究报告测算:中国到完成加入WTO的各项承诺之后的2005年,其GDP和社会福利收入将分别提高1 955亿元和1 595亿元人民币,占当年GDP的1.5%和1.2%。本地经济比较优势的重新配置资源所带来的巨大收益将进一步增强当地经济实力。而且入世将推动外资的引进和内需的拉动。入世后各地将极大改善投资环境,法律透明度提高和国民待遇的实现将吸引大量外来资本,本地企业实力将得到提高和增强。企业电信消费水平随之提高。劳动力市场结构的调整和转移必然带来社会人员的大量流动,同时拉动巨大的通信需求,话务市场将进一步激活。

(二)电信业法律法规不断健全完善,电信业将进入依法管理的新阶段,为中国电信的发展创造了公平、有序的竞争环境。随着电信业法制的健全,政府的经济职能将发生根本的转变,政府会把企业的投资决策权和生产经营权交给企业,让企业经受市场经济的考验。这意味着政府将给中国电信进一步松绑,给予应有的自主权,有利于中国电信按市场经济规律运作。

(三)中国政府大力推进国民经济和社会信息化的战略决策,为中国电信的发展创造了历史性的机会。"三大上网工程"(政府上网、企业上网、家庭上网)造就了我国消费能力强劲的信息产业市场,为我国信息产业市场创造良好环境的同时,使我国成为全球最大的信息产业市场之一。

(四)中国加入WTO后电信市场逐步对外开放,将加快企业的国际化进程,有利于企业的经营管理、运作机制、人才培养与国际接轨。同时可促进中国电信借鉴国外公司的管理经验,积极地推进思维、技术、体制创新,提高产品档次,降低成本,完善服务质量,改进营销策略,增强核心竞争力。

(五)电信市场潜力巨大。首先,我国经济发展不平衡,地区之间、消费层次之间的差异决定了电信需求的多层次和多样化,而通信技术的飞速发展,促进电信企业的网络升级换代和业务的推陈出新,在固定电话网与计算机通信的融合点上开发新业务潜力巨大,激发出新的消费需求。因而,从总体上看,我国电信市场孕育着巨大的需求潜力。其次,从固定电话看,中国电信平均主线普及率只有13.8%,远低于发达国家平均水平。主线收入、盈利水平和市场规模也与发达国家平均水平相差甚远,发展的空间和潜力仍旧巨大。最后,从中国电信的其他业务看,互联网和固网智能网业务的市场规模和盈利能力将随着企业外部环境层次的提高而不断扩大。

（六）移动牌照的发放。信息产业部部长吴基传曾经在公众场合说过，中国将拥有四个综合电信运营商，他们能够经营固定、移动、数据和其他各种基础电信业务，这意味着将再发两张移动牌照。目前，移动通信领域是潜力最大，也是竞争最激烈的通信领域，将成为各电信企业的必争之地。一旦中国电信拿到了移动牌照，那么移动领域将是中国电信的又一主营业务。

正所谓机会与威胁同在。任何事件的影响都是相对的，中国电信在迎接巨大机会的同时也将面临巨大的威胁，具体表现在以下几个方面。

（一）电信市场竞争格局由局部转向全面、简单转向多元。首先，在竞争趋势方面，国内市场竞争将由价格竞争向核心能力创新竞争过渡。在过渡期间，市场份额的抢夺将成为市场跟随者的发展重点。其次，入世后的国际资本竞争压力也将逐步增大。国外电信运营商将通过兼并，联合和收购等方式实现全球服务化的速度不断加快。中国电信市场的 ICP、EMAIL、数据库、传真、视频会议等增值业务将首当其冲地受到较大冲击，对电信企业的稳定增长产生影响。

（二）中国电信人才流失较为严重。国内外许多公司采用高薪、高福利等政策吸引中国电信人才，造成中国电信人才严重流失。这一现象至今仍未得到解决。人才的流动是竞争的必然结果，是关系到中国电信生存发展的关键问题。因此，如何体现人才价值、发挥人才潜能，是中国电信必须正视的一个问题。

（三）非对称管制对中国电信的影响。中国电信在经营许可、互联互通、电信资费、电信普遍服务等方面受到相对严格的行业管制。在目前的中国电信市场上，管制的不平等已经制约了中国电信的发展，在日趋激烈的电信市场竞争形势下，不尽快进行改革，中国电信只有一死。新中国电信公司不久后也将通过上市进行机制转换，实现与中国联通、中国移动相同的机制平台，从而开展有效的公平竞争。[1]

① http://mp. weixin. qq. com/s? src＝3&timestamp＝1469191235&ver＝1&signature＝53ReCz
5amNTojT6tQLYek0uLHJjOee-GfwDZVidCCtxIPDF9zJ3PNlugg7blkGcpm-sq36H5iNOLX＊Bshjn9dWdz
kSrwMgcBPwxrA96pT6pASYBfivYgbqDNsAbHNb＊17N1LzwJRsZ6dybOPw9GoYw＝＝

第五单元　成立新企业和企业可行性评估

1. 了解新企业成立的流程。

2. 了解企业进行项目投资的意义与原则。

3. 掌握企业可行性分析与评估的方法。

【导入案例】

陈峰伟和他的大卖场

南京邮电大学大二学生陈峰伟正在仙林大学城内建一个 500 平方米的大卖场,这个名为"华盛电器"的大卖场将投入 300 万元,所有投资都是陈峰伟个人的投入和融资。目前,这个由大学生自己投资、自己策划,甚至连所有工作人员都是大学生的企业已经完成了工商注册,预计明年初开业。虽然南京家电业巨头云集,但陈峰伟这个年轻人已经把竞争对手锁定为苏宁、五星等家电巨头。"第一年的销售目标是 4 000 万,5 年后,我希望能达到 2 亿,抢到仙林地区 80% 的市场份额。"

陈峰伟在同学眼中是个能人,来南京不过一年半时间,却一直没有停止自己的创业之路。他自称卖过图书、卖过手机。在新生军训时,学校只发了衣服,却没配鞋子,他立即从外面购进鞋子向新生推销。今年暑假,陈峰伟先到太平洋建设集团实习,回到河南老家后又做起了一些高校的招生代理,"我两个星期就赚了两万",陈峰伟的声音里透着些许自豪。陈峰伟最早接触 IT 销售也是在大学中,除了向同学们推销手机、MP3 等 IT 产品外,他还在仙林大学城的各个学校内发展代理,"有的学生代理一天就能卖出两部手机"。陈峰伟没有透露自己在校一年半到底靠这些方式赚到了多少钱,但他称此次华盛电器注册的 30 万元资本全来自于自己的投入。在向同学们推销手机和其他数码产品时,他发现了巨大的商机:仙林地区有 12 万大学生,却没有一个专售数码、手机产品的店铺。仙林地区手机、笔记本电脑和数码产品的年市场份额达 3.6 亿元之多,光手机一天就有 300 部需求。陈峰伟称这一结论来自于他组织的 3 次市场调研。陈峰伟向大学生们做的另一个问卷题目是:如果我在仙林开一个大卖场,你会不会来我这边买? 70%学生的答案是"不会",他们选择如苏宁、国美这样的大店,一部分会选择去珠江路,选择到他店里去买的占 18%。但这 18%也给了他很大的刺激,纯数学计算,3.6 亿市场总需求的 18%就是 6 400 万,陈峰伟决定动手,开这个大卖场。

陈峰伟称,华盛电器所需的数十名员工已经招聘完毕,全是来自仙林地区各高校的大学生。核心管理团队 4 到 5 人左右,有南邮也有其他高校的学生。陈峰伟称伙伴们都是各校的创业主力,也有本校的院学生会主席。基层员工以按时计费为主,每小时 3 至 5 元。陈峰伟称华盛电器的启动资金全靠自己,没向家里要一分钱,家里甚至还不知道他在做这事。"其他的钱,我主要是在融资,就是向一些企业借贷。"同时,陈峰伟不久前从江苏一知名企业获得了担保,已成功从北京一企业获得融资,但他没有透露具体数额,只称正逐步到位。华盛电器总投资 300 万,其中 200 万做流动资金。"我们已经与海尔、TCL、诺基亚等 10 多个厂商达成了协议,广东一带生产 MP3 的企业也已经同意免费铺货进场。"

模块一 成立新企业

一、企业的法律形态

我国企业的形式大体上有有限责任公司、股份有限公司、中外合资企业、中外合作企业、外商独资企业、合伙企业、个体工商户、农村承包经营户等。我们应当根据自己的经济实力及其他有关情况,决定自己创办企业的形式。

不同企业法律形态有不同的要求,包括开办和注册企业的资金、开办企业手续的难易程度、风险责任的大小、纳税额的多少、筹措资金的难易、寻找合伙人可能性的大小、企业决策的复杂程度、企业利润的多寡等等。

1. 个体工商户

个体工商户业主只需一个人或一个家庭，人数上没有过多限制，注册资本也无数量限制，开办手续比较简单。业主只需要有相应的经营资金和经营场所，到工商部门办理登记手续即可。个体工商户还可以根据自己的需要起字号。在经营上，由于全部资产属于自己所有，决策程序比较简单，不受他人制约；利润分配上，全部利润归自己或家庭，但同时对外要承担无限责任，相应的风险也比较大。

2. 个人独资企业

个人独资企业在业主数量和注册资金上与个体工商户相似，但设立手续比个体工商户要复杂，需要有合法的企业名称、有投资人申报的出资、有固定的生产经营场所和必要的生产经营条件及必要的从业人员。在经营决策与利润分配上与个体工商户相似，决策程序简单，利润归投资人同时负无限责任。

3. 合伙企业

合伙企业需要两个或两个以上的人合伙，无资本数量限制。成立条件较为复杂，需要两个以上的合伙人订立书面合伙协议，有合伙人的实际出资、合伙企业的名称、经营场所和从事合伙经营的必要条件。合伙企业的合伙人要依照合伙协议共同经营、共享利益、共担风险，各合伙人按照协议分配利润，同时要对合伙债务负无限连带责任，这种责任可以说是最重的。

4. 有限责任公司

有限责任公司需要由两个以上50个以下的股东组成，注册资金根据从事不同的行业而有所不同。具体来说，从事科技咨询服务行业的，最低注册资金为10万元；从事零售行业的，最低注册资金为30万元；从事批发性商业及生产性行业的，最低注册资金为50万元；法律对其最高注册资金未做限制。同时，有限责任公司还需要股东共同制定公司的章程、建立符合要求的组织机构、有固定的经营场所和必要的生产经营条件，还应设立股东会、董事会和监事会，并由董事会聘请职业经理管理公司事务。办理开业登记的手续也较为复杂。但有限责任公司的优点是股东按出资比例分配利润，并以出资额为限承担有限责任，对创业者而言风险最低。

5. 股份有限公司

股份有限公司对股东的数量未做具体规定，对注册资本数量也无具体限制，利润分配方面按股东出资比例分配利润,同时,股东以出资额为限对公司承担有限责任。在经营上,企业成员入股,一般实行全员入股,建立资本金制度,职工既是参股人又是劳动者。

6. 中外合作经营企业

中外合作经营企业的投资人至少包括一个中方投资者和一个外方投资者。对于这类企业,法律并没有特殊的注册资本限制,但如果是有限责任公司形式的,注册资本要按照有限责任公司的规定执行,是股份有限公司的按照股份有限公司的规定执行。需要特别注意的是,申请设立中外合作经营企业,应当将中外合作者签订的合作协议、合同、章程等文件报请国务院对外经济贸易主管部门或者国务院授权的部门和地方政府审量就准后方可。中外合作经营企业按照合作合同分配利润,并以其全部资高承担债务责任。该种企业形式在经营上设董事会或者联合管理机构,依照合作企业合同或者章程规定,决定合作企业的重大问题。中外合作企业的董事长或联合管理机构主任由中国公民或外国公民担任,副董事长或联合管理机构副主任由另外一方公民担任。

二、注册企业的基本准备工作

1. 企业名称

构成企业名称的四项基本要素是行政区划、字号、行业或经营特点、组织形式。企业名称也是一种社会文化,从一个侧面反映了社会文化健康文明程度。因此在确定企业名称字号时,应考虑符合社会精神文明的要求,抵制反对使用带有殖民奴化、封建糟粕、格调低下的字词作企业字号。企业名称是核准制,创业者需要到工商管理部门查询准备使用的企业名称是否可以使用。工商管理部门根据相关规定和要求核准新注册企业的名称,可以使用的工商管理部门核发"企业(字号)名称预发核准通知书"。

2. 企业选址

公司住所是成立公司的重要条件,这就好比盖房子需要有土地一样,办公楼不仅是员工的工作空间,也影响着公司的对外形象,因此企业在选择的时候会按照自己的需求以及要求对符合条件的写字楼作全方位综合的评估,包括地段、交通、成本以及写字楼本身的配套、物业等方面的软硬指标。

初创企业由于资金有限,一般会选择租用办公住所的方式。租用办公地点注册的创业者需要与出租方签订租约合同,一般工商管理部门有格式化的租约协议,签订时让出租

方提供房屋产权证的复印件,出租方的身份证明。并根据房屋的权属情况准备以下证明:

(1) 产权为军队房产,应提交加盖中国人民解放军房地产管理局专用章的"军队房地产租赁许可证"复印件。

(2) 房屋为新购置的商品房又未办理产权登记的,应提交由购房人签字或购房单位盖章的购房合同复印件及加盖房地产开发商公章的预售房许可证、房屋竣工验收证明的复印件。

(3) 将住宅改变为经营性用房的,属城镇房屋的,应提交《登记附表—住所(经营场所)登记表》及所在地居民委员会(或业主委员会)出具的有利害关系的业主同意将住宅改变为经营性用房的证明文件;属非城镇房屋的,提交当地政府规定的相关证明。

3. 公司章程

公司章程是注册公司时必备的项目之一。依据我国《公司法》规定,有限责任公司的章程必须载明下列事项:公司名称和住所;公司经营范围;公司注册资本;股东的姓名或名称;股东的权利和义务;股东的出资方式和出资额、股东转让出资的条件;公司的机构及其产生办法、职权、议事规则;公司的法定代表人;公司的解散事由与清算办法;股东会认为需要记载的其他事项。股份有限公司的章程必须载明的事项包括:公司名称和住所;公司经营范围;公司设立方式;公司股份总数、每股金额和注册资本;发起人的姓名、名称和认购的股份数;股东的权利和义务;董事会的组成、职权、任期和议事规则;公司法定代表人;监事会的组成、职权、任期和议事规则;公司利润分配办法;公司的解散事由与清算办法;公司的通知和公告办法;股东大会认为需要记载的其他事项。

公司章程一经生效,即发生法律约束力。公司章程的社团规章特性,决定了公司章程的效力及于公司及股东成员,同时对公司的董事、监事、经理具有约束力。我国《公司法》规定:"设立公司必须依照本法制定公司章程。"公司章程对公司、股东、董事、监事、经理具有约束力。

需要说明的是个人独资公司不需要公司章程,另外合伙企业应当签订合伙协议。

三、公司成立以及办理法律文件相关流程

公司设立人首先应当向其所在地工商行政管理机关提出申请。设立有限责任公司应由全体股东指定的代表或共同委托的代理人作为申请人;设立国有独资公司应由国家授权投资机构或国家授权的部门作为申请人;设立股份有限公司应由董事会作为申请人。

申请设立有限责任公司应向公司登记机关提交下列文件：

（1）公司法定代表人签署的设立登记申请书；

（2）全体股东指定代表或者共同委托代理人的证明；

（3）公司章程；

（4）依法设立的验资机构出具的验资证明，法律、行政法规另有规定的除外；

（5）股东首次出资是非货币财产的，应当在公司设立登记时提交已办理其财产权转移手续的证明文件及其相关非货币财产的资产评估报告；

（6）股东的主体资格证明或者自然人身份证明；

（7）载明公司董事、监事、经理的姓名、住所的文件以及有关委派、选举或者聘用的证明；

（8）公司法定代表人任职文件和身份证明；

（9）企业名称预先核准通知书；

（10）公司住所证明；

（11）国家工商行政管理总局规定要求提交的其他文件（《公司登记管理条例》第 20 条）。

今后的企业设立可能更加简化，意味着只要你提出想办企业的申请，工商行政管理部门就发给你营业执照，你就可以先开业，这意味着创业不再有门槛。例如从 2013 年 3 月 1 日起，深圳、珠海将在全市范围内实施商事登记改革：企业登记从"审批许可"向"核准登记"转变，不收取登记费用，注册资金实施企业自主认缴。

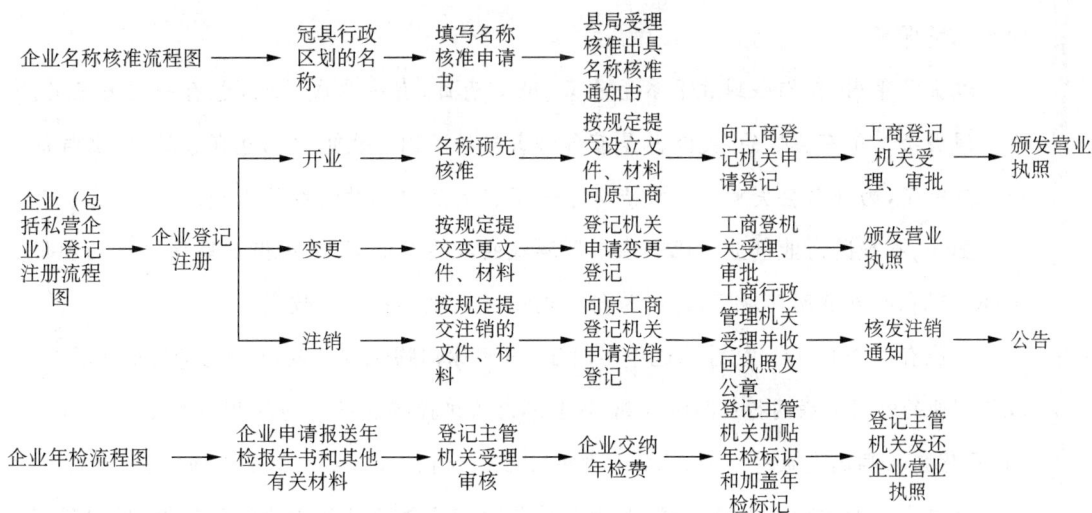

图 3-5-1 企业登记注册流程图

四、新注册企业的资金认缴方式

公司创立之初,资金是企业动作的血液,每位企业的股东都应当向新企业投入足额的资金,以保证企业的正常运行。新《公司法》取消了实缴制的规定,转而采用公司股东(发起人)自主约定认缴出资额、出资方式、出资期限等,并记载于公司章程的方式。

虽然新公司法对注册资本放宽的规定,但是还没有完全取消;一个项目需要多少资金才能启动,也是创业时需要考虑的重要环节。所以创业团队在设计创业计划的时候应当预算成本,根据客观情况设计出资方式和时间。

【导入案例】

腾讯创始人五年风投经验总结:这9种公司不能投

腾讯公司五位创始人之一的曾李青,分享了5年投资实战中的失败经验,可以总结为"9种公司不能投":跨行创业、能力不强、创始人不睦、沟通困难、精力分散、股东结构不合、盲目乐观、速度太慢、过早曝光,并认为投资者与创业者的理想关系是在契约精神下的良师益友。

以下为曾李青演讲要点,内容略有调整:

我从腾讯出来5年了,大概投了2—3亿在天使投资,投资了大约50家公司,去年有一家公司上市(淘米),还有一家公司在上市,还有一家公司卖了1亿美金(第七大道卖给了搜狐畅游)。在这家企业上,我们200万的投资2年变1亿人民币,交了2千万的个人所得税。

过去5年内,我们碰到过很多企业家、很多项目,有一些成功的,也有一些失败的。我发现成功总是有共性的,失败总是有各种各样的原因。我们自己也在总结,什么样的企业失败了,为什么会失败。我重点分享一下在失败中总结的经验教训。

第一,不投跨行业创业。比如原来做游戏的人要做电商,原来做互联网社区的要做游戏。现在的互联网环境下,这种跨行业创业失败概率都会比较高。

可能有人会有问题说"曾总这个不对了,当年你们腾讯创业的时候也跨行业了。"对,我们创业的时候互联网行业刚刚开始,不要忘记腾讯最早也是参与深圳电信互联网建设的,马化腾在润迅是做寻呼台,CALL机和IM都很相近的,我们都是搞通讯出身的。

在这个行业比较成熟的时候,如果你进行跨行业创业往往专业经验不够,所以很容易导致失败。

大学生职业指导与创业教程

第二,不投综合素质不高或者核心能力不强的公司。例如,投资游戏公司,你的核心研发能力,有一项不行,这种项目基本上成功的概率就不高。

还有一类是综合素质不高。可是有人问"你们为什么会投综合素质不高的项目?"有时候在泡沫的情况下,我们脑袋一发热就投了。我们会发现投完3个月,就后悔了,当时怎么会投这个项目呢?

去年在投资环境泡沫的情况下我们投了若干项目,导致今年上半年关公司的数量比去年多了很多。最近我发现办公室的同志怎么都换电脑了,换大屏幕的电脑了,我一问,"老板,上面的两个公司关门了,只剩下电脑,那个电脑是做美术的,屏幕都很大,都搬回来我们自己用了。"

第三,不投创始人不和睦、容易分裂的公司。2、3个人合作,产品还没有出来团队就闹矛盾了。曾经有一句话"创业的伙伴关系是比婚姻关系更难维持的关系",因为婚姻关系里只需要晚上12点之前回到家,基本上是有保证的。婚姻离婚是财产对半分,资产还存在。

但是,如果创业伙伴解散了,那么我们投的钱基本上清零了,变成了一堆电脑。我现在很深刻地理解十年前IDG熊晓鸽说"创业失败什么都没有了"的话。曾经有一个做网游的公司做了一半解散了,我们900万的投资只剩下400万,还剩下40多台的电脑。

所以说婚离了还有一半的资产,但是创业团队一解散,资产马上清零,这是我们的一个很典型的失败教训。

第四,大学生创业不靠谱。他们没有被人管过,也就很难去管人。李开复说"成功的CEO应该是结过婚生过小孩,会结婚、会谈恋爱、会和别人沟通。有小孩,他才能学会有责任感。"

我们投过一两个大学生的创业,特别是天才级的大学生创业都比较糟糕。我们费了很多功夫和他沟通,却发现他很难去管理人,而且有这样的创始人下面会很难招到好的、有经验的人。别人会觉得这个老板刚毕业,与人沟通情商都有问题,凭什么为他服务?

我们大概有一个项目已经投了四年多,公司现在的现况和我们投资四年前基本一样。虽然没有死,但是基本上就是那么回事了。

第五,必需专注做好一件事。我要跟所有的创业者说一点,创业的时候只能专心致志做好一件事。什么叫"一件事"?只能开发一个游戏,只能做一个产品。

我见过好几个项目,在第一款游戏不成功的时候做了两个、三个,本来他的成本并不大,但是同时做了两个游戏,成本就大了,现金消耗非常快,导致公司容易关门。

在电商行业,B2B和B2C的生意不能混合在一起做。德讯投资的一个很有名的失败案例是拉特兰定制衬衣项目。这个项目后来我送给了员工,现在还活着,一年赚几十万。当时在公司中有两派意见,一是直接面向企业,二是直接面向个人,所以后来B2B和B2C混合在一起做,失败了。

创业者就应该学习周鸿祎,只做好一件事情,靠这个先把用户做起来。腾讯早年就只做好了一件事情——QQ。

第六,不投股份安排不合理的公司。有很多项目在创业初期股东安排就不合适,利益不均衡,没有空间容纳其他更好的人才。当我们投资的时候,他的股东结构已经是这样了,我们很痛苦,想让他再发点期权也就是一点点,很难吸收到很好的人才。

过去几年,我们还曾经试图花钱去买旧股,重新调整股东结构股,我们花了几十万、上百万买了旧股调整了结构,后来无一例外都失败了。这是一个很宝贵的经验,但凡股东结构不合适,我们就不要投了。

第七,创业者盲目乐观或者很封闭,不太愿意和投资人交流的容易失败。有一个创业者,规划了他做的游戏大概什么时候能够做完,然后他就认为这个肯定是没问题。我们和他沟通,他又不太愿意和我们沟通。过了一段时间我们再来看他的时候,这个项目的现金流已经快用完了。

还有一个项目,我们刚投完他,才过了四个月,投的200万已经花掉了一半,他同时启动了四个iOS游戏团队,本来他只做一件事情,慢慢做是有机会的。然后他自己又很有信心的说:"我肯定第一款游戏能赚钱",后来失败了,到第二款还是这么说,最后一个都没做起来。所以说创业的第一步就是要把自己的现金流保护好,不要盲目地乐观。

第八,速度太慢导致失败。两年前,我们投了一个做端游的公司,本来计划9个月游戏要做出来,那个时候页游还没有那么火,端游还有可能成功。可是他拖延了时间,一直等到一年后,产品才出来。整个市场发生了巨大的变化,端游基本上没机会了。我所指的端游是投资率比较低的2D端游,现在只有腾讯这样的有钱人敢花5千万到1亿做的3D端游才有机会,小公司已经没有机会了。

天下武功唯快不破,如果你筹划的时间很长,市场环境在不断变化,和你当初进入市场时候的设想是完全不一样的。

第九,**学会隐藏自己**。有一些公司,特别是创始人非常喜欢在媒体上高调曝光,导致引来了新的竞争者和巨头进入,这种公司往往会失败得。举一个案例,当年淘米创业的时候,我们身边的人都不会跟别人说汪海滨(淘米创始人)在干嘛,只有他在静悄悄地做。做了一年多,直到推向市场才陆续有其他的公司知道,竞争对手后来才在追赶已经来不及了。

如果你还没有开始做就已经张扬,比如说连我都知道的"唱吧",往往是不能成功的。大家可能一下子就涌进来,腾讯把 QQ 音乐一改就把你打倒了。创业一定要非常低调地进入市场,还没有获得市场成功时,千万不要太高调。做投资者可以很高调,因为我们要吸引创业者让我们投钱,但是创业者不能太高调,必须扎扎实实做你的业务,直到被迫地曝光。

因为今天有很多创业者,我想再讲一点投资者和创业者的关系。

第一,**作为南方的企业家,我们要讲"契约精神"**。我们今天投占你 10% 的股份也好,占你 20% 的股份也好,占你 40% 的股份,只要你当时那刻是愿意的,我们双方就是公平的,不能过了一段时间,想起来了说,"哎呀,你占我 30% 的股份多了吧?"不能够有这样的想法。

第二,**创业者要有激情的投入,也要有职业经理人的敬畏**。在一个公司里,你是创业者也是 CEO,CEO 是为董事会、为股东去打工的,所以说你要有职业经理人的敬畏,要知道你是向董事会负责的。

第三,**合资格的投资人都是创业者的良师益友**,古语有云"滴水之恩当涌泉相报",何况你这个"泉"涌不涌,我们还都不知道呢。[①]

模块二　企业投资可行性分析与评估

在创业形式中,除了创业者本身开发创业项目外,另外还有一种就是加入别人的创业项目,这也是创业常用的一种形式。本书特别增加一节内容来谈企业及项目投资的内容,创业者也能够在自己开发项目的同时对其他有价值的项目进行投资,达到资金利用更高的效果。

---

① http://pe.pedaily.cn/201504/20150403380755.shtml.

一、企业进行项目投资的意义与原则

1. 项目投资的意义

企业投资是指公司购入经营资产或购买金融资产，或者是取得这些资产的权利，其目的希望未来能获得收益。在市场经济条件下，企业投资有效的利用资金投资，对企业的生存和发展十分重要。

企业投资是实现财务管理目标的基本前提。

企业投资是公司发展生产的必要手段。

企业投资是公司降低经营风险的重要方法。

2. 企业投资管理的原则

企业投资的目的是谋求利益，增加企业的利润。企业能否实现这一目标，关键在于企业能否在多变的市场环境下，抓住有利的时机，作出合理的投资决策。为此，企业在投资时必须坚持以下原则：

(1) 认真进行市场调查，及时捕捉投资机会。

(2) 建立科学的投资决策程序，认真进行项目的可行性分析。

(3) 及时足额的筹集资金，保证投资项目的资金供应。

(4) 认真分析风险和收益的关系，适当控制企业的投资风险。

二、企业投资过程简述

投资能为企业带来收益，但投资是一项具体而复杂的系统工程，按照时序的方法，可以将投资过程分为事前、事中和事后三个阶段。事前阶段也称投资决策阶段，主要包括投资方案的提出，评价与决策；事中阶段的主要工作是实施投资方案并对其进行监督和控制；事后阶段是指在投资项目结束对投资效果进行事后审计和评价。

三、企业投资项目可行性分析

1. 投资项目决策的概念和内涵

本文中所指投资是直接投资，主要形成固定资产。投资形成的"产品"不是社会需要的最终产品，是中间产品，而中间产品要服务于最终产品。投资项目是指为特定目的进行投资建设,并含有一定设备仪器、建筑或建筑安装工程,形成固定资产的建设项目。投资项目决策的任务是通过分析论证,确定项目做不做和怎样做。同时,投资不同于一般购买,投资目的是获得预期的收入,而这种预期收入是不确定的。虽然人们可以凭借经验对未来情况进行科学的预测,但这种预测是不准确的,即投资具有不确定性。

2. 投资项目的选择

企业应该根据既定的投资战略,以企业的投资能力为基础,围绕企业核心竞争力进行项目选择。没有方向性项目选择不但浪费大量的财力、物力,而且往往无法发现真正适合企业的项目,错失良好的投机时机。

（1）基于企业投资战略的项目选择

企业的投资战略为项目的选择指明了方向。稳定型投资战略要求企业的投资围绕企业现有业务领域,对现有市场进行核心多元化或是相关多元化投资。企业在选择投资项目时,必然会围绕现有产品进行纵向或横向的信息搜寻。无论是纵向还是横向都要求企业在自己熟悉的领域内搜寻项目信息;与此相对应,创新型投资战略要求企业跳出现有的业务框架,开发全新的产品或拓展新的市场,但也必须以企业的投资能力为基础,以企业核心竞争力为中心,是企业核心竞争力的延伸。

（2）基于企业投资能力的项目选择

企业投资能力是由企业资金实力、现金流状况、筹资能力等因素共同决定的,投资能力决定了企业的投资规模。企业对单个项目投资规模的确定必须在投资能力的基础上考虑风险分散的要求;另外,客观条件决定了投资规模的可行性,包括物质技术条件、市场规模以及经济效益等。市场规模决定着项目发展的空间,进而决定了投资规模的边界。经济效益通过项目不同规模下的边际收益率和企业资金成本间的比较,准确地界定了项目投资规模的临界点。缩小了投资项目选择的范围,不仅有助于企业提高项目选择的效率,而且大大地节约了企业资源的耗费。

3. 项目可行性研究

可行性研究是整个项目投资的核心部分,是项目决策的主要依据。因此,可以说可行性研究的科学性和准确性直接关系着企业投资的成败。

可行性研究有三种类型:机会研究、初步可行性研究和技术科技可行性研究。机会研究的主要任务是为项目投资方向提出建议,即在一个确定的地区和行业内,以市场调查为基础,选择项目,寻找最有利的投资机会;初步可行性研究的主要任务是对机会研究认为可行的项目进行进一步论证,并据此作出是否投资的初步决定,是否进行下一步的技术经济可行性研究。机会研究和初步可行性研究更多的是对项目的风险、技术方案、经济效益等要素作出粗略的评价,往往限于数据选择的补充,评价局限于定性的层次,无法精确地描述项目前景。而技术经济可行性研究才是整个项目可行性研究的核心部分,它必须在收集大量数据的基础上,对项目的各项要素给出完整的定量分析,用准确的数据对项目进行评价,它是项目决策科学化的重要手段,是项目或方案抉择的主要依据之一。

技术经济可行性研究包括项目前景预测、技术方案评价、财务评价、社会和环境评价等重要内容,每个部分都拥有许多成熟的行之有效的评价方法和工具,本文将重点对企业实际操作过程中容易忽视的环节进行讨论。

(1) 项目能力分析

项目能力分析同样是一项系统性的工作,它包括技术、管理、资金等各方面的因素。企业实际可行性研究中关注最多的往往是技术和资金能力的分析,因为这两个方面是最为直观,同时也是无法逾越的,但是其它方面的因素如管理能力等同样是不容忽视。

(2) 项目风险评价

一般而言,项目风险评价包括自然风险、政策风险、技术风险、市场风险、财务风险、管理风险等诸多方面。在进行风险评价时,多采用单因素分析和多因素组合分析。这种分析方法可完整地给出各类风险对项目的影响,但往往忽略了以下几个方面的因素。首先,在利用单因素风险分析中所确定的相关性以及根据各风险因素的重要性所确定的权重进行多因素组合分析时,忽略了各风险因素之间的相关性,从而影响了整体风险评价的准确性。其次,风险评价只局限于项目本身的风险分析,而忽视了企业同时投资的多项目之间,甚至是项目和企业自身所从事的业务之间的相关性。这关系到企业整体运行的稳定性和企业风险分散的有效性。

(3) 经济效益评价

项目经济分析是可行性研究的核心,在现行的方法中,一般采用的是静态和动态相结合,以动态分析为主的分析方法,采用了能够反映项目整个计算期内经济效益的内部收益率、净现值等指标,并用这些指标作为判别项目取舍的依据。

净现值法的特点是强调对投资运转期间货币的时间价值和现金流量风险的考虑。其最常用同时也最完善的做法莫过于利用经过风险调整的现金流量和资金成本率计算净现值。然而,在实际中,一项投资的实施除了能带来一定的净现金流量外,还会带来其他无形的收益。因此,作为对传统方法的补充和纠正,实物期权法在项目可行性研究中被越来越广泛地采用。这种方法要求企业将项目的每一步投资看作一个期权,项目给企业带来的除了直接的经济收益外还包括对进一步投资或在新的领域发展的期权。例如,对一项新技术的投资,目前来看经济效益不佳,但如果不投资,企业或许就永远失去了在这一技术路线上的发展机会,因此这一项目的投资意味着企业购买了一份未来继续投资的机会和权利。

4. 投资项目决策

投资项目的决策包括对单个项目的取舍和多个项目投资额度的确定和优先次序的选择。

对于单个项目,企业需要考察的是项目内部收益率是否能够达到要求,相对于企业筹资成本,能否取得正的净现金值,项目投资所带来的期权价值以及项目投资所带来的项目风险和系统性风险。

对于多个项目的决策,企业往往会根据投资项目的经济评价指标对项目进行排序,以此确定项目的投资次序。这种决策方法的问题在于忽略了项目之间风险的相关性,无法实现收益和风险的最佳均衡。因此,我们在多项目决策,即决定资源如何在项目间分配时,不仅仅需要考虑项目本身的经济效益和风险特征,还需要衡量各个项目以及新项目和企业现有业务之间风险的相关性。

四、项目可行性分析存在的问题

改革开放以来,投资对我国经济增长的拉动作用十分明显。同时,投资波动是决定经济周期性变化的主要原因。我国企业现阶段投资的主要问题是:重复建设严重,投资过快增长,投资变化过于激烈,投资形成的生产能力在部分或者大多数行业中过剩等等。而这样的状况主要由以下原因造成。

1. 先立项后论证,可行性分析先入为主

人们在进行可行性分析的时候,总是尽可能搜集使项目可行的资料。投资思维模式是许多投资项目存在决策程序上的先天性缺陷,导致可行性研究流于形式。以项目可行为先导,分析所需的资料成为项目可行的有力论据,片面夸大项目建成投入使用后的效益性和对地方经济的积极影响,而忽略了由于所在地资源条件、能源供应、交通运输能力、市场竞争、产品寿命周期等因素可能带来的投资风险和经营风险。

2. 评估分析指标体系的缺陷

评价指标的设计是在有关假设的基础上,基于评价时点上的净现值,由此延伸设计出其他指标的评价指标体系。但该体系存在着自身无法规避的缺陷。现行的分析指标体系是充分考虑项目寿命期的现金流量,并假定未来的现金流量是可以确定的,用贴现的现金流量法通过计算 NPV、IRR、投资回收期等指标来分析项目的可行性。但赖以计算这些指标的数据受影响于未来市场环境的变化。同时,现金流量并不是与预期的相符。

3. 用不科学的假设条件计算指标

（1）技术假设

技术上的先进性只是考虑论证时技术水平的相对先进性,未充分考虑技术革新的速度。

（2）产品寿命期和产销量假设

长期投资决策虽然也考虑投资项目的经济寿命期,但更多的考虑其自然寿命期,并假定在寿命期内产销平衡,预期收入是可以实现的。由于投资项目建成后产销产品的生命周期有限,使得产品的市场价值只在一定时期内有效,投资时产品的有效寿命的程度决定了项目经济寿命的长短和寿命期内预期产销量能否实现。

（3）投资和现金流量假设

在投资可行性分析中,以假定投资都是在期初投入的,经营期的现金流入和流出都是发生在期末。这种假定从便于计算有关指标的角度看是可行的,但从投资管理和项目营运规律看,投资人不可能将其融资所得的全部资金在期初一次性地投入建设项目,再加上出于对融资成本的考虑,许多投资人会根据项目进程进行合理的融资筹划。经营期现金流入和流出也不可能同时发生在期末,二者之间存在很大的时滞性。

4. 赖以决策的因素的权变性

由于我国正处于经济、法律、各项制度的不断发展和完善阶段,可行性分析中所赖以分析的政策、法律等优惠条件都会在未来发生变化,从而使项目评估分析的准确性难度进一步加大。另一方面贴现率也会由于市场利率,物价水平,融资渠道和金融市场的发展而变化。

五、针对存在的问题提出的相关改进意见

1. 引入不可行性分析观念

作为投资方为了保证可行性研究的真实性,规避投资风险,克服项目可行性分析先入

为主的缺陷,应引入不可行性分析的理念。从反面出发论证可行性研究报告所给定的建设项目方案,对项目所依赖的各方面的条件如资源状况、投资环境、项目布局、项目和产品的经济寿命期等方面进行全面的考核,尽量寻找出不利于项目实施的因素和不利环节以及项目实施障碍,对项目实施中由于各因素变动使项目无法持续实施下去的可能性进行分析。

2. 充分考虑时滞因素

项目投资建设过程中一般会产生以下三种时滞:融资时滞、投资时滞、现金流入和流出时滞。融资时滞是由于投资是逐步进行的,企业不可能将所融的资金一次性地划入自己的账户而产生的时滞。出于资金成本筹划的目的,企业将尽可能根据项目进度需要分次从贷款单位取得资金。投资时滞是指项目开始建设到建设投产所经历的时间。在项目建设过程中,资金的投入是根据项目投资预算和项目进度进行的,具有不规则性和不连续性的特点。现金流入和流出时滞是针对年末假设,但现金流出并非都发生在年初而流入并非年末。

3. 做好市场调研与市场预测工作

运用市场调查和预测的科学方法,实现市场调查从定性分析到定量说明的转变。在项目可行性研究中,要改变重技术、轻市场的现象,高度重视市场研究及其成果的表达。除了要能定性说明拟建项目在资源、物质技术条件和需求方面的存在形式外,还须满足市场预测对调查在时间跨度上的定量要求。

4. 对项目进行社会评价

开展社会评价,有利于对投资项目进行全面评价,促进国家社会发展目标顺利实现;有利于减少投资的短期行为和盲目建设,使投资的宏观指导与调控更加科学、合理、全面;有利于吸引外资,获得国际金融组织的贷款;有利于自然资源合理利用与生态环境保护。

【拓展阅读】

融资实战经验之樊佳鑫:被投资人虐百遍之后悟出来这些

讲述人: 海尔空气盒子创始人樊佳鑫,天使汇闪投(Speed Dating)第十六期项目项目简介：

海尔空气盒子是一款家庭空气管理的智能硬件产品，可以将空调、净化器、加湿器等智能互联。空气盒子是海尔内部创业项目，发展初期得到海尔的天使投资。在需要增加社会资本时，参加了天使汇闪投（Speed Dating）并获得超过四千万的投资意向。

樊佳鑫讲融资实战干货：

在空气盒子做到一定阶段的时候，我想盒子是该融资了，并且当我回味做这个产品的时，我觉得这个融资应该是水到渠成的事。因为空气盒子是海尔内部创业的，它有"富二代"的身份了——也是因为这个，我之前是没有见过任何一位投资人、也没有见过任何 VC。没有想到，海尔第一个给我找到的就是红杉资本，我见到的第一家 VC 就是这样。然后我发现，接触投资人跟我想象的是完全不一样的。

当投资人问："你们的产品解决的是什么问题？"我会从技术的角度说我们这个产品是什么样，介绍我们的"云"有多好、服务有多好，说了大概能有十分钟，他们都不耐烦了。

紧接着他们会问你们的目标是什么？我说中国存量空调有五亿台，这样的用户当中，只要是用手机的用户基本上都是我们这种目标用户。

收入模式是什么？像我讲收入模式的话，卖硬件肯定会有收入。

项目的估值呢？那是我们完全没有考虑过的。

你要要多少钱？我想的是，项目估值参照其他产品，先暂且估到 1.2 亿吧，我大概出让 30% 的股份，融到四千万——我当时没想好。

未来一年的这样的一个盈利预期是什么？我就说老板给定的目标是销售 50 万台。如果说是一台 300 块钱的话是多少钱？

公司的股权架构如何？我完全不知道！

我就是以一个小白的身份去被虐了千百遍。前面的十多次我都是被投资人这样虐出来的，当时也是非常受挫，也是一步一步的成长，我就想，已经见了这么多的大牌投资人了，再这么见下去，这个项目拿不到投资怎么办？所以就开始反思，我们到底有没有优势、到底能不能吸引投资人，所以就先从优势的角度反思了自己。首先我想到，我们的产品真的是有那么多的用户买，并且有实实在在的收入；团队也非常棒，团队有来自联想的、有来自英特尔研究院、有来自诺基亚等等；用户口碑也不错，并且从产品到产品的应用，从销量到用户口碑都是第一的。这样的情况下，应该足够打动投资人了。

换个角度,如果我是投资人?

我下面应该做什么事情？那再换一个角度,如果我是投资人、我会投什么样的项目。我开始想到,我肯定会关注以下几个点。

第一点是这个项目是没有风险的,我拍了两千万、三千万进去,没有风险,最起码保证我能把这个钱拿出来。

第二点是这个项目我得占了大便宜。大家知道买股票等情况下,都是要让对方感觉到占了很大的便宜他才去买这个。

第三点,投资人手头的资金也毕竟是有限的,所以他们也会去对比,投一个什么样的项目,哪个项目的思路是最符合逻辑的。

你跟很多投资人是第一次见面,第一次见面你要用一页PPT、甚至十来分钟的话语去打动他,那怎么去打动他？

首先就是你能不能以几句话的描述,把你的产品及服务讲清楚,先让投资人眼前一亮。第二点,一定要把用户体验讲好。用户体验怎么讲？就是没有这种产品、这种服务的时候大家是怎么做的,有了这个产品之后大家是什么样的体验,也是两三句话。切记,投资人投的不是你的现在、是你的未来,所以你要给他一个很大的想象空间。

通过前面这样两条,其实你已经可以给他一定的想象力,然后你要让对方感到幸福,幸福从哪里来？从几个层面上去说,第一个是你的团队。如果你的团队只有研发的人,没有销售人才、没有搞运营的人,而如果有另外一个团队,可能他们产品的想象空间差一点,但他有一个完整的团队面,从设计研发、到销售、再到售后服务都有的话,我相信大家毫不犹豫都会投第二个团队。第二个就是你的手头资源是什么？这个也是我想给你们分享的关键的一点。当你有了项目之后,你一定要想清楚你的团队是什么、你的资源有哪些。资源就是你能依靠什么样的东西把你的这个创意做强、做大。

此外,你还要给他拿出你的研发计划和推广方案。当然这样是比较细节的东西,可能在BP进入深聊的情况下再去聊这些。有了故事,团队也有了,从这种研发到销售,基本差不多。这个方案他评估一下,基本上靠谱的。不过最好的话,再给投资人讲讲你们现在的进度,如果你已经做了一定的进度、有了一个不错的基础了,是不是投资人更喜欢这种项目？

最后,其实说俗点,大家投项目都是为了赚钱。你一定要把盈利的能力表现出来,讲清楚从哪去赚这个钱,你的成本是什么样的、包括你准备在市场上拿到什么样的地位、你的盈利预期、你的盈利模式。这是挺多同学开始可能没注意的,包括我自己。盈利模式在初期都是你要去想的,最好做出一小部分的用户来去验证一下它。

如果你在给投资人讲的时候,你同时讲了:其中一小部分用户已经做了如下的选择,这是一个能生存的盈利模式,我相信,投资人是不可能不投的。

如何计算你需要多少融资额?

当你身为创始人的时候,这些事情你都是要非常清楚的:你的团队大概需要多少员工、他们大概的收入是什么样的水平? 你研发的费用需要多少? 除了维护团队的费用,你还要找外包,找外包大概需要多少钱? 如果你做的是这种智能硬件产品的话,你的原材料的价格、厂商、生产的费用、渠道的费用提前都要调研好。此外,还有营销的费用,你准备花多少钱、在哪去打这个PR? 大概有什么样的预算——其实都能算得比较精准。最后是销售,是放在京东、天猫、苏宁去卖还是哪里? 京东的渠道费用是多少? 当你把这些算清楚、再加上你的上市时间及目标,还有你的日常费用,就可以知道你在未来一年大概要花多少钱这样一个详细的数目。这个时候,你看看现在手头有多少钱、还差多少钱,也就知道你需要融资的数额了。

再下一步,就是你的融资计划,有了上面的这些投入,你的融资计划会非常清晰。A轮应该有多少、B轮应该有多少,大概什么时候缺钱。甚至说,你能清楚知道什么时候我应该请兄弟们去下下馆子了,这样你的思路会非常清晰。

最后再讲讲咱们创始人自己的一些事。

BP一定要自己写

我的总结就是不断修正。首先你的项目BP一定要自己去写,在写BP的时候、也就是理清思路的时候。像我的BP到现在大概换了50版了。

第二点是BP写好之后,你要找人帮你把BP投出去。投出去在我看来是一个撒网捞鱼的时候,通过撒了这个网,你会捞到一定的鱼,再通过这些鱼,你去打洞。但是大家切记的一点就是,投资人也是人,他们的关注点会不同。所以你的这个BP仅仅是用于撒网捞鱼的,当你捞到鱼的时候,你要跟他去沟通、多聊,看他关注的是什么。有些人关注的是销量、盈利;有些关注的是说大数据的一些增值、变现;另外一些关注的是你这个产品成为路口之后,你可以带来多少的流量。各个投资人关注点是不同的,再根据各个投资人去针对性的调整你的东西就可以了。

最关键的是你要修炼自己,这个是创始人一大关键,投资人在投项目的时候,非常看重创始人。这也是我的一个亲身体验,两年前我关注的东西是商业产品、用户体验、团队,但这都小部分。经过这两年的一个不断的修正自己的过程,我关注的面更大了——其实也是自己一个自我的提升,会非常有成就感。①

① http://tech2ipo.com/101707.

霍兰德职业兴趣测评表

（请在指导老师的帮助下完成）

本测验共有七个部分，每部分测验都没有时间限制，但要求尽快完成。

第一部分：您心目中的理想职业（专业）

对于未来的职业（或升学进修的专业），您得早有考虑，可能很抽象、很朦胧，也可能很具体、很清晰。无论是哪种情况，现在都请您把自己最想做的三种工作或最想读的三个专业，按顺序写下来。

1. _____   2. _____   3. _____

第二部分：您所感兴趣的活动

下面列举了若干种活动，请就这些活动判断你的好恶。喜欢的，请在"是"栏里打"√"；不喜欢的，在"否"栏里打"√"。请按顺序回答全部问题。

R：实际型活动 　　　　　　　　　　是　　否

1. 装配、修理电器或玩具 　　　　（　　）（　　）

2. 修理自行车 　　　　　　　　　（　　）（　　）

3. 用木头做东西 　　　　　　　　（　　）（　　）

4. 开汽车或摩托车 　　　　　　　（　　）（　　）

5. 使用机器制作物品 　　　　　　（　　）（　　）

6. 参加木工技术学习班 　　　　　（　　）（　　）

7. 参加制图描图学习班 　　　　　（　　）（　　）

8. 驾驶卡车或拖拉机 　　　　　　（　　）（　　）

9. 参加机械和电气学习班 　　　　（　　）（　　）

10. 装配、修理机器 　　　　　　　（　　）（　　）

统计"是"一栏得分计_____

A：艺术型活动 　　　　　　　　　　是　　否

1. 描述、制图或绘图 　　　　　　（　　）（　　）

2. 参加话剧或戏剧 　　　　　　　（　　）（　　）

3. 设计家具或布置室内　　　（　　）（　　）

4. 练习乐器或参加乐队　　　（　　）（　　）

5. 欣赏音乐或戏剧　　　　　（　　）（　　）

6. 看小说或读剧本　　　　　（　　）（　　）

7. 从事摄影创作　　　　　　（　　）（　　）

8. 写诗或吟诗　　　　　　　（　　）（　　）

9. 进艺术（美术或音乐）学院培训　（　　）（　　）

10. 练习书法　　　　　　　　（　　）（　　）

统计"是"一栏得分计_____

I：调研型活动　　　　　　　　　是　　否

1. 读科技图书和杂志　　　　（　　）（　　）

2. 在实验室工作　　　　　　（　　）（　　）

3. 改良水果品种，培育新的水果　（　　）（　　）

4. 调查了解土和金属等物质的成分　（　　）（　　）

5. 解算术题或玩数学游戏　　（　　）（　　）

6. 物理课　　　　　　　　　（　　）（　　）

7. 化学课　　　　　　　　　（　　）（　　）

8. 几何课　　　　　　　　　（　　）（　　）

9. 生物课　　　　　　　　　（　　）（　　）

统计"是"一栏得分计_____

S：社会型活动　　　　　　　　　是　　否

1. 学校或单位组织的正式活动　（　　）（　　）

2. 参加某个社会团体或俱乐部活动　（　　）（　　）

3. 帮助别人解决困难　　　　（　　）（　　）

4. 照顾儿童　　　　　　　　（　　）（　　）

5. 出席晚会、联欢会、茶话会　（　　）（　　）

6. 和大家一起出去郊游　　　（　　）（　　）

7. 想获得关于心理学方面的知识　（　　）（　　）

8. 参加讲座或辩论会　　　　（　　）（　　）

9. 观看或参加体育比赛和运动会　（　　）（　　）

10. 结交新朋友　　　　　　　（　　）（　　）

统计"是"一栏得分计_____

E：事业型活动　　　　　　　　　　是　　否

1. 说服鼓动他人　　　　　　　　（　　）（　　）

2. 卖东西　　　　　　　　　　　（　　）（　　）

3. 谈论政治　　　　　　　　　　（　　）（　　）

4. 制订计划、参加会议　　　　　（　　）（　　）

5. 以自己的意志影响别人的行为　（　　）（　　）

6. 在社会团体中担任职务　　　　（　　）（　　）

7. 检查与评价别人的工作　　　　（　　）（　　）

8. 积极参与社交活动　　　　　　（　　）（　　）

9. 指导有某种目标的团体　　　　（　　）（　　）

10. 参与政治活动　　　　　　　　（　　）（　　）

统计"是"一栏得分计_____

C：常规型（传统型）活动　　　　　是　　否

1. 整理好桌面和房间　　　　　　（　　）（　　）

2. 抄写文件和信件　　　　　　　（　　）（　　）

3. 为领导写报告或公务信函　　　（　　）（　　）

4. 检查个人收支情况　　　　　　（　　）（　　）

5. 打字培训班　　　　　　　　　（　　）（　　）

6. 参加算盘、文秘等事务培训　　（　　）（　　）

7. 参加商业会计培训班　　　　　（　　）（　　）

8. 参加信息处理培训班　　　　　（　　）（　　）

9. 整理信件、报告、记录等　　　（　　）（　　）

10. 写商业贸易信　　　　　　　　（　　）（　　）

统计"是"一栏得分计_____

第三部分：您擅长获胜的活动

下面列举了若干种活动，其中你能做或大概能做的事，请在"是"栏里打"√"；反之，在"否"栏里打"√"。请回答全部问题。

R：实际型活动　　　　　　　　　　是　　否

1. 能使用电锯、电钻和锉刀等木工工具（　　）（　　）

2. 知道万能表的使用方法　　　　（　　）（　　）

3. 能够修理自行车或其他机械　　　（　　）（　　）

4. 能够使用点钻床、磨床或缝纫机　　（　　）（　　）

5. 能给家具和木制品刷漆　　　　　　（　　）（　　）

6. 能看懂建筑设计图　　　　　　　　（　　）（　　）

7. 能够修理简单的电器用品　　　　　（　　）（　　）

8. 能修理家具　　　　　　　　　　　（　　）（　　）

9. 能修理收录机　　　　　　　　　　（　　）（　　）

10. 能简单地修理水管　　　　　　　（　　）（　　）

统计"是"一栏得分计_____

A：艺术型能力　　　　　　　　　　　是　　否

1. 能演奏乐器　　　　　　　　　　　（　　）（　　）

2. 能参加二部或四部合唱　　　　　　（　　）（　　）

3. 独唱或独奏　　　　　　　　　　　（　　）（　　）

4. 扮演剧中角色　　　　　　　　　　（　　）（　　）

5. 能创作简单的乐曲　　　　　　　　（　　）（　　）

6. 会跳舞　　　　　　　　　　　　　（　　）（　　）

7. 能绘画、素描或书法　　　　　　　（　　）（　　）

8. 能雕刻、剪纸或泥塑　　　　　　　（　　）（　　）

9. 能设计板报、服装或家具　　　　　（　　）（　　）

10. 写得一手好文章　　　　　　　　（　　）（　　）

统计"是"一栏得分计_____

I：调研型能力　　　　　　　　　　　是　　否

1. 懂得真空管或晶体管的作用　　　　（　　）（　　）

2. 能够列举三种蛋白质含量高的食品　（　　）（　　）

3. 理解铀的裂变　　　　　　　　　　（　　）（　　）

4. 能用计算尺、计算器、对数表　　　（　　）（　　）

5. 会用用显微镜　　　　　　　　　　（　　）（　　）

6. 能找到三个星座　　　　　　　　　（　　）（　　）

7. 能独立进行调查研究　　　　　　　（　　）（　　）

8. 能解释简单的化学　　　　　　　　（　　）（　　）

9. 理解人造卫星为什么不落地　　　　（　　）（　　）

大学生职业指导与创业教程

10. 经常参加学术会议　　　　　　（　　）（　　）

统计"是"一栏得分计_____

S：社会型能力　　　　　　　　是　　否

1. 有向各种人说明解释的能力　　（　　）（　　）

2. 常参加社会福利活动　　　　　（　　）（　　）

3. 能和大家相处友好地工作　　　（　　）（　　）

4. 善于与年长者相处　　　　　　（　　）（　　）

5. 会邀请人、招待人　　　　　　（　　）（　　）

6. 能简单易懂地教育儿童　　　　（　　）（　　）

7. 能安排会议等活动顺序　　　　（　　）（　　）

8. 善于体察人心和帮助他人　　　（　　）（　　）

9. 帮助护理病人和伤员　　　　　（　　）（　　）

10. 安排社团组织的各种事务　　　（　　）（　　）

统计"是"一栏得分计_____

E：事业型能力　　　　　　　　是　　否

1. 担任过学生干部并且干得不错　（　　）（　　）

2. 工作上能指导和监督他人　　　（　　）（　　）

3. 做事充满活力和热情　　　　　（　　）（　　）

4. 有效利用自身的做法调动他人　（　　）（　　）

5. 销售能力强　　　　　　　　　（　　）（　　）

6. 曾作为俱乐部或社团的负责人　（　　）（　　）

7. 向领导提出建议或反映意见　　（　　）（　　）

8. 有开创事业的能力　　　　　　（　　）（　　）

9. 知道怎样做能成为一个优秀的领导者（　　）（　　）

10. 健谈、机灵　　　　　　　　　（　　）（　　）

统计"是"一栏得分计_____

C：常规型能力　　　　　　　　是　　否

1. 会熟练地打印中文　　　　　　（　　）（　　）

2. 会用外文打字机或复印机　　　（　　）（　　）

3. 能快速记笔记和抄写文章　　　（　　）（　　）

4. 善于整理、保管文件和资料　　（　　）（　　）

5. 善于从事事务性的工作　　　　　（　　）（　　）

6. 会用算盘　　　　　　　　　　　（　　）（　　）

7. 能在短时间内分类和处理大量文件（　　）（　　）

8. 能使用计算机　　　　　　　　　（　　）（　　）

9. 能收集数据　　　　　　　　　　（　　）（　　）

10. 善于为自己或集体做财务预算表　（　　）（　　）

统计"是"一栏得分计_____

第四部分：你所喜欢的职业

下面列举了多种职业，请逐一认真地看，如果是你有兴趣的工作，请在"是"栏里打"√"；如果是你不太喜欢的、不关心的工作，请在"否"栏里打"√"。请回答全部问题。

R：实际型活动　　　　　　　　　　是　　　否

1. 飞机机械师　　　　　　　　　　（　　）（　　）

2. 野生动物专家　　　　　　　　　（　　）（　　）

3. 汽车维修工　　　　　　　　　　（　　）（　　）

4. 木匠　　　　　　　　　　　　　（　　）（　　）

5. 测量工程师　　　　　　　　　　（　　）（　　）

6. 无线电报务员　　　　　　　　　（　　）（　　）

7. 园艺师　　　　　　　　　　　　（　　）（　　）

8. 公共汽车司机　　　　　　　　　（　　）（　　）

9. 火车司机　　　　　　　　　　　（　　）（　　）

10. 电工　　　　　　　　　　　　　（　　）（　　）

统计"是"一栏得分计_____

S：社会型职业　　　　　　　　　　是　　　　否

1. 街道、工会或妇联干部　　　　　（　　）（　　）

2. 小学、中学教师　　　　　　　　（　　）（　　）

3. 精神病医生　　　　　　　　　　（　　）（　　）

4. 婚姻介绍所工作人员　　　　　　（　　）（　　）

5. 体育教练　　　　　　　　　　　（　　）（　　）

6. 福利机构负责人　　　　　　　　（　　）（　　）

7. 心理咨询员　　　　　　　　　　（　　）（　　）

8. 共青团干部　　　　　　　　　　（　　）（　　）

9. 导游　　　　　　　　　　　（　　）（　　）

10. 国家机关工作人员　　　　　（　　）（　　）

统计"是"一栏得分计_____

I：调研型职业　　　　　　　　　　是　　否

1. 气象学或天文学学者　　　　（　　）（　　）

2. 生物学者　　　　　　　　　（　　）（　　）

3. 医学实验室的技术人员　　　（　　）（　　）

4. 人类学学者　　　　　　　　（　　）（　　）

5. 动物学学者　　　　　　　　（　　）（　　）

6. 化学学者　　　　　　　　　（　　）（　　）

7. 数学学者　　　　　　　　　（　　）（　　）

8. 科学杂志的编辑或作家　　　（　　）（　　）

9. 地质学学者　　　　　　　　（　　）（　　）

10. 物理学学者　　　　　　　　（　　）（　　）

统计"是"一栏得分计_____

E：事业型职业　　　　　　　　　　是　　否

1. 厂长　　　　　　　　　　　（　　）（　　）

2. 电视片编制人　　　　　　　（　　）（　　）

3. 公司经理　　　　　　　　　（　　）（　　）

4. 销售员　　　　　　　　　　（　　）（　　）

5. 不动产推销员　　　　　　　（　　）（　　）

6. 广告部部长　　　　　　　　（　　）（　　）

7. 体育活动主办者　　　　　　（　　）（　　）

8. 销售部部长　　　　　　　　（　　）（　　）

9. 个体工商业者　　　　　　　（　　）（　　）

10. 企业管理咨询人员　　　　　（　　）（　　）

统计"是"一栏得分计_____

A：艺术型职业　　　　　　　　　　是　　否

1. 乐队指挥　　　　　　　　　（　　）（　　）

2. 演奏家　　　　　　　　　　（　　）（　　）

3. 作家　　　　　　　　　　　（　　）（　　）

4. 摄影家　　　　　　　　　　（　　）（　　）

5. 记者　　　　　　　　　　　（　　）（　　）

6. 画家、书法家　　　　　　　（　　）（　　）

7. 歌唱家　　　　　　　　　　（　　）（　　）

8. 作曲家　　　　　　　　　　（　　）（　　）

9. 电影、电视演员　　　　　　（　　）（　　）

统计"是"一栏得分计_____

C：常规型职业　　　　　　　　　　　　是　　否

1. 会计师　　　　　　　　　　（　　）（　　）

2. 银行管理员　　　　　　　　（　　）（　　）

3. 税收管理员　　　　　　　　（　　）（　　）

4. 计算机操作员　　　　　　　（　　）（　　）

5. 簿记人员　　　　　　　　　（　　）（　　）

6. 成本核算员　　　　　　　　（　　）（　　）

7. 文书档案管理员　　　　　　（　　）（　　）

8. 打字员　　　　　　　　　　（　　）（　　）

9. 法庭书记员　　　　　　　　（　　）（　　）

10. 人口普查登记员　　　　　 （　　）（　　）

统计"是"一栏得分计_____

第五部分：您的能力类型简评

下面两个表是您在六种职业能力方面的自我评定表。您可以先与同龄人比较，显示出自己在每一方面的能力，经斟酌后对自己的能力做评估。请在表中适当的数字上画圈。数字越大，表示你的能力越强。注意，请勿全部画同样的数字，因为人的每项能力不可能完全一样。

R 型	I 型	A 型	S 型	E 型	C 型
机械操作能力	科学研究能力	艺术创作能力	解释表示能力	商业洽谈能力	事务执行能力
7	7	7	7	7	7
6	6	6	6	6	6
5	5	5	5	5	5
4	4	4	4	4	4
3	3	3	3	3	3
2	2	2	2	2	2
1	1	1	1	1	1

R 型	I 型	A 型	S 型	E 型	C 型
体育技能	数学技能	音乐技能	交际技能	领导技能	办公技能
7	7	7	7	7	7
6	6	6	6	6	6
5	5	5	5	5	5
4	4	4	4	4	4
3	3	3	3	3	3
2	2	2	2	2	2
1	1	1	1	1	1

第六部分：统计和确定您的职业倾向

请将第二部分至第五部分的全部测验分数按前面已统计好的六种职业倾向（R 型、I 型、A 型、S 型、E 型和 C 型）得分填入下表，并做纵向累加。

测试	R 型	I 型	A 型	S 型	E 型	C 型
第二部分						
第三部分						
第四部分						
第五部分 A						
第五部分 B						
总分						

请将上表中的 6 种职业倾向总分按高低顺序依次从左到右排列：

_____型、_____型、_____型、_____型、_____型、_____型

您的职业倾向性得分：

_____最高分　　　　_____最低分

第七部分：您所看重的东西——职业价值观

这一部分测验列出了人们在选择工作时通常会考虑的九种因素（见所附工作价值标准）。现在请您在其中选出最重要的两项因素，并将序号填入下边相应空格上。

最重要：_____　　次重要：_____

最不重要：_____　　次不重要：_____

附：工作价值标准

1. 工资高、福利好

2. 工作环境（物质方面）舒适

3．人际关系良好

4．工作稳定有保障

5．能提供较好的受教育机会

6．有较高的社会地位

7．工作不太紧张、外部压力小

8．能充分发挥自己的能力特长

9．社会需求与社会贡献大

现在将你测验得分居第一位的职业类型找出来，对照下表，判断一下自己适合的职业类型。

R（实际型）	木匠、农民、操作 X 光的技师、工程师、飞机机械师、鱼类和野生动物专家、自动化技师、机械工（车工、钳工等）、电工、无线电报务员、火车司机、长途公共汽车司机、机械制图员、修理机器、电气师。
I（调研型）	气象学学者、生物学学者、天文学学者、药剂师、动物学学者、化学家、科学报刊编辑、地质学学者、植物学学者、物理学学者、数学家、实验员、科研人员、科技工作者。
A（艺术型）	室内装饰专家、图书管理专家、摄影师、音乐教师、作家、演员、记者、诗人、作曲家、编剧、漫画家。
S（社会型）	社会学学者、导游、福利机构工作者、咨询员、社会工作者、社会科学教师、学校领导、精神病工作者、公共保健护士。
E（事业型）	推销员、进货员、商品批发员、旅馆经理、饭店经理、广告宣传员、调度员、律师、政治家、零售商。
R（常规型）	记账员、会计、银行出纳员、法庭速记员、成本估算员、税务员、核算员、打字员、办公室职员、统计员、计算机操作员、秘书。

下面介绍与你3个代号的职业兴趣类型一致的职业表，对照的方法如下：

首先根据你的职业兴趣代号，在下表中找出相应的职业，例如你在职业兴趣代号是RIA，那么牙科技术员、陶工等是适合你兴趣的职业；然后寻找与你职业兴趣代号相近的职业，如你的职业兴趣代号是 RIA，那么，其他由这三个字母组合成的编号（如 IRA、IAR、ARI 等）对应的职业，也较适合你的兴趣。

RIA：牙科技术员、陶工、建筑设计员、模型工、细木工、制作链条人员。

RIS：厨师、林务员、跳水员、潜水员、染色员、电器修理工、眼镜制作人员、电工、纺织机器装配工、服务员、装玻璃工人、发电厂工人、焊接工。

RIE：建筑和桥梁工程、环境工程、航空工程、公路工程、电力工程、信号工程、电话工程、一般机械工程、自动工程、矿业工程、海洋工程、交通工程技术人员、制图员、家政经济人员、计量员、农民、农场工人、农业机械操作、清洁工、无线电修理、汽车修理、手表修理、

大学生职业指导与创业教程

管工、线路装配工、工具仓库管理员。

RIC：船上工作人员、接待员、杂志保管员、牙医助手、制帽工、磨坊工、石匠、机器制造、机车（火车头）制造、农业机器装配、汽车装配工、缝纫机装配工、钟表装配和检验、电动器具装配、鞋匠、建筑钢铁工、卡车司机。

RAI：手工雕刻、玻璃雕刻、制作模型人员、家具木工、制作皮革品、手工绣花、手工钩针纺织、排字工作、印刷工作、图画雕刻、装订工。

RSE：消防员、交通巡警、警察、门卫、理发师、房间清洁工、屠夫、锻工、开凿工人、管道安装工、出租汽车驾驶员、货物搬运工、送报员、勘探员、娱乐场所的服务员、起卸机操作工、灭害虫者、电梯操作工、厨房助手。

RSI：纺织工、编织工、农业学校教师、某些职业课程教师（诸如艺术、商业、技术、工艺课程）、雨衣上胶工。

REC：抄水表员、保姆、实验室动物饲养员、动物管理员。

REI：轮船船长、航海领航员、大副、试管实验员。

RES：旅馆服务员、家畜饲养员、渔民、渔网修补工、水手、收割机操作工、搬运行李工人、公园服务员、救生员、登山导游、火车工程技术员、建筑工、铺轨工人。

RCI：测量员、勘测员、仪表操作员、农业工程技师、化学工程技师、农用工程技师、石油工程技师、资料室管理员、探矿工、煅烧工、烧窑工、矿工、保养工、磨床工、取样工、样品检验员、纺纱工、炮手、漂洗工、电焊工、锯木工、制帽工、手工缝纫工、油漆工、染色工、按摩工、木匠、农民建筑工、电影放映员、勘测员助手。

RCS：公共汽车驾驶员、一等水手、游泳池服务员、裁缝、建筑工、石匠、烟囱修建工、混凝土工、电话修理工、爆炸手、邮递员、矿工、裱糊工人、纺纱工。

RCE：打井工、吊车驾驶员、农场工人、邮件分类员、铲车司机、拖拉机司机。

IAS：普通经济学家、农场经济学家、财政经济学家、国际贸易经济学家、实验心理学家、工程心理学家、心理学家、哲学家、内科医生、数学家。

IAR：人类学家、天文学家、化学家、物理学家、医学病理学家、动物标本剥制者、化石修复者、艺术品管理者。

ISE：营养学家、饮食顾问、灭火检查员、邮政服务检查员。

ISC：侦察员、电视播音室修理员、电视修理服务员、验尸室人员、编目录者、医学实验室技师、调查研究者。

ISR：水生生物学学者、昆虫学学者、微生物学家、配镜师、矫正视力者、细菌学家、牙科医生、骨科医生。

ISA：实验心理学家、普通心理学家、发展心理学家、教育心理学家、社会心理学家、临床心理学家、目标学家、皮肤病学家、精神病学家、妇产科医师、眼科医生、五官科医生、医学实验室技术专家、民航医务人员、护士。

IES：细菌学家、生物学家、化学专家、地质专家、地理物理学专家、技术、化学工程师、纺织技术专家、医院药剂师、工业药剂师、药房营业员。

ICR：质量检验技术员、地质学技师、工程师、法官、图书馆技术辅导员、计算机操作员、医院听诊员、家禽检验员。

IEC：档案保管员、保险统计员。

IRA：地理学家、地质学家、声学物理学家、矿物学家、古生物学家、石油学家、地震学家、声学物理学家、原子和分子物理学家、电学和磁学物理学家、气象学家、设计审核员、人口统计学家、数学统计学家、外科医生、城市规划家、气象员。

IRS：流体物理学家、物理海洋学家、等离子体物理学家、农业科学家、动物学家、食品科学家、园艺学家、植物学家、细菌学家、解剖学家、动物病理学家、农作物病理学家、药物学家、生物化学家、生物物理学家、细胞生物学家、临床化学家、遗传学家、分子生物学家、质量控制工程师、地理学家、兽医、放射性治疗技师。

IRE：化验员、化学工程师、纺织工程师、食品技师、渔业技术专家、材料和测试工程师、电气工程师、土木工程师、航空工程师、行政官员、冶金专家、原子核工程师、陶瓷工程师、地质工程师、电力工程师、口腔科医生、牙科医生。

IRC：飞机领航员、飞行员、物理实验室技师、文献检查员、农业技术专家、动植物技术专家、生物技师、油管检查员、工商业规划者、矿藏安全检查员、纺织品检验员、照相机修理者、工程技术员、编计算机程序者、工具设计者、仪器维修工。

CRI：簿记员、会计、计时员、铸造机操作工、打字员、按键操作工、复印机操作工。

CRS：仓库保管员、档案管理员、缝纫工、讲述员、收款员。

CRE：标价员、实验室工作者、广告管理员、制动打字机操作员、电动机装配工、缝纫机操作工。

CIS：记账员、顾客服务员、报刊发行员、土地测量员、保险公司职员、会计师、估价员、邮政检查员、外贸检查员。

CIE：打字员、统计员、支票记录员订货员、校对员、办公室工作人员。

CIR：校对员、工程职员、海底电报员、检修计划员、发报员。

CSE：接待员、通讯员、电话接线员、卖票员、旅馆服务员、私人职员、商学教师、旅游办事员。

CSR：运货代理商、铁路职员、交通检查员、办公室通信员、簿记员、出纳员、银行财务职员。

CSA：秘书、图书管理员、办公室办事员。

CER：邮递员、数据处理员、航空邮件检查员。

CEI：推销员、经济分析家。

CES：银行会计、记账员、私人秘书、速记员、法院报告人。

ECI：银行行长、审计员、信用管理员、地产管理员、商业管理员。

ECS：信用办事员、保险人员、各类进货员、海关服务经理、售货员、购买员、会计。

ERI：建筑物管理员、工业工程师、农场管理员、护士长、农业经营管理人员。

ERS：仓库管理员、房屋管理员、货栈监督管理员。

ERC：科学、技术和有关周期出版物的管理员。

EIC：专利代理人、鉴定人、运输服务检查员、安全检查员、废品收购人员。

EIS：警官、侦查员、交通检验员、安全咨询员、合同管理者、商人。

EAS：法官、律师、公证人。

EAR：展览室管理员、舞台管理员、播音员、驯兽员。

ESC：理发师、裁判员、政府行政管理员、财政管理员、职业病防治者、售货员、商业经理、办公室主任、人事负责人、调度员。

ESR：家具售货员、书店售货员、公共汽车驾驶员、日用品售货员、护士长、自然科学和工程队行政领导。

ESI：博物馆管理员、图书馆管理员、古迹管理员、饮食业经理、地区安全服务管理员、技术服务咨询员、超级市场管理员、零售商品店店员、批发商、出租汽车服务站调度员。

ESA：博物馆馆长、报刊管理员、音乐器材售货员、售画营业员、导游(轮船或班机上的)事务长、飞机上的服务员、船员、法官、律师。

ASE：音乐教师、乐器教师、美术教师、管弦乐指挥、合唱队指挥、歌星、演奏家、哲学家、作家、广告经理、时装模特。

AER：新闻摄影师、电视摄影师、艺术指导、录音指导、丑角演员、魔术师、木偶戏演员、骑士。

AEI：音乐指挥、舞台指挥、电影导演。

AES：流行歌手、舞蹈演员、电影导演、广播节目主持人、舞蹈教师、口技表演者、喜剧演员、模特。

AIS：画家、剧作家、编辑、评论家、时装艺术大师、新闻摄影师、演员、文学作者。

AIE：花匠、皮衣设计师、工业产品设计师、剪影艺术家、复制雕刻品大师。

AIR：建筑师、画家、摄影师、绘图员、环境美化工、雕刻家、包装设计师、陶器设计师、绣花工、漫画工。

SEC：社会活动家、退伍军人服务官员、工商会事务代表、教育咨询者、宿舍管理员、旅馆经理、饮食服务管理员。

SER：体育教练、游泳指导。

SEI：大学校长、学院院长、医院行政管理员、历史学家、家政经济学家、职业学校教师、资料员。

SEA：娱乐活动管理员、国外服务办事员、社会服务助理、一般咨询员、宗教教育工作者。

SCE：部长助理、福利机构职员、生产协调人、环境卫生管理人员、戏院经理、餐馆经理、售票员。

SRI：外科医生助手、医院服务员。

SRE：体育教师、职业病治疗者、体育教练、专业运动员、房管员、儿童家庭教师、警察、传达员、保姆。

SRC：护理员、护理助理、医院勤杂工、理发师、学校儿童服务人员。

SIA：社会学家，心理咨询者，学校心理学家，政治科学家，大学或学员队系主任，大学或学院的教育学专业教师，大学农业专业教师，大学工程和建筑课程的教师，大学法律、数学、医学、物理、生命科学专业的教师，研究生助教，成人教育教师。

SIE：营养学家、饮食学家、海关检查员、安全检查员、税务稽查员、校长。

SIC：描图员、兽医助手、诊所助理、体检检查员、监督缓刑犯的工作者、娱乐指导者、咨询人员、社会科学领域的教师。

SIR：理疗员、救护队工作人员、手足口病医生、职业病治疗助手。

MBTI 个人性格倾向测评

（请在指导老师的帮助下完成）

MBTI用四维度偏好二分法来测评个人性格的倾向,每个维度偏好二分法均由两极组成(如下表),每个维度上一个人只能是一种偏好,请通过你个人的判断或借助同学的判断综合评价你的个性格倾向。

能量倾向：你更喜欢自己的注意力集中于何处？你从何处获得活力？E-I维度	
外倾(E)　□ 注意力和能量主要指向外部世界的人和事,而从与人交往和活动中得到活力。 ● 关注外部环境 ● 喜欢用谈话的方式进行沟通 ● 通过谈话形成自己的意见 ● 用实际操作或讨论的方式能学得最好 ● 兴趣广泛 ● 好与人交往,善于表达 ● 先行动,后思考 ● 在工作和人际关系中都很积极主动	内倾(I)　□ 注意力和能量集中于自己的内心世界,从对思想、回忆和情感的反思中得到活力。 ● 关注自己的内心世界 ● 更愿意用书面方式沟通 ● 通过思考形成自己的意见 ● 用思考、在头脑中"练习"的方式学得最好 ● 安静而显得内向 ● 先思考,后行动 ● 当情境或事件对他们具有重要意义时会采取主动
接受信息：你如何获取信息？S-N维度	
感觉(S)　□ 用自己的五官来获取信息。喜欢收集实实在在的、确实已出现的信息。对于周围所发生的事件观察入微,特别关注现实。 ● 着眼于当前的实际情况 ● 现实、具体 ● 关注真实的实际存在的事物 ● 观察敏锐,并能记住细节 ● 经过仔细周详的推理一步步得出结论 ● 通过实际运用来理解抽象的思维和理论 ● 相信自己的经验	直觉(N)　□ 通过想象、无意识等超越感觉的方式来获取信息。喜欢看整个事件的模式,特别善于看到新的可能性。 ● 着眼于未来的可能 ● 富于想象力和创造性 ● 关注数据所代表的模式和意义 ● 当细节与某一模式相关时才能够记得 ● 靠直觉很快得出结论 ● 希望在应用理论之前先能对之进行澄清 ● 相信自己的灵感
处理信息：你是如何做决定的？T-F维度	
思考(T)　□ 通过分析某一行动或选择的逻辑后果来做出决定。会将自己从情境中分离出来,对事件的正反两面进行客观地分析。从分析和确认事件中的	情感(F)　□ 喜欢考虑对自己和他人来说什么是重要的。会在头脑中将自己放在情境所牵涉到的所有人的位置上并试图理解别人的感受,然后在此基础上根据

错误并解决问题中获得活力。目标是要找到一个能应用于有相似情境的或标准的原则。 ● 好分析的 ● 运用因果推理 ● 以逻辑的方式解决问题 ● 寻求一个合乎真理的客观标准 ● 爱讲理的 ● 可能显得不近人情 ● 公平意味着每个人都能得到平等的待遇	自己的价值判断做出决定。从对他人表示赞赏和支持中获得活力。目标是创造和谐的氛围，把每一个人都当作一个独特的个体来对待。 ● 善于体贴他人、感同身受 ● 受个人的价值观的引导 ● 衡量决定对他人产生的后果和影响 ● 寻求和谐的气氛和积极的人际交往 ● 富于同情心 ● 可能会显得心肠太软 ● 公平意味着每个都被作为独特的个体来对待
行动方式：你如何与外部世界打交道？J－P维度	
判断(J) □ 喜欢将事情管理得井井有条，过一种有计划的、井然有序的生活。喜欢做出决定，完成后继续下面的工作。生活通常会比较有规划、有秩序，喜欢把事情敲定下来。照计划和日程安排办事对他们来说很重要。从完成任务中获得能量。 ● 有计划的 ● 喜欢组织管理自己的生活 ● 有系统有计划 ● 按部就班 ● 爱制定短期和长期计划 ● 喜欢把事情落实敲定 ● 力图避免最后一分钟才做决定或完成任务的压力	知觉(P) □ 喜欢以一种灵活、自发的方式生活，更愿意去体验和理解生活而不是去控制它。详细的计划或最后决定会使他们感到被束缚。愿意对新的信息和选择保持开放，直到最后一分钟。足智多谋，善于调节自己适应当前场合的需要，并从中获得能量。 ● 自发的 ● 灵活 ● 随意 ● 开放 ● 适应，改变方向 ● 不喜欢把事情确定下来，以留有改变的可能性 ● 最后一分钟的压力使他们感到活力充沛

我的 MBTI 类型

能量倾向：_____

接受信息：_____

处理信息：_____

行动方式：_____

MBTI 16 种性格类型的职业倾向表

ISTJ	ISFJ	INFJ	INTJ
● 管理者 ● 行政管理 ● 执法者 ● 会计 或者其他能够让他们可以利用自己经验和对细节的注意完成任务的职业。	● 教育 ● 健康护理（包括生理、心理） ● 宗教服务 或者其他能够让他们运用自己的经验亲力亲为帮助别人的职业，这种帮助是协助或辅助的。	● 宗教 ● 咨询服务（包括个人、社会、心理等） ● 教学/教导 ● 艺术 或者其他能够促进他们情感、智力或精神发展的职业。	● 科学或技术领域 ● 计算机 ● 法律 或者其他能够让他们运用智力创造和技术知识去构思、分析和完成任务的职业。

大学生职业指导与创业教程

ISTP ● 熟练工种 ● 技术领域 ● 农业 ● 执法者 ● 军人 或者其他能够让他们动手操作、分析数据或事情的职业。	ISFP ● 健康护理（包括生理、心理） ● 商业 ● 执法者 或者其他能够让他们运用友善、专注于细节的相关服务的职业。	INFP ● 咨询服务（包括个人、社会、心理等） ● 写作 ● 艺术 或者其他能够让他们运用创造和集中于他们的价值观的职业。	INTP ● 科学或技术领域 或者其他能够让他们运用自己的专业技术知识独立、客观分析问题的职业。
ESTP ● 市场 ● 熟练工种 ● 商业 ● 执法者 或者其他能够让他们利用行动关注必要细节的职业。	ESFP ● 健康护理（包括生理、心理） ● 教学/教导 ● 教练 ● 儿童保育 ● 熟练工种 或者其他能够让他们利用外向的天性和热情去帮助那些有实际需要的人们的职业。	ENFP ● 咨询服务（包括个人、社会、心理等） ● 教学/教导 ● 宗教 ● 艺术 或者其他能够让他们利用创造力和交流去帮助促进他人成长的职业。	ENTP ● 科学 ● 管理者 ● 技术 ● 艺术 或者其他能够让他们有机会不断承担新挑战的工作。
ESTJ ● 管理者 ● 行政管理 ● 执法者 或者其他能够让他们运用对事实的逻辑和组织完成任务的职业。	ESFJ ● 教育 ● 健康护理（包括生理、心理） ● 宗教 或者其他能够让他们运用个人关怀为他人提供服务的职业。	ENFJ ● 宗教 ● 艺术 ● 教学/教导 或者其他能够让他们帮助别人在情感、智力和精神上成长的职业。	ENTJ ● 管理者 ● 领导者 或者其他能够让他们运用实际分析、战略计划和组织完成任务的职业。

财政部　国家税务总局　人力资源社会保障部关于继续实施支持和促进重点群体创业就业有关税收政策的通知

财税〔2014〕39 号

各省、自治区、直辖市、计划单列市财政厅(局)、国家税务局、地方税务局、人力资源社会保障厅(局),新疆生产建设兵团财务局、人力资源社会保障局:

1998 年以来,国家对下岗失业人员再就业给予了一系列税收扶持政策,特别是自 2011 年 1 月 1 日起实施了新的支持和促进就业的税收优惠政策,进一步扩大了享受税收优惠政策的人员范围,对于支持重点群体创业就业,促进社会和谐稳定,推动经济发展发挥了重要作用。该政策于 2013 年 12 月 31 日执行到期。根据当前宏观经济形势和就业面临的新情况、新问题,为扩大就业,鼓励以创业带动就业,经国务院批准,现将继续实施支持和促进重点群体创业就业税收政策有关问题通知如下:

一、对持《就业失业登记证》(注明"自主创业税收政策"或附着《高校毕业生自主创业证》)人员从事个体经营的,在 3 年内按每户每年 8 000 元为限额依次扣减其当年实际应缴纳的营业税、城市维护建设税、教育费附加、地方教育附加和个人所得税。限额标准最高可上浮 20%,各省、自治区、直辖市人民政府可根据本地区实际情况在此幅度内确定具体限额标准,并报财政部和国家税务总局备案。

纳税人年度应缴纳税款小于上述扣减限额的,以其实际缴纳的税款为限;大于上述扣减限额的,应以上述扣减限额为限。

本条所称持《就业失业登记证》(注明"自主创业税收政策"或附着《高校毕业生自主创业证》)人员是指:1.在人力资源社会保障部门公共就业服务机构登记失业半年以上的人员;2.零就业家庭、享受城市居民最低生活保障家庭劳动年龄内的登记失业人员;3.毕业年度内高校毕业生。高校毕业生是指实施高等学历教育的普通高等学校、成人高等学校毕业的学生;毕业年度是指毕业所在自然年,即 1 月 1 日至 12 月 31 日。

二、对商贸企业、服务型企业、劳动就业服务企业中的加工型企业和街道社区具有加

大学生职业指导与创业教程

工性质的小型企业实体,在新增加的岗位中,当年新招用在人力资源社会保障部门公共就业服务机构登记失业一年以上且持《就业失业登记证》(注明"企业吸纳税收政策")人员,与其签订1年以上期限劳动合同并依法缴纳社会保险费的,在3年内按实际招用人数予以定额依次扣减营业税、城市维护建设税、教育费附加、地方教育附加和企业所得税优惠。定额标准为每人每年4 000元,最高可上浮30%,各省、自治区、直辖市人民政府可根据本地区实际情况在此幅度内确定具体定额标准,并报财政部和国家税务总局备案。

按上述标准计算的税收扣减额应在企业当年实际应缴纳的营业税、城市维护建设税、教育费附加、地方教育附加和企业所得税税额中扣减,当年扣减不足的,不得结转下年使用。

本条所称服务型企业是指从事现行营业税"服务业"税目规定经营活动的企业以及按照《民办非企业单位登记管理暂行条例》(国务院令第251号)登记成立的民办非企业单位。

三、享受本通知第一条、第二条优惠政策的人员按以下规定申领《就业失业登记证》、《高校毕业生自主创业证》等凭证:

(一)按照《就业服务与就业管理规定》(中华人民共和国劳动和社会保障部令第28号)第六十三条的规定,在法定劳动年龄内,有劳动能力,有就业要求,处于无业状态的城镇常住人员,在公共就业服务机构进行失业登记,申领《就业失业登记证》。其中,农村进城务工人员和其他非本地户籍人员在常住地稳定就业满6个月的,失业后可以在常住地登记。

(二)零就业家庭凭社区出具的证明,城镇低保家庭凭低保证明,在公共就业服务机构登记失业,申领《就业失业登记证》。

(三)毕业年度内高校毕业生在校期间凭学校出具的相关证明,经学校所在地省级教育行政部门核实认定,取得《高校毕业生自主创业证》(仅在毕业年度适用),并向创业地公共就业服务机构申请取得《就业失业登记证》;高校毕业生离校后直接向创业地公共就业服务机构申领《就业失业登记证》。

(四)上述人员申领相关凭证后,由就业和创业地人力资源社会保障部门对人员范围、就业失业状态、已享受政策情况进行核实,在《就业失业登记证》上注明"自主创业税收政策"或"企业吸纳税收政策"字样,同时符合自主创业和企业吸纳税收政策条件的,可同时加注;主管税务机关在《就业失业登记证》上加盖戳记,注明减免税所属时间。

四、本通知的执行期限为2014年1月1日至2016年12月31日。本通知规定的税收优惠政策按照备案减免税管理,纳税人应向主管税务机关备案。税收优惠政策在2016

年 12 月 31 日未享受满 3 年的,可继续享受至 3 年期满为止。《财政部国家税务总局关于支持和促进就业有关税收政策的通知》(财税[2010]84 号)所规定的税收优惠政策在 2013 年 12 月 31 日未享受满 3 年的,可继续享受至 3 年期满为止。

五、本通知所述人员不得重复享受税收优惠政策,以前年度已享受各项就业税收优惠政策的人员不得再享受本通知规定的税收优惠政策。如果企业的就业人员既适用本通知规定的税收优惠政策,又适用其他扶持就业的税收优惠政策,企业可选择适用最优惠的政策,但不能重复享受。

六、上述税收政策的具体实施办法由国家税务总局会同财政部、人力资源社会保障部、教育部、民政部另行制定。

各地财政、税务、人力资源社会保障部门要加强领导、周密部署,把大力支持和促进重点群体创业就业工作作为一项重要任务,主动做好政策宣传和解释工作,加强部门间的协调配合,确保政策落实到位。同时,要密切关注税收政策的执行情况,对发现的问题及时逐级向财政部、国家税务总局、人力资源社会保障部反映。

财政部 国家税务总局 人力资源社会保障部

2014 年 4 月 29 日

重庆市教育委员会关于建设高校众创空间
促进师生创新创业的实施意见

渝教科〔2015〕40 号

各高等学校:

为贯彻落实创新驱动发展战略,加快建设高校众创空间,全面激发高校的创造活力,主动适应经济发展新常态下大众创业、万众创新的新趋势,根据《国务院办公厅关于发展众创空间推进大众创新创业的指导意见》(国办发〔2015〕9 号)、《重庆市深化体制机制改革加快实施创新驱动发展战略行动计划(2015—2020 年)》和《中共重庆市委办公厅重庆市人民政府办公厅关于发展众创空间推进大众创业万众创新的实施意见》(渝委办发〔2015〕20 号)等文件精神,结合我市高校实际,提出如下实施意见。

一、指导思想

全面落实党的十八大和十八届三中、四中全会精神,集聚高校人才培养和科学研究优势,营造良好的创新创业生态环境,以创新驱动发展战略为统领,以提升师生创新创业能力和促进科技成果转化为目标,以建设众创空间等创新创业服务平台为载体,有效整合资源,集成政策措施,完善服务体系,培育创新文化,释放科技活力,以创新引领创业,切实提升高校服务经济社会发展能力,有力推动我市形成大众创业、万众创新的生动局面。

二、建设目标

2015 年底,全市高校建设众创空间 100 个以上,推出科技成果转化案例 100 项以上;2017 年,建成一批国内知名、特色鲜明的示范性高校众创空间;到 2020 年,通过建设高校众创空间,推动转化一批科技成果,孵化一批师生创新创业企业,培育一批师生创新创业明星,显著增强师生创新创业能力,显著提升高校服务地方经济社会发展能力。

三、基本条件

高校众创空间应具备以下基本条件:

(一)高校众创空间可自主使用面积不低于 200 平方米,规模较大的高校众创空间可自主使用面积原则上不低于 1 000 平方米;能提供开放共享式办公场地、流动工位、宽带网络、公共软件、互联网资源等设施,鼓励提供科研仪器设备等设施。

（二）高校设有专项资金且使用规范合理；建立有风险投资引入机制，引入社会力量投资建设、管理、运营众创空间。

（三）众创空间吸纳有以师生为主的初创企业或创业团队3个以上，开展以科技创新为主的创新创业项目3个以上；对入驻的初创企业和创业团队建立有明确的入驻和退出机制。

（四）有专业的管理运营团队和高素质的创业导师团队，并建立起有效的工作运行机制。

（五）定期举办项目路演、创业沙龙、创业大讲堂、创业实践、创业比赛等活动，建立起完备的创业辅导体系。

（六）能提供必要的企业注册、人员招聘、财务代账、政策咨询、法律援助以及投融资、认证检测、培训等服务。

四、建设内容

（一）加快场所条件改造和建设。根据众创空间的功能需求，进一步完善现有科技园、2011协同创新中心、工程技术研究中心、大学生创业基地、硕博研究生创业园、科技成果转化中心、应用技术推广中心、文化创意中心、文化服务中心、孵化基地、实训基地、实验室、学生活动中心等功能，推动各级各类平台转型升级。同时，对老旧楼房、闲置房屋等潜在场地进行盘活和改造提升，开辟较为集中的众创空间专用场地，配备创新创业的基本设备设施，并免费提供开放共享的宽带网络、公共软件等资源。

（二）建立多元化资金筹措机制。根据众创空间建设需要，高校安排专项资金，用于众创空间建设和管理。主动联系企业、行业协会、天使投资人等，依托校友会、校企校地合作平台等以多种方式向众创空间项目提供资金支持。发挥多层次资本市场作用，鼓励、引导、撬动民间资本和风险投资投向众创空间，通过开放共享降低成本，向师生创业者提供免费或低收费服务，以项目投资和高附加值专业服务等方式获取收益，实现孵化和投资相结合。

（三）建立引导激励机制。将创新创业融入高校内涵建设，优先配置相关资源。整合利用各类创新创业要素，鼓励青年教师、学生等活跃创客群体开展创新创业。坚持育人为本，将学科和科研资源转化为教学资源，将创新创业与专业和学业有机结合，突出人才培养的创新性、实践性和技术技能的应用性。积极落实国家和市有关支持政策，在职称评聘、评优评先、绩效分配等方面，对创新创业成效显著的人员给予政策倾斜。

（四）探索管理运营模式。强化开放共享，融合创新要素，充分利用互联网技术，采用线上与线下结合方式，探索互联网＋教育、互联网＋创业等新形态。坚持公益性原则，结合高校办学定位,合理部署安排、有效调配资源、规范稳定运行,逐步建立具有本校特点的自主管理模式。注重可持续发展,按照市场化原则,积极引入企业、投资机构、行业组织或专业团队等社会力量管理运营众创空间,探索建立与市场接轨的管理运营模式。

（五）推动科技成果转化。积极引导师生依托科技成果创新创业,提升创新创业科技含量,将科技成果转化为现实生产力。按照有关规定支持以技术许可、技术转让、技术入股、自行投资等形式将科技成果产业化。加强知识产权管理,强化知识产权申请、运营,为知识产权交易、投资、质押等提供服务,促进知识产权转化运用。

（六）开展创新创业活动。以众创空间为平台,组织师生创业者积极开展创新创意分享、名师会诊、项目路演、创业沙龙、创业大讲堂、创业实践、创业辅导培训、创意设计大赛等各类活动。主动为行业企业、投资机构与师生创业者提供对接平台,开展项目洽谈等。加大指导力度,积极支持大学生参加各级各类创新创业大赛及创业实践活动。

（七）建立创业导师队伍。打造一支高素质创业导师队伍,鼓励有丰富经验和创业资源的企业家、职业经理人、天使投资人和专家学者担任创业导师或组成辅导团队,结合创新创业项目,提供有针对性的创新创业指导服务,形成师生创业者、企业家、天使投资人、创业导师互助的工作机制。

（八）培育创新创业文化。将创新创业文化作为校园文化建设的重要内容,积极探索创新创业文化建设的有效途径和机制。在全校师生员工中主动引导树立新时代创业观和成才观,形成崇尚创新、创业致富的价值导向。大力弘扬自力更生、奋发有为的自强精神和百折不挠、不懈进取的拼搏精神。坚持求实求真和改革创新,积极倡导敢为人先、宽容失败、尊重知识、追求卓越的创新创业文化。

五、认定、支持和管理

（一）认定命名。重庆市高校众创空间由市教委组织认定。各高校在前期建设培育并取得较好成效的基础上,可向市教委提出认定申请,市教委对符合条件的高校众创空间认定命名为"重庆市高校众创空间"。通过绩效考核,对运行良好、成效显著的推荐申报重庆市众创空间。

（二）政策支持。职务发明成果转让收益用于奖励科研项目牵头人、骨干技术人员等重要贡献人员和团队的比例不低于50%,上不封顶;科技成果作价份额按不低于20%的比例给成果完成人以及为成果转化做出重要贡献的管理人员,上不封顶;高校专业技术人员带项目、成果离岗创新创业的,经所在单位同意,3年内保留人事关系,与原单位其他在岗人员同等享有参加职称评聘、岗位等级晋升和社会保险等方面的权利;高校学生从事创新创业活动,经历和成果可按相关规定经考核折算为学分;经高校同意,学生休学创业,3年内保留学籍。其他围绕高校众创空间开展创新创业的支持政策和措施,按照国家和市有关文件执行。经认定为"重庆市高校众创空间"和国家级众创空间的高校,市教委按有关规定以奖补的方式给予专项资金,用于环境条件建设等补助。

(三)绩效管理。实行高校众创空间年度绩效考评制度,对考评优秀的给予奖励;对考评不达标的给予帮扶指导,对连续两年不达标的,取消其称号。高校对依托高校众创空间开展创新创业取得突出成绩的师生给予奖励。对未按规定使用财政资金的,将收回财政资金,并依据国家法律、法规对责任主体进行处理。市教委将高校众创空间建设情况纳入对高校的年度考核内容。

六、保障措施

(一)加强组织领导。牢固树立科技创新意识,高度重视众创空间建设工作,建立健全工作领导机制,加大资金投入、政策支持和条件保障力度,确保"机构、人员、场地、经费、服务"五到位。要主动对接政府相关部门,推动落实相关支持政策。要加强校内单位的联动和协同,确保工作有序推进。

(二)建立运行机制。落实众创空间的管理职能,在科技管理部门下成立专门机构,负责众创空间的管理。完善众创空间管理岗位职责,明确入驻众创空间初创企业和团队的资格条件、具体任务和工作要求,制定相应的规章制度,形成稳定的运行机制。

(三)营造浓厚氛围。对众创空间建设的进展、成效和经验,以及涌现出的师生创新创业典型,通过大众媒体予以广泛宣传,引导社会树立创新创业光荣的价值观。大力弘扬创新创业精神,努力营造鼓励创新创业、崇尚创新创业、支持创新创业、投身创新创业的良好社会氛围。

重庆市教育委员会

2015 年 8 月 26 日

重庆市人民政府办公厅关于
深化高等学校创新创业教育改革的通知

渝府办发〔2015〕136 号

各区县(自治县)人民政府,市政府有关部门,有关单位:

为贯彻落实《国务院办公厅关于深化高等学校创新创业教育改革的实施意见》(国办发〔2015〕36 号),切实弥补我市高等教育创新创业人才培养的短板,加快培养创新创业人才,经市政府同意,现就深化我市高等学校创新创业教育改革有关事项通知如下:

一、总体要求

全面贯彻党的教育方针,落实立德树人根本任务,以推进素质教育为主题,以提高人才培养质量为核心,以健全创新创业人才培养机制为重点,以完善条件和政策保障为支撑,深化高校创新创业教育改革,促进高等教育与科技、经济、社会紧密结合,为实现我市"科学发展,富民兴渝"战略目标和实施创新驱动发展战略提供强大的人才智力支撑。

2015 年,全面启动高校创新创业教育改革,布局 100 个高校众创空间,发挥好探索引路作用。到 2017 年,广泛开展创新创业教育,形成一批可复制的创新创业教育改革制度成果,建成 20 个高校示范性众创空间。到 2020 年,以高校众创空间为标志,学生的创新精神、创业意识和创新创业能力明显增强,投身创新创业实践的学生显著增加,具有重庆特色的高校创新创业教育体系基本形成。

二、主要措施

(一) 构建适应城乡经济发展的创新创业人才培养模式

围绕我市"6+1"支柱产业、"2+10"战略性新兴产业和现代服务业、现代农业创新项目发展要求,优化高校专业结构,到 2020 年,建成市级特色专业点 500 个、特色专业群 100 个。推动部分普通本科院校向应用型转型。促进学术型研究生与专业学位研究生协调发展。扩大"雏鹰计划"受益范围,鼓励高校招收具有创新创业潜质的学生。

深入实施"卓越计划"、"大学生创业引领计划"、"科教结合协同育人行动计划"和"大学生就业促进计划"。扩大"重庆市大学联盟",探索主辅修制、第二专业学位制人才培养模式。开展校企、校地、校所联合招生和培养创新创业人才试点。

积极吸引社会资本和国外优质教育资源投入创新创业人才培养。鼓励高校在企业设立科研基地，企业、科研院所在高校设立实验室和研发平台，支持企业与学校共建专业，并融入订单培养。

推进"大类招生、分流培养"，探索建立跨院系、跨学科、跨专业交叉培养创新创业人才的新机制。鼓励高校设立创新创业教研室或教育学院（创客学院），探索举办多种形式的创新创业教育实验班。

（二）健全融通专业教育与创新创业教育的课程体系

市教委要统筹创新创业教育优质课程资源建设，根据高校学科优势，2016 年前布点10 个市级创新创业教学资源研发中心，挖掘专业教育内容中的创新创业课程，组织高校、行业企业优秀人才编写创新创业教育重点教材，在大学城资源共享平台上推出一批创新创业在线开放课程，实现全市高校创新创业课程学分互认。

各高校应根据创新创业教育要求修订人才培养方案，制定《创新创业教育学分学习指南》，将创新创业教育贯穿到专业课程教学的全过程。面向全体学生开设研究方法、学科前沿、批判性思维、创业基础、就业创业指导、"互联网＋"等方面的必修课和选修课，其中必修课程的实践课时须达 50％，且学分必须从教师指导设计的社会实践活动中获得。

（三）全面探索创新创业教学及其管理方式

各高校应扩大小班教学覆盖面，广泛开展启发式、讨论式、参与式、项目式教学，充分利用国内外优质教育资源，大力推进慕课教学。教师必须将前沿学术发展、最新研究成果和实践经验融入课堂教学。为有创新创业意愿的学生制订个性化成才方案，以师徒制、导师制个性化培养学生的创新创业能力。

各高校应将学生参与课题研究、开展创新实验、发表论文、获得专利、获得创新创业奖项、参与众创空间、自主创业等折算为学分并建立学分累积制度。本专科学生创新创业必修课程不低于 2 学分，学生超过最低要求的创新创业学分可充抵其他选修课学分。

改革考核考试内容和方式，笔试面试、理论实践、日常期末考核结合，加重过程考核权重，增加非标准答案试题比例。建立学生创新创业档案和成绩单，将学生参加各类型、各层次竞赛活动结果折算为学分，倒逼学生参与能力、竞争能力和创新创业能力发展，破除高分低能积弊。

完善学分制教学管理改革，建立参与创新创业学生转入相关专业学习制度。学生休学创业，可保留 3 年学籍。设立创新创业奖学金，并在现有相关评优评先项目中安排一定比例用于表彰优秀创新创业学生。

（四）深入推进产教融合的创新创业实践教学

各高校应建成以专业实验室、虚拟仿真实验室、创业实验室、实训中心、创业园、校内企业、众创空间为主体的实验教学和创新创业教育平台，以优势学科为基础，联合行业企业、科研院所，建设工程实验室或研究中心，向全体学生开放。支持学生成立校内创新创业协会、俱乐部等社团，举办创新创业讲座或论坛。

鼓励区县（自治县）、高校利用各种资源建设大学科技园、大学生创业园、创业孵化基地和小微企业创业基地。通过 PPP（公私合作）模式引资建设 20 个大学生公共实习实训基地。建立政府购买学生实习服务制度，激发企业参与创新创业人才培养的积极性，破解校企合作"瓶颈"。

健全各级各类覆盖全体学生的创新创业大赛、职业技能大赛赛制，各高校应制定确保覆盖全体学生参与各级各类大赛的办法。市教委牵头，市科委、市人力社保局等部门积极配合，通过大赛选择一批具有市场价值的项目给予重点支持，帮助其向市场转化。

（五）加强创新创业教师队伍建设

各区县（自治县）、各高校应明确全体教师创新创业教育的责任，加强对创新创业教育教师的培养与考评，在专业职务评审中予以倾斜，提高专业教师的创新创业教学能力。各高校应细化创新创业教育教师到行业企业挂职锻炼制度，对教学科研人员带领大学生创业取得突出成效的给予经费资助。将理论成果、知识产权、创业成果等业绩作为评价创新创业教育专职教师的重要指标。

畅通企业人才职业发展"立交桥"，建立健全企事业单位创新创业人才职称互评互认办法，允许高校设置一定比例的流动岗位，遴选 1 000 名技术技能专家、创业成功者、企业家、风险投资人担任高校专业课、创新创业课授课或指导教师。由市教委牵头制定具体办法。

（六）建立健全学生创新创业服务体系

各区县（自治县）、各高校应建立健全学生创业指导服务专门机构，做到机构、人员、场地、经费四到位。市教委牵头规划建设市校两级大学生创新创业孵化基地，负责创新创业培训、项目孵化与转化。各高校应完善创业指导培训、手续办理、项目推介、资金扶持、创业孵化、政策落实和跟踪服务制度。各区县（自治县）要成立由就业、创新创业、金融、风险投资等部门共同组建的学生就业创业公共服务中心，为学生就业创业提供服务。

由市人力社保局牵头，在高校集中和大学生集聚地着力打造大学生就业创业公共服务中心，集中各方资源为大学生提供就业创业政策咨询、项目推荐、创业担保贷款、技能鉴定等服务。

市教委要建立与全国大学生创新创业服务网对接的市级平台和数据库，各高校应建立与市级平台对接的服务网,为学生免费提供服务,提高项目转化率和成活率。

支持高校自主编制专项培训计划,或与有条件的教育培训机构、行业协会、群团组织、企业联合开发创业培训项目。鼓励高校组织在校大学生开展GYB(产生你的企业想法)创业意识培训,组织毕业生参加SYB(创办你的企业)、IYB(提升你的企业)以及微型企业创业培训,按规定享受创业培训补贴。

市经济信息委、市人力社保局和具备条件的行业协会要针对社会需求、行业发展,发布创业项目指南,引导高校学生识别创业机会,捕捉创业商机。

（七）加大创新创业政策和资金支持力度

各高校应优化经费支出结构,支持大学生创新创业培训、项目孵化和设备购置等。整合高校毕业生就业创业基金,完善管理体制和市场化运行机制。

按照市级众创空间的建设标准,2016年年底前,各高校应打造2—3个众创空间,全市高校建成至少100个众创空间。高校必须把众创空间的建设发展过程与学生进行创新创业学习训练过程融为一体,学生在众创空间内孵化项目,应当有专门机构、项目引导团队、资金为其服务,房租等费用实行减免、补贴或缓交。

财政、人力社保、工商和税务部门要落实国家有关大学生创业的税收优惠政策。大学生创办企业,行政事业性收费按照国家政策规定减免,经营性收费依法实行减免或缓交。将求职补贴调整为求职创业补贴,进一步扩大补贴范围。留学回国高校毕业生创业且符合条件的,纳入高校毕业生创业扶持政策享受范围。市政府有关部门要加快制定有利于互联网创业的扶持政策,重点支持大学生到战略性新兴产业、文化创意、信息技术、服务消费等行业创业。

积极引导银行开展动产、知识产权、应收账款、订单等抵质押信贷融资业务。鼓励社会组织、公益团体、企事业单位和个人设立大学生创业风险基金,以多种形式向自主创业大学生提供资金支持。引导金融机构量身定制大学生创新创业金融产品,简化审批手续,减免利息等。支持大学生申请各类投资基金,加大市级科技创业风险投资引导基金、产业引导基金支持大学生创新创业的力度,完善政府创业投资引导资金、社会公益基金、风险投资基金、股权投资基金多元扶持大学生创新创业机制。

（八）实施创新创业人才质量评价

市教委、市人力社保局要根据相应的国家标准,牵头组织高校、科研院所、行业企业制定专业教学质量和国家专业人才评价标准细则。根据我市支柱产业、战略性新兴产业需求,制定特色专业、优势学科的地方标准。专业人才培养方案修订和专业教学质量、专业人才评价标准细则要突出创新创业教育的内容。

实施高校毕业生就业和重点产业人才供需年度报告制度,完善专业预警、退出管理办法,探索建立需求导向的专业结构和创业就业导向的人才培养类型结构调整新机制。

三、组织保障

(一) 健全工作机制

市教委牵头成立高校创新创业教育指导委员会,完善工作推进机制。各高校应落实创新创业教育主体责任,成立由校长任组长、分管校领导任副组长、有关部门负责人参加的创新创业教育工作领导小组,建立校教务部门牵头,学生、就业、科研、团委等部门齐抓共促的创新创业教育工作机制。

(二) 加强宣传引导

各区县(自治县)人民政府、市政府有关部门和各高校应从舆论导向上鼓励创新、崇尚创业,引导学生树立科学的创业观、就业观、成才观,使创新创业成为管理者办学、教师教学、学生求学的理性认知与行动自觉。及时总结推广各高校的好经验好做法,选树学生创新创业成功典型,培育创客文化,努力营造敢为人先、敢冒风险、宽容失败的氛围和环境。

(三) 强化督查考核

各高校应及时制订本校创新创业教育改革的具体方案,报主管部门备案后向社会公布,并把创新创业教育相关情况列入教学质量年度报告和毕业生就业质量年度报告,接受社会监督。市教委要把创新创业教育纳入高校教学质量监控系统,作为衡量高校办学水平、考核领导班子的重要指标。

重庆市人民政府办公厅

2015 年 9 月 2 日

国务院关于进一步做好新形势下就业创业工作的意见

国发〔2015〕23 号

各省、自治区、直辖市人民政府，国务院各部委、各直属机构：

就业事关经济发展和民生改善大局。党中央、国务院高度重视，坚持把稳定和扩大就业作为宏观调控的重要目标，大力实施就业优先战略，积极深化行政审批制度和商事制度改革，推动大众创业、万众创新，创业带动就业倍增效应进一步释放，就业局势总体稳定。但也要看到，随着我国经济发展进入新常态，就业总量压力依然存在，结构性矛盾更加凸显。大众创业、万众创新是富民之道、强国之举，有利于产业、企业、分配等多方面结构优化。面对就业压力加大形势，必须着力培育大众创业、万众创新的新引擎，实施更加积极的就业政策，把创业和就业结合起来，以创业创新带动就业，催生经济社会发展新动力，为促进民生改善、经济结构调整和社会和谐稳定提供新动能。现就进一步做好就业创业工作提出以下意见：

一、深入实施就业优先战略

（一）坚持扩大就业发展战略。把稳定和扩大就业作为经济运行合理区间的下限，将城镇新增就业、调查失业率作为宏观调控重要指标，纳入国民经济和社会发展规划及年度计划。合理确定经济增长速度和发展模式，科学把握宏观调控的方向和力度，以稳增长促就业，以鼓励创业就业带动经济增长。加强财税、金融、产业、贸易等经济政策与就业政策的配套衔接，建立宏观经济政策对就业影响评价机制。建立公共投资和重大项目建设带动就业评估机制，同等条件下对创造就业岗位多、岗位质量好的项目优先安排。

（二）发展吸纳就业能力强的产业。创新服务业发展模式和业态，支持发展商业特许经营、连锁经营，大力发展金融租赁、节能环保、电子商务、现代物流等生产性服务业和旅游休闲、健康养老、家庭服务、社会工作、文化体育等生活性服务业，打造新的经济增长点，提高服务业就业比重。加快创新驱动发展，推进产业转型升级，培育战略性新兴产业和先进制造业，提高劳动密集型产业附加值；结合实施区域发展总体战略，引导具有成本优势的资源加工型、劳动密集型产业和具有市场需求的资本密集型、技术密集型产业向中西部地区转移，挖掘第二产业就业潜力。推进农业现代化，加快转变农业发展方式，培养新型职业农民，鼓励有文化、有技术、有市场经济观念的各类城乡劳动者根据市场需求到农村就业创业。

（三）发挥小微企业就业主渠道作用。引导银行业金融机构针对小微企业经营特点和融资需求特征，创新产品和服务。发展政府支持的融资性担保机构和再担保机构，完善风险分担机制，为小微企业提供融资支持。落实支持小微企业发展的税收政策，加强市场监管执法和知识产权保护，对小微企业亟需获得授权的核心专利申请优先审查。发挥新型载体聚集发展的优势，引入竞争机制，开展小微企业创业创新基地城市示范，中央财政给予综合奖励。创新政府采购支持方式，消除中小企业享受相关优惠政策面临的条件认定、企业资质等不合理限制门槛。指导企业改善用工管理，对小微企业新招用劳动者，符合相关条件的，按规定给予就业创业支持，不断提高小微企业带动就业能力。

（四）积极预防和有效调控失业风险。落实调整失业保险费率政策，减轻企业和个人负担，稳定就业岗位。将失业保险基金支持企业稳岗政策实施范围由兼并重组企业、化解产能过剩企业、淘汰落后产能企业等三类企业扩大到所有符合条件的企业。生产经营困难企业可通过与职工进行集体协商，采取在岗培训、轮班工作、弹性工时、协商薪酬等办法不裁员或少裁员。对确实要裁员的，应制定人员安置方案，实施专项就业帮扶行动，妥善处理劳动关系和社会保险接续，促进失业人员尽快再就业。淘汰落后产能奖励资金、依据兼并重组政策规定支付给企业的土地补偿费要优先用于职工安置。完善失业监测预警机制，建立应对失业风险的就业应急预案。

二、积极推进创业带动就业

（一）营造宽松便捷的准入环境。深化商事制度改革，进一步落实注册资本登记制度改革，坚决推行工商营业执照、组织机构代码证、税务登记证"三证合一"，年内出台推进"三证合一"登记制度改革意见和统一社会信用代码方案，实现"一照一码"。继续优化登记方式，放松经营范围登记管制，支持各地结合实际放宽新注册企业场所登记条件限制，推动"一址多照"、集群注册等住所登记改革，分行业、分业态释放住所资源。运用大数据加强对市场主体的服务和监管。依托企业信用信息公示系统，实现政策集中公示、扶持申请导航、享受扶持信息公示。建立小微企业目录，对小微企业发展状况开展抽样统计。推动修订与商事制度改革不衔接、不配套的法律、法规和政策性文件。全面完成清理非行政许可审批事项，再取消下放一批制约经济发展、束缚企业活力等含金量高的行政许可事项，全面清理中央设定、地方实施的行政审批事项，大幅减少投资项目前置审批。对保留的审批事项，规范审批行为，明确标准，缩短流程，限时办结，推广"一个窗口"受理、网上并联审批等方式。

（二）培育创业创新公共平台。抓住新技术革命和产业变革的重要机遇，适应创业创新主体大众化趋势，大力发展技术转移转化、科技金融、认证认可、检验检测等科技服务业，总结推广创客空间、创业咖啡、创新工场等新型孵化模式，加快发展市场化、专业化、集成化、网络化的众创空间，实现创新与创业、线上与线下、孵化与投资相结合，为创业者提供低成本、便利化、全要素、开放式的综合服务平台和发展空间。落实科技企业孵化器、大学科技园的税收优惠政策，对符合条件的众创空间等新型孵化机构适用科技企业孵化器税收优惠政策。有条件的地方可对众创空间的房租、宽带网络、公共软件等给予适当补贴，或通过盘活商业用房、闲置厂房等资源提供成本较低的场所。可在符合土地利用总体规划和城乡规划前提下，或利用原有经批准的各类园区，建设创业基地，为创业者提供服务，打造一批创业示范基地。鼓励企业由传统的管控型组织转型为新型创业平台，让员工成为平台上的创业者，形成市场主导、风投参与、企业孵化的创业生态系统。

（三）拓宽创业投融资渠道。运用财税政策，支持风险投资、创业投资、天使投资等发展。运用市场机制，引导社会资金和金融资本支持创业活动，壮大创业投资规模。按照政府引导、市场化运作、专业化管理的原则，加快设立国家中小企业发展基金和国家新兴产业创业投资引导基金，带动社会资本共同加大对中小企业创业创新的投入，促进初创期科技型中小企业成长，支持新兴产业领域早中期、初创期企业发展。鼓励地方设立创业投资引导等基金。发挥多层次资本市场作用，加快创业板等资本市场改革，强化全国中小企业股份转让系统融资、交易等功能，规范发展服务小微企业的区域性股权市场。开展股权众筹融资试点，推动多渠道股权融资，积极探索和规范发展互联网金融，发展新型金融机构和融资服务机构，促进大众创业。

（四）支持创业担保贷款发展。将小额担保贷款调整为创业担保贷款，针对有创业要求、具备一定创业条件但缺乏创业资金的就业重点群体和困难人员，提高其金融服务可获得性，明确支持对象、标准和条件，贷款最高额度由针对不同群体的5万元、8万元、10万元不等统一调整为10万元。鼓励金融机构参照贷款基础利率，结合风险分担情况，合理确定贷款利率水平，对个人发放的创业担保贷款，在贷款基础利率基础上上浮3个百分点以内的，由财政给予贴息。简化程序，细化措施，健全贷款发放考核办法和财政贴息资金规范管理约束机制，提高代偿效率，完善担保基金呆坏账核销办法。

（五）加大减税降费力度。实施更加积极的促进就业创业税收优惠政策，将企业吸纳就业税收优惠的人员范围由失业一年以上人员调整为失业半年以上人员。高校毕业生、登记失业人员等重点群体创办个体工商户、个人独资企业的，可依法享受税收减免政策。抓紧推广中关村国家自主创新示范区税收试点政策，将职工教育经费税前扣除试点政策、企业转增股本分期缴纳个人所得税试点政策、股权奖励分期缴纳个人所得税试点政策推广至全国范围。全面清理涉企行政事业性收费、政府性基金、具有强制垄断性的经营服务性收费、行业协会商会涉企收费,落实涉企收费清单管理制度和创业负担举报反馈机制。

（六）调动科研人员创业积极性。探索高校、科研院所等事业单位专业技术人员在职创业、离岗创业有关政策。对于离岗创业的,经原单位同意,可在3年内保留人事关系,与原单位其他在岗人员同等享有参加职称评聘、岗位等级晋升和社会保险等方面的权利。原单位应当根据专业技术人员创业的实际情况,与其签订或变更聘用合同,明确权利义务。加快推进中央级事业单位科技成果使用、处置和收益管理改革试点政策推广。鼓励利用财政性资金设立的科研机构、普通高校、职业院校,通过合作实施、转让、许可和投资等方式,向高校毕业生创设的小微企业优先转移科技成果。完善科技人员创业股权激励政策,放宽股权奖励、股权出售的企业设立年限和盈利水平限制。

（七）鼓励农村劳动力创业。支持农民工返乡创业,发展农民合作社、家庭农场等新型农业经营主体,落实定向减税和普遍性降费政策。依托现有各类园区等存量资源,整合创建一批农民工返乡创业园,强化财政扶持和金融服务。将农民创业与发展县域经济结合起来,大力发展农产品加工、休闲农业、乡村旅游、农村服务业等劳动密集型产业项目,促进农村一二三产业融合。依托基层就业和社会保障服务设施等公共平台,提供创业指导和服务。鼓励各类企业和社会机构利用现有资源,搭建一批农业创业创新示范基地和见习基地,培训一批农民创业创新辅导员。支持农民网上创业,大力发展"互联网＋"和电子商务,积极组织创新创业农民与企业、小康村、市场和园区对接,推进农村青年创业富民行动。

（八）营造大众创业良好氛围。支持举办创业训练营、创业创新大赛、创新成果和创业项目展示推介等活动,搭建创业者交流平台,培育创业文化,营造鼓励创业、宽容失败的良好社会氛围,让大众创业、万众创新蔚然成风。对劳动者创办社会组织、从事网络创业符合条件的,给予相应创业扶持政策。推进创业型城市创建,对政策落实好、创业环境优、工作成效显著的,按规定予以表彰。

三、统筹推进高校毕业生等重点群体就业

（一）鼓励高校毕业生多渠道就业。把高校毕业生就业摆在就业工作首位。完善工资待遇进一步向基层倾斜的办法,健全高校毕业生到基层工作的服务保障机制,鼓励毕业生到乡镇特别是困难乡镇机关事业单位工作。对高校毕业生到中西部地区、艰苦边远地区和老工业基地县以下基层单位就业、履行一定服务期限的,按规定给予学费补偿和国家助学贷款代偿。结合政府购买服务工作的推进,在基层特别是街道（乡镇）、社区（村）购买一批公共管理和社会服务岗位,优先用于吸纳高校毕业生就业。对小微企业新招用毕业年度高校毕业生,签订1年以上劳动合同并缴纳社会保险费的,给予1年社会保险补贴。落实完善见习补贴政策,对见习期满留用率达到50%以上的见习单位,适当提高见习补贴标准。将求职补贴调整为求职创业补贴,对象范围扩展到已获得国家助学贷款的毕业年度高校毕业生。深入实施大学生创业引领计划、离校未就业高校毕业生就业促进计划,整合发展高校毕业生就业创业基金,完善管理体制和市场化运行机制,实现基金滚动使用,为高校毕业生就业创业提供支持。积极支持和鼓励高校毕业生投身现代农业建设。对高校毕业生申报从事灵活就业的,按规定纳入各项社会保险,各级公共就业人才服务机构要提供人事、劳动保障代理服务。技师学院高级工班、预备技师班和特殊教育院校职业教育类毕业生可参照高校毕业生享受相关就业补贴政策。

(二)加强对困难人员的就业援助。合理确定就业困难人员范围,规范认定程序,加强实名制动态管理和分类帮扶。坚持市场导向,鼓励其到企业就业、自主创业或灵活就业。对用人单位招用就业困难人员,签订劳动合同并缴纳社会保险费的,在一定期限内给予社会保险补贴。对就业困难人员灵活就业并缴纳社会保险费的,给予一定比例的社会保险补贴。对通过市场渠道确实难以实现就业的,可通过公益性岗位予以托底安置,并给予社会保险补贴及适当岗位补贴。社会保险补贴和岗位补贴期限最长不超过3年,对初次核定享受补贴政策时距退休年龄不足5年的人员,可延长至退休。规范公益性岗位开发和管理,科学设定公益性岗位总量,适度控制岗位规模,制定岗位申报评估办法,严格按照法律规定安排就业困难人员,不得用于安排非就业困难人员。加强对就业困难人员在岗情况的管理和工作考核,建立定期核查机制,完善就业困难人员享受扶持政策期满退出办法,做好退出后的政策衔接和就业服务。依法大力推进残疾人按比例就业,加大对用人单位安置残疾人的补贴和奖励力度,建立用人单位按比例安排残疾人就业公示制度。加快完善残疾人集中就业单位扶持政策,推进残疾人辅助性就业和灵活就业。加大对困难人员就业援助力度,确保零就业家庭、最低生活保障家庭等困难家庭至少有一人就业。对就业困难人员较集中的地区,上级政府要强化帮扶责任,加大产业、项目、资金、人才等支持力度。

(三)推进农村劳动力转移就业。结合新型城镇化建设和户籍制度改革,建立健全城乡劳动者平等就业制度,进一步清理针对农民工就业的歧视性规定。完善职业培训、就业服务、劳动维权"三位一体"的工作机制,加强农民工输出输入地劳务对接,特别是对劳动力资源较为丰富的老少边穷地区,充分发挥各类公共就业服务机构和人力资源服务机构作用,积极开展有组织的劳务输出,加强对转移就业农民工的跟踪服务,有针对性地帮助其解决实际困难,推进农村富余劳动力有序外出就业和就地就近转移就业。做好被征地农民就业工作,在制定征地补偿安置方案时,要明确促进被征地农民就业的具体措施。

(四)促进退役军人就业。扶持自主择业军转干部、自主就业退役士兵就业创业,落实各项优惠政策,组织实施教育培训,加强就业指导和服务,搭建就业创业服务平台。对符合政府安排工作条件的退役士官、义务兵,要确保岗位落实,细化完善公务员招录和事业单位招聘时同等条件优先录用(聘用),以及国有、国有控股和国有资本占主导地位企业按比例预留岗位择优招录的措施。退役士兵报考公务员、应聘事业单位职位的,在军队服现役经历视为基层工作经历,服现役年限计算为工作年限。调整完善促进军转干部及随军家属就业税收政策。

四、加强就业创业服务和职业培训

(一)强化公共就业创业服务。健全覆盖城乡的公共就业创业服务体系,提高服务均等化、标准化和专业化水平。完善公共就业服务体系的创业服务功能,充分发挥公共就业服务、中小企业服务、高校毕业生就业指导等机构的作用,为创业者提供项目开发、开业指导、融资服务、跟踪扶持等服务,创新服务内容和方式。健全公共就业创业服务经费保障机制,切实将县级以上公共就业创业服务机构和县级以下(不含县级)基层公共就业创业服务平台经费纳入同级财政预算。将职业介绍补贴和扶持公共就业服务补助合并调整为就业创业服务补贴,支持各地按照精准发力、绩效管理的原则,加强公共就业创业服务能力建设,向社会力量购买基本就业创业服务成果。创新就业创业服务供给模式,形成多元参与、公平竞争格局,提高服务质量和效率。

(二)加快公共就业服务信息化。按照统一建设、省级集中、业务协同、资源共享的原则,逐步建成以省级为基础、全国一体化的就业信息化格局。建立省级集中的就业信息资源库,加强信息系统应用,实现就业管理和就业服务工作全程信息化。推进公共就业信息服务平台建设,实现各类就业信息统一发布,健全全国就业信息监测平台。推进就业信息共享开放,支持社会服务机构利用政府数据开展专业化就业服务,推动政府、社会协同提升公共就业服务水平。

(三)加强人力资源市场建设。加快建立统一规范灵活的人力资源市场,消除城乡、行业、身份、性别、残疾等影响平等就业的制度障碍和就业歧视,形成有利于公平就业的制度环境。健全统一的市场监管体系,推进人力资源市场诚信体系建设和标准化建设。加强对企业招聘行为、职业中介活动的规范,及时纠正招聘过程中的歧视、限制及欺诈等行为。建立国有企事业单位公开招聘制度,推动实现招聘信息公开、过程公开和结果公开。加快发展人力资源服务业,规范发展人事代理、人才推荐、人员培训、劳务派遣等人力资源服务,提升服务供给能力和水平。完善党政机关、企事业单位、社会各方面人才顺畅流动的制度体系。

(四)加强职业培训和创业培训。顺应产业结构迈向中高端水平、缓解就业结构性矛盾的需求,优化高校学科专业结构,加快发展现代职业教育,大规模开展职业培训,加大创业培训力度。利用各类创业培训资源,开发针对不同创业群体、创业活动不同阶段特点的创业培训项目,把创新创业课程纳入国民教育体系。重点实施农民工职业技能提升和失业人员转业转岗培训,增强其就业创业和职业转换能力。尊重劳动者培训意愿,引导劳动者自主选择培训项目、培训方式和培训机构。发挥企业主体作用,支持企业以新招用青年劳动者和新转岗人员为重点开展新型学徒制培训。强化基础能力建设,创新培训模式,建立高水平、专兼职的创业培训师资队伍,提升培训质量,落实职业培训补贴政策,合理确定补贴标准。推进职业资格管理改革,完善有利于劳动者成长成才的培养、评价和激励机制,畅通技能人才职业上升通道,推动形成劳动、技能等要素按贡献参与分配的机制,使技能劳动者获得与其能力业绩相适应的工资待遇。

(五)建立健全失业保险、社会救助与就业的联动机制。进一步完善失业保险制度,充分发挥失业保险保生活、防失业、促就业的作用,鼓励领取失业保险金人员尽快实现就业或自主创业。对实现就业或自主创业的最低生活保障对象,在核算家庭收入时,可以扣减必要的就业成本。

(六)完善失业登记办法。在法定劳动年龄内、有劳动能力和就业要求、处于无业状态的城镇常住人员,可以到常住地的公共就业服务机构进行失业登记。各地公共就业服务机构要为登记失业的各类人员提供均等化的政策咨询、职业指导、职业介绍等公共就业服务和普惠性就业政策,并逐步使外来劳动者与当地户籍人口享有同等的就业扶持政策。将《就业失业登记证》调整为《就业创业证》,免费发放,作为劳动者享受公共就业服务及就业扶持政策的凭证。有条件的地方可积极推动社会保障卡在就业领域的应用。

五、强化组织领导

(一)健全协调机制。县级以上人民政府要加强对就业创业工作的领导,把促进就业创业摆上重要议程,健全政府负责人牵头的就业创业工作协调机制,加强就业形势分析研判,落实完善就业创业政策,协调解决重点难点问题,确保各项就业目标完成和就业局势稳定。有关部门要增强全局意识,密切配合,尽职履责。进一步发挥各人民团体以及其他社会组织的作用,充分调动社会各方促进就业创业积极性。

(二)落实目标责任制。将就业创业工作纳入政绩考核,细化目标任务、政策落实、就业创业服务、资金投入、群众满意度等指标,提高权重,并层层分解,督促落实。对在就业创业工作中取得显著成绩的单位和个人,按国家有关规定予以表彰奖励。有关地区不履行促进就业职责,造成恶劣社会影响的,对当地人民政府有关负责人及具体责任人实行问责。

(三)保障资金投入。各级人民政府要根据就业状况和就业工作目标,在财政预算中合理安排就业相关资金。按照系统规范、精简效能的原则,明确政府间促进就业政策的功能定位,严格支出责任划分。进一步规范就业专项资金管理,强化资金预算执行和监督,开展资金使用绩效评价,着力提高就业专项资金使用效益。

(四)建立健全就业创业统计监测体系。健全就业统计指标,完善统计口径和统计调查方法,逐步将性别等指标纳入统计监测范围,探索建立创业工作统计指标。进一步加强和完善全国劳动力调查制度建设,扩大调查范围,增加调查内容。强化统计调查的质量控制。加大就业统计调查人员、经费和软硬件等保障力度,推进就业统计调查信息化建设。依托行业组织,建立健全行业人力资源需求预测和就业状况定期发布制度。

(五)注重舆论引导。坚持正确导向,加强政策解读,及时回应社会关切,大力宣传促进就业创业工作的经验做法,宣传劳动者自主就业、自主创业和用人单位促进就业的典型事迹,引导全社会共同关心和支持就业创业工作,引导高校毕业生等各类劳动者转变观念,树立正确的就业观,大力营造劳动光荣、技能宝贵、创造伟大的时代风尚。

各地区、各部门要认真落实本意见提出的各项任务,结合本地区、本部门实际,创造性地开展工作,制定具体方案和配套政策,同时要切实转变职能,简化办事流程,提高服务效率,确保各项就业创业政策措施落实到位,以稳就业惠民生促进经济社会平稳健康发展。

国务院

2015 年 4 月 27 日